创意英国

文化活动的经济和社会影响

CREATIVE BRITAIN:

Measuring the Economic and Social Impacts of Cultural Activity

[英] 里斯・吉本 (Chris Gibbon)
[英] 保罗・欧文 (Paul Owens) 主编
黄昌勇　鞠薇　张静　译

Edited by Chris Gibbon and Paul Owens
Translated by Changyong Huang, Wei Ju and Jing Zhang

同济大学出版社
TONGJI UNIVERSITY PRESS

序言

本书通过英国视角，探讨了评估文化活动的经济、社会及其他因素影响的结果。

直至今日，对于此类研究的价值，在英国一直是个长期处于争论中的问题。英国人早已认识到文化能够吸引、鼓舞甚至激发情感——具有唤起深层情感的力量。也正是对文化的这种信念，成为过去几十年大量（英国）国家资金流向文化艺术领域的深层动因。

然而在过去 30 年里，英国的管理方式发生了很大改变。其中，所谓“审计社会（audit society）”的观念日渐普及，即公共支出必须被严格评估与比较，以使支出的分配更有效率。由此，人们设计了形形色色的评估方式以实现这一目的。

这种“审计社会”模式对文化领域提出了挑战。文化的情感效应，也就是人们常说的文化的内在价值，其重要性虽被广泛认同，但由于文化体验往往囿于个人或小群体的层面，从本质而言文化的情感效应是很难（但也并非不可能）被评估的。因此，人们一直在寻求各种方法来评估文化的其他影响，使得这个领域可以不仅依靠争论其艺术内在价值，而且可以透过提供其他理据而获得资助。这些方法多集中在文化的经济效应以及社会效应，但对于后者的专注程度相对较少。

不过，文化的经济与社会效应评估也并非没有受到批评。一些人尽管欢迎这些效益评估，但他们认为这些对于文化团体的真正作用而言仍是次要的，文化团体真正的作用应是娱乐与鼓舞他们的观众。因此，经济与社会效应不应该作为评判文化活动的主要标准。另一些人则认为，这样的研究只是单纯地为保持已有资助而提供一个根据而已，并非用于决定资助该如何分配给不同团体。换言之，这只是用于维护文化领域的资金投入，而非用作公平的评估。从更为根本的层面上讲，文化领域借用了经济领域里很多不同专业的评估手段和方法，但这些并不一定符合文化活动独有的特性。

评估的目的不同，以及文化领域内绝然不同的各类团体，使文化领域还没有发展出标准的评价方法。虽然像艺术委员会（Arts Council）[1]这样的公共团体，已经对这些问题提供了一些指导，但没有强制性要求各文化团体遵守，这些团体可自由地采用任何一种他们认为最合适的方法来评估文化活动。结果，英国就渐渐出现大量利用各种评估工具来进行的文化研究。

在一次学术论坛期间，我们的中方合作伙伴——上海戏剧学院院长黄昌勇教授与我们讨论以上问题时，认为随着中国文化创意产业的崛起，也存在着类似问题，尤其是在学术研究方法论上还相当缺乏，他希望我们以英国相关研究报告为对象，编选一本书作为案例译介到中国，经过近一年的工作，我们从大量研究报告中选择了部分代表性的成果，在获得相关作者和研究机构的授权后，将其编辑成《创意英国：文化活动的经济与社会影响》这本书。本书旨在对其中一些研究进行更为深入的探讨，揭示其背后的深层思考以及这些评估方式所产生的效益。

克里斯·吉本　保罗·欧文斯

1　英国国家创意和文化发展机构，为倡导、发展英国艺术和文化而成立，并为相关领域提供资金资助。

译序

2011年，经英国著名创意经济学家约翰·霍金斯（John Howkins）先生的介绍，英国BOP文化创意产业咨询公司总裁保罗·欧文斯（Paul Owens）先生与我取得联系，目的是更好地推动中英两国创意产业研究和实践的交流与合作，BOP是大伦敦市政府合作的著名的文创机构。时任大伦敦市政府文化战略部部长贾斯汀·西蒙斯（Justine Simons）女士（现任大伦敦市副市长）对合作也给予了积极的支持。同年10月，我收到时任大伦敦市市长鲍瑞斯·约翰逊（Boris Johnson）亲笔来信，受邀作为《世界城市文化报告》项目顾问，参与世界城市文化网络研究。他在信中对我们与BOP的项目合作给予了充分肯定，并邀请我参加2012年的伦敦奥运文化峰会。随后，便应运而生了从2012年起，由上海戏剧学院和静安区人民政府参与的每年一度的世界城市（上海）文化论坛。同时，上海戏剧学院也与BOP开展了一系列深度的合作。

2013年世界城市论坛间隙，我与欧文斯先生谈及中国目前创意产业研究现状——相关研究以案例式、经验描述式、中外模式对比的成果为主，真正具有科学研究方法的研究成果不多见。基于对英国研究成果的一些了解，我提议共同编辑一本英国创意产业研究案例的书。这一建议得到了英方的热烈回应。2014年春天，初稿已经编辑完成，经过几轮的讨论，以及各种授权的落实。同年初夏，由克里斯·吉本和保罗·欧文斯共同编辑的一部内容丰富的英文书稿完成了。

接下来，翻译书稿。我邀请了上海的相关同仁——华东师范大学传播学院鞠薇，上海戏剧学院张静合作翻译。随着翻译的深入，我们发现，这部由英国同仁编辑的英文研究合集的翻译并非想象的那么容易，工作量也非常之大。于是，我又邀请上海戏剧学院的黄海、肖湘宁，上海外国语大学的唐珂，上海音乐学院的成啸来承担部分任务。译稿初稿完成后，邀请伦敦BOP公司的恩媛研究员进行校对。恩媛从香港到英国求学，后在英国BOP公司工作，熟悉专业，且中英文俱佳，我希望经过她的校对，能够对译文的质量有较好的保障。

经过多轮往复周折，全书大约于2016年年底完稿，原来准备交由北京大学出版社出版，但由于种种原因，转移到同济大学出版社出版。这样，这本书直到现在才与读者见面。一部书稿，从创意到出版，差不多近十年，想起来不免让人感慨！但这中间，凝聚了中英双方合作的友谊，以及同仁们对我的大力支持。虽然十年过去了，中国的创意产业发展与当年也不可同日而语，但我仍然认为，这本书当初编辑和译介的初衷及其价值丝毫没有因为时间的拖延而减弱，尤其是其在研究方法的探索和实践应用上对我们仍有启发。

本书的面世，要感谢英国合作方的支持，也感谢参与翻译的同仁们，同济大学出版社华春荣社长对我们的城市系列研究成果一直给予高度的关注，在这里表示衷心的感谢。同济大学出版社袁佳麟为本书的出版付出了巨大的努力，本书的结构和调整，都有赖于她的精心安排。责任编辑冯慧也付出了辛劳，在这里一并致谢！

翻译是一件永远不可能完美的事业，深知本书一定存在不足甚至错误，希望得到读者们的批评和建议。

是为序。

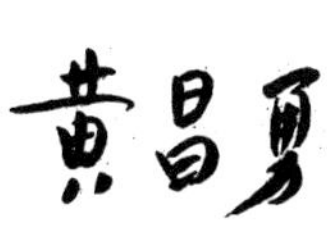

2020年11月16日

目录

第三部分 行业展望

第一部分

评估方法

导读：简介及相关定义

1 文化活动与“审计社会”

丰富的艺术生活一直被视为英国的优势之一。从莎士比亚到济慈，从特纳到披头士，英国艺术家为世界文化做出了巨大贡献。因而在英国，关于如何向国家文化提供最好的支持及鼓励的讨论，始终活跃。马修·阿诺德（Matthew Arnold）[1]的《文化与无政府状态》（*Culture and Anarchy*，1869）是第一部阐述现代文化意义的论著。此后，有关文化的作用及其社会价值的争论代代不绝。对阿诺德而言，文化是“所思所言之最佳者”，这个观点直至 20 世纪中期仍具影响力。第二次世界大战期间，当不列颠文明自身看似遭受威胁之时，英国成立了音乐与艺术促进委员会（Council for the Encouragement of Music and the Arts，CEMA），用来保存与推动英国文化，这也是对阿诺德部分观点的一种实践。战后不久，CEMA 演变成“大不列颠艺术委员会”，由约翰·梅纳德·基内斯（John Maynard Keynes）任主席。在他的领导下，委员会争取到政府重大补助，用以支持艺术。

然而在此后的岁月里，一些学者的论著，如雷纳德·威廉姆斯（Raymond Williams）[2]的《文化与社会》（*Culture and Society*）、理查德·霍加特（Richard Hoggart）[3]的《文化的用处》（*The Uses of Literacy*），以及兴起于 20 世纪 60 年代的反文化运动，都对阿诺德所代表的传统观点提出越来越多的质疑。一个更为宽泛、融合了人类学与社会学，并给予流行文化和美术同等程度重视的文化概念开始形成。

这种更为广义的观点改变了英国关于艺术与文化争论的本质。何为“最佳”这个概念开始具有争议性，而关于“高雅”艺术价值的理论也被部分人视为精英主义。人们对于文化理应得到政府一定程度上的支持一直存在共识，即从某种意

1　马修·阿诺德（1822—1888），英国诗人、评论家。曾任牛津大学诗学教授(1857—1867)。——译注

2　雷纳德·威廉姆斯（1921—1988），20世纪英国重要的马克思主义文艺理论家和文化批评家，英国伯明翰大学“当代文化研究中心”的创始人之一和重要成员；一生著述丰富，著有：《文化与社会》（1956年）、《漫长的革命》（1961年）、《电视：技术与文化形式》（1974年）、《关键词：文化与社会的词汇》（1976年）等。——译注

3　理查德·霍加特（1918—2014），英国著名的公共知识分子和文化批评家之一，英国伯明翰大学“当代文化研究中心”的创始人之一和重要成员，与雷纳德·威廉姆斯一起被看作是英国文化研究的奠基人。——译注

义说，文化是一种可让所有人获得的公共利益（比如，英格兰艺术委员会最近将其宗旨概括为“为每一个人提供伟大艺术”）。但是自 20 世纪 80 年代起，文化领域已不能单凭作品的质量，作为唯一依据以获得政府补助。

这种变化，巧合地与逐渐发展的所谓“审计社会”的观点同时发生。“审计社会”相信公共支出的实际效用必须被评估与比较，以使支出的分配更为有效。这两种转变对文化领域的影响在于，它需要提出更为有力的根据，来证明政府支出的效益，而这些根据不太依赖于（尚有争议）文化作品的质量，这便推动了就文化领域更为广泛的影响进行探索。

文化效应可分为两种：第一种效应为“内在”效应，指在个人层面上通过文化体验可获得的那些感受——被娱乐、教育、激发或鼓舞；第二种效应为“功用性”效应，指文化广泛的经济与社会影响，例如创造就业，吸引游客（及消费）到某一地区，或是提高受众的健康与幸福指数。

近年来，英国政策制定者们与各类资助人，逐渐对这些功用性效应产生兴趣。像伦敦泰特现代博物馆[1]和毕尔巴鄂古根海姆博物馆[2]这样的成功案例，都说明文化能够帮助转变城市的远景，而很多决策者更认为文化对城市社区改造有所贡献，可以创造就业机会，包括“溢出效应（spillover effects）”[3]，同时还能够增强城市形象品牌。

20 世纪 90 年代，在英国出现的“创意产业”概念，大大增强了这种观点的说服力。通过界定一个更广泛系列以创意为动力的产业门类，这种新的方法，令社会开始注意到文化在更广泛意义上的经济价值。当这些结合文化在城市改造中发挥了潜在作用，就成为支持文化活动的一个有力例证。考虑到创意产业概念在文化价值讨论中的重要性，深入考察它对政策的影响力是极有价值的。

2《创意产业规划档案》

文化产业（而非创意产业）在 20 世纪 80 年代被认定为一个特别的领域，当时，由肯・列文斯顿主持下的大伦敦市议会开始提供支持（部分出于意识形态的原因，因为他们与主流资本主义的价值取向不同，被视为另一选择）。这一提案随着 1986 年大伦敦市议会的废止而偃旗息鼓，但又在 1997 年被工党政府重新拾起，作为改良方案而卷土重来。政府设立了一个全新的部门——文化、媒体与体育部（Department for Culture, Media and Sport，DCMS）[4]，而这个部门最初的

1　位于泰晤士河南岸，与圣保罗大教堂隔岸相望。美术馆的经济影响不仅来自旅游业的增长和观众数量的增加，它还参与了在20世纪90年代当地文化部门极力推动的城市发展计划。——译注

2　位于毕尔巴鄂市门户之地，与邻近的美术馆、德乌斯托大学及阿里亚加歌剧院共同组成了毕尔巴鄂城的文化中心。博物馆的参观人数在年余间就达400万人次，直接门票收入即占全市收入的4%，带动的相关收入则占到20%以上。毕尔巴鄂一夜间成为欧洲家喻户晓之城、一个新的旅游热点，且持续至今。——译注

3　指一个组织在进行某项活动时，不仅会产生活动所预期的效果，而且会对组织之外的人或社会产生的影响。简而言之，就是某项活动要有外部收益，而且是活动的主体得不到的收益。溢出效应分为知识溢出效应、技术溢出效应和经济溢出效应等。——译注

4　1997年成立，负责英国文化，体育和媒体、旅游、休闲、创意产业等事务。该部门曾负责2012年英国伦敦奥运会和残奥会的交付和数字经济建设任务。网址：https://www.gov.uk/government/organisations/department-for-digital-culture-media-sport 。——译注

主要政策举措之一就是为这一领域创造一个新名词："创意产业"，并于 1998 年出版了最初的《创意产业规划档案》[1]（*Creative Industries Mapping Document*，以下简称《档案》）。

《档案》立足于一种新的方式，思考文化及其相关活动的经济贡献，而促成这份《档案》出炉的原因部分是为说明政府在艺术上支出的需要，凸显更为广泛的创意效应。《档案》着眼于创意与文化活动的"价值链"，调查创意产品或服务从制造、制作到最后成形的所有环节，是首个有关创意活动对整个国民经济贡献的详细研究；它同时也关注创意产业与其他领域的经济关系，如旅游业、医疗业、博物馆、美术馆、遗产与运动业等。

《档案》对"创意产业"提出了一种新的定义："凡源自个人的创意、技能和才能的，并且通过生产与开发知识产权而具有创造财富与工作机会潜力的那些产业"。《档案》相应地草拟了一份看似符合这样描述的产业清单：广告、古玩与艺术品、手工艺、设计、时尚业、电影、娱乐软件、音乐、表演艺术、出版、软件以及广播电视等。无论是定义还是这份清单，在当时都产生了很大的影响力。不仅在英国，在国际上也颇有影响，并为很多试图创造文化附加值的后来者提供了坚实基础。

《档案》的鲜明姿态使得 DCMS 于 2001 年对这个领域进行了一次更深入的后续研究[2]，而该年的《档案》仍然沿用相同的定义与产业清单。

许多创意产业及职业具有跨行业性，比如设计师就出现在众多行业内，这就意味着 1998 年与 2001 年涵盖各种产业规模的官方统计数据都很难取得。因此，研究人员综合了多个来源的数据，用以估算整个创意产业的规模。2001 年的报告发现：创意产业为英国带来的收入约为 1,125 亿英镑，并有 130 万人从事于整个产业。创意产业为英国贸易创造预计 103 亿的出口额，并估计占超过 5% 的全国国民生产总值。这些惊人的数据，意味着创意产业是英国经济的一个重要部分。

产业清单中引人注目的一点，是众多产业之间规模上的差异。最小的产业是时尚设计，其从业人员数仅是软件业总人数的 2%。

表 1 2001 年创意产业从业人数

产业	从业人数
计算机及软件服务	555,000
出版	141,000
音乐	122,000
广播电视与电台	102,000
广告	93,000
设计	76,000
表演艺术	74,000
电影与影像	45,000
艺术品与古玩	37,000
工艺品	24,000
建筑	21,000
互动休闲软件	21,000
时尚设计	12,000

来源：DCMS, 2001

1 DCMS (1998)/《创意产业规划档案（1998）》http://webarchive.nationalarchives.gov.uk/+/http://www.culture.gov.uk/reference_library/publications/4740.aspx。

2 DCMS (2001)/《创意产业规划档案（2001）》http://webarchive.nationalarchives.gov.uk/+/http:/www.culture.gov.uk/reference_library/publications/4632.aspx。

《档案》接着指出创意产业在英国的区域分布密度：伦敦和东南英格兰地区的创意产业从业人数占据了压倒性比例。尽管如此，报告同样指出各地区仍有各自的优势，具备未来发展的潜力。接着，报告就每一个次级产业所面对的具体问题进行研究，指出多个产业面临着相同的挑战，包括筹措资金、人才需求以及互联网的出现。

这两份《档案》催生了多项重要政策。中央政府成立了一个创意产业战略内阁小组，多个不同政府部门的大臣都参与其中协作。众多社团组织也陆续成立，如音乐产业论坛，以帮助政府与商界相互沟通，共同解决问题。区域发展机构和很多地方政府也设立了各种鼓励当地创意产业发展的项目。DCMS 开始每年统计和估算创意产业的规模。当然，“创意产业经济测算”[1]面临着与《档案》相同的数据问题，因而多年来一直被认为是“试验性”的统计，并不能作为政府权威统计。

虽然一些评论者也对 DCMS 的定义是否反映创意领域的实际情况提出质疑[2]，但它仍然是英国范围内最被广泛使用的一种定义，并且英国大部分的创意产业计划（包括本文里所提及的）多以此为根据，或一定程度上以此为参考。它对提高人们对文化活动的经济价值的意识和构建讨论范畴，起着重要作用。

1　参见: http://www.culture.gov.uk/what_we_do/research_and_statistics/4848.aspx。

2　BOP Consulting, MIPC and NESTA (2006) *Creating growth: how the UK can develop world class creative businesses.*

3 四种评估文化的经济影响方法

近年来，在英国有很多关于文化的经济影响力及其最佳评估方法的争论，由此发展出了多种工具，让文化领域能够透过经济估价的方式来评估其部分的价值。其中，有四种方法逐渐成为主流，本书所引的案例研究都运用了这些方法。

这四种方法可分为两类：对支出的测算与更广义利益的价值评估。支出测算手段多着眼于团体组织、观众及演艺人员的实际支出，以及对经济产生的影响；价值评估手段试图把人们从文化中获得的更广义上的利益标上价钱，即使是不存在金钱交易的免费博物馆也不例外。

支出测算方法也有两种，分别是经济影响评估（Economic Impact Assessment，EIA）与经济量分析（也被称为规模分析或经济贡献分析，Economic Footprint Analysis，EFA）；价值评估方法也有两种[3]，分别是条件价值评估法（Contingent Valuation，CV）与投资社会回报（Social Return on Investment，SROI）。

本书将分别探讨以上方法。

3.1 经济影响评估（EIA）

在四种方法中，经济影响评估是至今在英国文化艺术领域最常使用的一种方法。EIA 特别流行于评估各类艺术节，因为许多英国相对成功的艺术节能吸引很高比例的外来游客，这样艺术节就能预计产生远高于其预算的经济效益。

3　尽管这四种是最为常用的方法，仍然还有评估文化艺术效益更广泛的其他方法，其中一些将会在本书的第一章里讨论。

EIA 评估通常预设一个艺术或文化团体会吸引外来游客到访，旅程当中，游客不仅仅花钱买票，也在当地餐馆消费，去当地商店购物以及可能在当地旅馆住宿。如果没有那个文化团体和节日，这些人可能从来不会去那个地方。那么，这种“拉动力”对当地产生的经济效益是什么？这个团体组织可能会从当地的公司采购物资，员工们也会在当地消费他们的收入，诸如此类的消费同样对当地经济很有益处。

而且这种消费效应不仅仅停留在第一轮的购买上。比如，游客在当地商店购物消费会部分转化成店员收入，而店员会再把他们的薪水在当地消费。这样，当货币从一双手流向另一双手，最初的消费效应便呈几何级增长，这就是经济学上所熟知的乘数效应。英国政府机构，如商业、创新与技术部（BIS）[1]，便根据官方经济数据，制定乘数价值的预算书。

由此，艺术节的支出可产生三种类型的影响：直接影响，如从当地供应商那采购所需物资；非直接影响，如观众群在当地餐馆的消费；诱发影响，即这种消费为当地经济产生的乘数效应。

然而，评估这些效益的净利益并不是一个直接的过程。因为已花费在一家剧院或博物馆的金钱并不能被再次花在别的地方。这些消费者是外来游客，他们是被某个文化节吸引而消费？还是他们就是本地居民，假若不参加这类活动也会为参观当地另一景点而消费？用经济学的术语来说，这些消费是否真的是对当地经济的“额外”消费？这当中有很多潜在效应在互相影响。

- **置换与替代效应**：这两个术语有密切联系，对在新剧院的消费是否会令当地电影院或老剧院收入减少提出疑问。
- **漏损率**：一部分消费会从本地漏损——比如你的员工是否都在本地居住？还是他们会把薪水花在别的城镇？
- **无谓性**：无论有没有这个文化艺术节的存在，一些消费事实上总会在本地区发生，这大多指本地居民的消费。

一项严谨的经济影响的评估必须考虑到所有这些效应。同时有一个清晰的评估地域范围也相当重要：评估范围只限于当地，还是地区性的，或者是全国性的？因为什么算作“额外”消费，根据不同评估范围将会有所不同。乘法效应的乘数选择也一样需要小心选择。当使用乘数是合适的，那么最正常的应是从政府的官方数据中寻找原始依据。

EIA 评估的信息，需收集管理账目和这个节日的其他金融数据，并结合针对参加者或顾客的问卷调查信息，然后根据额外性和乘数效应做调整，所用参数通常会采用像 BIS 这样的机构制定的标准。

(1) 经济影响评估的优点：

- 已广泛应用于文化艺术领域，可以说是最好理解的一种方法。
- 是相对较简单的方法之一，在外部委托调研的情况下，实施费用也相对适中。
- 有很多标准参数可供采纳，比如，BIS 或国家统计办公室制定的乘数。

1　成立于 2009 年 6 月，是由创新、大学和技能部 (DIUS) 与商业、企业和法规改革部 (BERR) 合并而成。合并后的新组织主要负责英国的商业发展，属于政府的核心部门。该部门旨在营造一种企业文化，鼓励每一个有才能的人将设想变成实实在在的成功企业，并消除那些妨碍企业发展的不必要的障碍。——译注

(2) 经济影响评估的缺点：

- 还没有一种标准的 EIA 操作方法。对于乘数的选择，或是问卷所设的问题，都使记录所得的实际影响发生重大差别。因而，任何一份 EIA 报告，都必须清晰阐明其计算方法及构成最终数据的不同要素。
- 若要取得严谨、可信的结果，必须根据消费的额外性进行调整，但这一点通常容易被忽视，同时也很难被阐释清楚。
- 不评估团体组织活动的社会效益或文化效益。
- 这种方法更适用于外地观众群占大比重的艺术节。

3.2 经济量分析（EFA）

第二种方法是经济量分析，着眼于评估一个团体组织的活动规模，并将其与整体国民经济作比较。尽管这种方法与 EIA 方法有很多相同的地方，但在文化领域，至少对评估个别团体组织的贡献来说，却是很少用。它相对常用于评判某个产业或某个领域的贡献。例如，DCMS 就是利用这种方法来估算创意产业的总体规模。

经济量分析通常有两个衡量标准：就业率与毛附加价值（Gross Value Added，GVA）。就业率比较容易理解，也相对便于计算：只需计算为此团体组织工作的人员数即可。因此，就业率的计算就不在此详细阐述。第二个衡量标准 GVA[1] 就比较复杂一些。GVA 是对该团体组织对整个英国经济增长值的估算。因此它有别于 EIA 只着眼于一个地区或区域。从根本上说，GVA 衡量的是一个团体组织在产出的过程中相较投资成本"增加"的那部分价值。一些研究报告会把 GVA 分为三种类型，然而很多分析报告只采用下述第一种：

直接增值，这是指某个团体组织总销售或总收益额，减去其从其他团体组织购买物资或服务的支出后所得的那部分价值。举一个简单的例子：一家剧院投入成本，如舞台装置购置、演员及导演的聘用、水电煤及修理（及其他）开销，并用这些去制造产出：即售票演出的剧场作品[2]。这些投入与产出可以相对容易地被转换为金钱价值，使得 GVA 的预算可以进行。

在一些分析报告中，还有两方面可供估算：对那些直接供应该组织团体的公司的 GVA 的非直接影响；透过该团体组织雇员及供应该团体的公司雇员所产生的消费，对这条供应链以外的公司所产生的诱发影响。

与 EIA 的情况相同，估算这些由经济而起的"涟漪"效应可用乘数来估算。一些分析报告，如上文提及的 DCMS 创意产业经济预算，并不会涉及这两项估算。

(1) 经济量分析的优点：

- 得出一个单一的"大数字"。
- 尽管其过程耗时颇巨，但操作却相对机械化——与其他方法相比，可减少在结果阐释上的争议。
- 所需信息不需要通过原始研究便可以取得。

(2) 经济量分析的缺点：

1　GVA作为一个概念，与更为熟知的名词"国民生产总值"（GDP）密切相关。尽管GDP针对整个经济，而非个体经济活动。

2　从公共基金中获取的钱，如财政拨款或补助，可算作一种投入，因此它必须从最后的产出达到的GVA中扣除。

- 不一定会衡量该组织团体在更广范围内所产生的经济效益。
- 不评估任何社会或文化收益。
- 此方法更适用于大团体或整个产业领域。

3.3 条件价值评估（CV）

第三和第四种尚在检验中的方法是评估工具，不同于关注已经存在的金钱价值，这两种方法试图测算人们从文化艺术中获取的更大范围内的收益，并将其“翻译”成金钱价值，即使这可能很难精确计算（如员工的薪水、游客在当地商店的消费）。

条件评估是其中的一种方法，它旨在预估一消费者所花费购买一种产品或服务之外所获得何种程度的收益[1]。这种方法，使得那些没有常规市场价格的事物或活动，可被标上一个价值。

这种方法试图预估三种类型的价值：

使用价值：人们由直接使用某种产品或服务而产生的价值。

选择性价值：某服务可供人们在未来某个时刻使用而产生的价值。

存在价值：服务存在本身所产生的价值，即使人们自己并不真的使用这些服务。比如，他们可能会激赏在他们居住地邻近处有一座图书馆，并认为它的存在是有价值的，尽管他们自己可能并不是图书馆的使用者。

考虑使用条件估值法的一个重要理由，在于英国财政部比较喜欢用这种方法评估“非货币性”物品的价值。这种方法在环境及运输经济领域内被很好地确立了起来，并被英国财政部《中央政府关于估值与评价的绿皮书》（*The Green Book on Appraisal and Evaluation in Central Government*，简称《绿皮书》）所推荐。DCMS 在 2011 年发表了戴维·欧布莱恩（Dave O' Brien）的报告（参见《评估文化的价值：文化、媒体及体育部报道》）[2]，其中指出文化领域应该考虑采用这种方法。然而，这是一种在技术上要求很高的方法，需要训练有素的研究者及考虑周全的原始研究才能达成结果。至今，在英国文化领域[3]，只有两个主要使用条件评估法的研究报告出炉：一个是大英图书馆[4]；另一个则是波尔顿博物馆、图书馆及建筑服务。

(1) 条件评估法的优点：

- 条件评估法是一种日渐成熟的技术，特别对不具备市场价值的服务或产品有效。
- 其评估结果可被“翻译”成更容易理解的货币价值。
- 这是财政部比较喜欢的方法，因而可能适合那些与中央政府直接接触的团体。

(2) 条件评估法的缺点：

- 需要通过问卷调查式的大量原始研究，如果使用者与非使用者不在当地，而是较为分散，那么在具体执行上会十分复杂。
- 很多文化团体组织对他们的作品或服务收

1 用经济学的语言说，这是他们的所谓“陈述偏好”，这与所谓“显示偏好”，即实际产品与服务的购买相对照。

2 O'Brien, D. (2011) *Measuring the value of culture*, DCMS, London.

3 条件评估研究在美国的实行越来越普遍，特别是在图书馆服务领域。

4 British Library (2003) Measuring Our Value, London.

费，在这种情况下，就不太有必要使用条件评估法——消费者愿意为某个文化产品或服务支付多少已经很清楚了：他们的偏好已经由此显现，不需要再作注明了。

- 需要经验丰富的熟练研究者，且被调研者可能会觉得问题难于理解；被调研者也可能会给出他们认为是对的答案，而非表述他们的真实感受。
- 分析需要明确服务价值是由哪个人群所赋予的——举例而言，可能在整体报告的价值中，非使用服务者却占了一个非常大的比重。
- 在实际情况中，几乎没有文化团体会采用这样的研究方法。

3.4 投资社会回报（SROI）

第四种方法同样是一种评估手段，但它融合了前述的各种不同手段。从理论上而言，对于任何一种活动都应将成本效益分析[1]计入成本与效益的整体范围考虑，这应该包括社会、文化或者环境各类活动。然而，由于对此类成本与效益赋予一个金融价值是比较困难的，因此这些通常被排除在外，例如在 EIA 调研中。

投资社会回报便为解决此类问题而兴起、发展，它旨在成为一种可以囊括非经济成本与收益的“社会审计”。在英国，这种方法与“新经济基金会”（New Economics Foundation，NEF）的工作关系密切，该基金会为内阁办公室制定了一份指南[2]。

SROI 分为两种类型：

评估型：回顾性操作，基于已经发生的成果。

展望型：预测如果文化活动达到其预期成果时，可能会创造的社会价值。

究其核心，SROI 是一种理解某一文化团体活动，基于对其利益共享者与受众的影响而产生价值的途径。它首先确定该团体组织所有的利益共享者是谁，接着确认如何对他们产生影响，无论积极还是消极。这便形成了一个影响地图的基础。下一步便牵涉评判哪些是其中最重要的影响，以及他们是否能被定量或定性评估。值得重视的是，诚如按照 NEF 指南操作的话，聚焦于让利益共享者们参与界定价值及影响，意味着 SROI 是一种非比较性的方法论。

当团体组织试图为他们积极或消极影响寻找金融代用时，随之而来的可能是 SROI 最特别（也是最具争议）的一个环节。对于一个艺术团体而言，这可能意味着要为其（来自参加某个项目而得到的）提升了的人们的自尊与改善了的私人关系，寻求一个合适的金融代用。最后一步就是一个“毛净转换”，类似于经济效应评估中考虑无谓效应、移位效应、替代效应及归因效应。然后才可能建立一个 SROI 比率，它可以阐明：某个项目或团体的总费用与其产生的总体效益之间的关系。

这种方法尽管很有吸引力，但也对文化艺术领域提出了一些重大挑战。大部分艺术团休的工

1　这是通过比较项目的全部成本和效益来评估项目价值的一种方法，作为一种经济决策方法，其将成本费用分析法运用于政府部门的计划决策之中，以寻求在投资决策上如何以最小的成本获得最大的收益。常用于评估需要量化社会效益的公共事业项目的价值。非公共行业的管理者也可采用这种方法对某一大型项目的无形收益（Soft benefits）进行分析。

2　NEF最近对于该指南做了更新，具体参见：*A Guide to Social Return on Investment*, The SROI Network, 2012 。

作（值得注意的是除了参与性艺术的公司）其首要目的不在于达到社会效益，其他因素诸如享受、丰富文化或娱乐更为重要。SROI 法更加常用于志愿性与社区类领域，这种对特定社会与环境改变的关注，与很多慈善活动是极其吻合的。这种方法，同样在数据收集及确立可靠金融代用上极为严谨。

(1) SROI 的优点：

- SROI 能够捕捉到某个文化项目的社会效益并将其“货币化”，通过这样的方式，让项目的价值对利益共享者更为清晰可见。
- SROI 不一定需要规模庞大的原始研究——相关产出数据通常可以从利益共享者那里收集（例如学生转送部门、戒酒戒毒的慈善机构等）。

(2) SROI 的缺点：

- SROI 可能对多数并不直接产生重大社会效益的文化艺术团体的主要工作而言，并不是一个便于操作的方法。
- SROI 倾向于对评估独立项目最有效果。
- 作为一种技术，它可能会看似有些混乱，其结果不具可比性，因为每次由利益共享者们决定价值由何组成（以及这应该如何测算），而测算后的价值再用一个标准金融货币来表述。
- 以下所引报告部分或全部运用了这四种方法。但首先，本报告参考了戴维·欧布莱恩为 DCMS 所撰写的学术文章，文中考察了在“审计社会”语境下文化评估的各种方法。

4 本书结构

文化领域对评估这些功用效应仍存在一些抵触。一些人认为文化体验中的内在效应才是最为重要的，因此以就业人数这样次要的效应来判定文化功用是不公平的。然而，文化领域却不得不承认，经济社会因素对投资者和决策者而言的重要性，这相应地影响着文化领域如何阐述其价值，以争取政府持续的资助。尽管内在价值与功用价值都可以通过问卷调查、调研及其他手段进行量化评估，但功用性价值很容易被“翻译”成相等量的金钱数额，这更符合“审计社会”评估和对比的观念。

本书将从以下三个部分来探索评估文化功用性价值。

第一部分，即本篇“导读：简介及相关定义”，由 BOP 文化创意产业咨询公司撰写，介绍目前英国运用的四种用于评估文化的经济、社会价值货币化的主要方法。文章介绍了相关常用术语并概述这些方法在实践中如何运用，这些将为本书提供一个研究语境。“评估文化价值”是伦敦学者戴维·欧布莱恩博士为 DCMS 所撰写的一篇论文。文中他认为文化组织有必要回顾他们经济评估的方法，特别是那些与中央政府有直接接触的机构。欧布莱恩接着推荐了几种最合适的方法，尽管那些方法在当时并未被广泛应用于文化领域。他的论文会使我们对文化组织必须处理的“审计”问题，有一个深入的了解。同时，文章还涵盖了大量延展性的参考材料，这会为所有对此有深入学术研究兴趣的人提供一个很好的起点。

第二、三部分，是一系列研究报告或者报告

的摘要，这些报告至少使用了本篇“导读”中所提到的四种方法中的一种，来估算英国文化或创意产业的价值。从中可以看到，英国文化领域的不同组织用于评估其影响的不同方法。

这些研究的着眼点各有不同。有的聚焦于某一个团体组织；有些则着眼于某个特定产业；而其余的则是考察某个地理范围内的所有创意文化产业单位。此外，这些报告也使用不同的研究方法；有些是原始研究；有的则是次级研究，利用第三方提供的数据作为分析材料。其中，大多数集中于衡量文化活动的经济价值，只有少数研究试图评估其社会价值。

值得一提的是，在英国背景之下，这些报告很少是由团体组织自身来进行研究的。对此有几种可能的解释：可能是团体组织缺少对这些研究具有专业知识的员工；也可能员工们无暇分身去完成此类项目；或可能理解到由某个独立机构完成报告所带来的政治优势，因为这会使得报告的成果更为可信。无论出于何种动机，大部分此类研究是由私人顾问或是大学接手。近几年来越来越多人发展出一些“工具包”——在线指导帮助团体组织自己进行原始研究——但这还有待成为主流。

本书所收录的报告大多是由私人顾问完成，只有国家科学、技术和艺术基金（NESTA）的“创意集群和创新”（*Creative Clusters and Innovation*）这篇报告例外，由来自两所大学（伯明翰和卡迪夫）的研究人员与 NESTA 的研究者合作完成。在其余的案例中，尽管私人顾问会在研究过程中咨询文化团体组织，但仍由他们进行数据分析。

01

评估文化的价值：文化、媒体及体育部报告

戴维·欧布莱恩（Dave O'Brien）[1]

摘要

文化领域面临着如何用决策者可理解的方式来证明其价值的难题。如 M. 史密斯（Smith 2010b）所指出的，与 20 世纪初期相比，文化艺术团体如今正身处一个更为“冷酷的环境”。因此，乞灵于宣称文化艺术与政府其他领域不同或有特殊性，已经不再足够（Matarasso 2009）。自 20 世纪 80 年代起，文化领域的价值，无论是经济价值（Myerscough 1988）还是社会价值（Matarasso 1997），都开始用“效应”的透射来表述。然而近年来，中央政府与部分公益文化领域，都开始认识到必须利用符合中央政府决策的方法，以更清晰地表述文化价值。由此，文化领域将需要运用经济学的概念与方法，并使用在政策评价与估值上的流行语，以全面说明他们的价值（Bakhshi, Freeman and Hitchen 2009）。

而在公共政策的其他领域，尤其是健康与环境领域，已逐渐发展出成为主流政策估价体系的评估方法，并且在实际效果上提高了公共决策的质量。我们在文化政策方面也有相同的需求。为此，文化、媒体与体育部（DCMS）、经济社会研究协会（ESRC）与人文艺术研究协会（AHRC）[2]，发起了“文化价值评估”的专项计划。作为 ESRC 与 AHRC 所设奖金计划的一部分，DCMS 请学者对文化价值评估的方法做了一份多学科文献回顾评论。本报告就此项工作做一概述，包括对 DCMS 的后续工作做一些建议。DCMS 的文化与体育取证（CASE）项目已有相关出版物（CASE 2010b），本报告将特别侧重英国财政部（HM Treasury，HMT）《绿皮书》所建议用于政策评估的方法，对 CASE 做一个补充。

1　本报告由DCMS，艺术与人文研究协会（AHRC）及经济与社会研究协会（ESRC）委托AHRC/ ESRC 研究员戴维·欧布莱恩博士撰写；发布时间：2010年。

2　根据领域的不同，英国共有七个研究协会：人文艺术研究协会（AHRC）、生物技术与生物科学研究协会（BBSRC）、工程与自然科学研究协会（EPSRC）、经济与社会科学研究协会（ESRC）、医学研究协会（MRC）、自然环境研究协会（NERC）、科学与技术设施协会（STFC）。各研究协会通过不同渠道从政府相关部门、慈善机构和国际组织处获得经费，用于英国的学术研究以及为研究生培养提供资助，涉及学术研究的各个领域和全世界范围的重大前沿课题。研究协会拥有独立的政策制定、经费使用和管理权，政府只负责为研究理事会制定宏观发展战略。——译注

《绿皮书》强调了对政府决策进行成本效益分析（CBA）的必要，这份报告因而将一系列与此方法相适应的手段都纳入考虑范围，将其置于特定背景之下，即现在被政府作为主流的经济学和使用另一套完全不同概念设定的文化领域之内。这份报告通过探讨了这些文化与经济概念的基础思想，以及概述与其他政府部门解决相关文化价值评估的经验，以帮助厘清一些问题。

这份报告聚焦于对《绿皮书》中所建议的经济评估法作详细考虑，以及将在 CASE（2010 b）中提出的主观幸福感 / 收入补偿法纳入考虑范围。报告总结了叙述性偏好方法，如《绿皮书》中明确支持的条件价值评估法，应被用于相关文化政策的决策。

任何与中央政府有直接来往或通过“臂距团体”[1]有间接来往的文化组织都会对本报告感兴趣。而本报告对 DCMS 内部的决策者也具同样的吸引力，尤其是对报告所涉及的，任何要从商业角度向中央政府说明对其资助的合理性的团体十分重要，如投入建造新的建筑物或相似的投资方案，那些需要为文化领域制定新政策的决策者等。文化产业是一个丰富的混合经济，既有具备国际视野与商业目标的大型机构，也有聚焦本土的业余机构。不论何种规模或愿景，抑或与中央政府是何种联系（如透过 ALB），理解中央政府决策的重要性不容被忽视。

只有运用公共政策与文化价值的语言，充分而明晰地表述文化效益的所有形式，资助决策才能被中央政府与文化机构双方接受。本报告旨在一定程度上使两者能够联系得更为紧密。为此，本报告建议：

(1) DCMS 应对文化价值评估出台明确的指南。指南应建立在经济评估技术基础之上，并与上文所述《绿皮书》保持一致。虽然中央政府已详细说明如何运用一些诸如叙述性偏好法的技术，但对文化领域至今尚无对应技术。因此 DCMS 需出台一份指南，以便于文化机构和涉及经济估值相关人员易于理解的方式，概述中央政府对该领域的想法。DCMS 需要清晰指出文化机构评估的范畴及评估该如何操作，这将有助于避免长期以来对文化领域的数据收集与方法论问题的诸多批评（Selwood 2002；ACE 2009；CASE 2010a）。

(2) 作为指导的一部分，DCMS 值得花时间与在文化经济领域工作的学者建立更为紧密的联系，这些联系有助 DCMS 委托一系列对文化价值评估的实践性研究，并运用本文第 5 节中所讨论的经济评估方法，特别是条件价值方法和选择模型。

(3) DCMS 还应调查现有的数据集可否与建议 (2) 中所生发的经济价值互相补充，为文化领域发展出一种多标准分析体系，如在交通部门中所运用的分析体系那样。

(4) DCMS、AHRC 与 ESRC 应对这些建议特别是在建议 (1) 中所关注的方面专设后续奖金，以帮助实现这些项目。

1　英国的文化管理实行的是“一臂之距”（Arm's Length Principle）管理原则,即国家对文化采取分权式的行政管理体制。英国的中央政府文化行政主管部门——文化、新闻和体育部，只负责制定文化政策和财政拨款，不直接管辖文化艺术团体和文化事业机构，具体管理事务交由中介非政府公共文化机构，即各类艺术委员会负责执行，如英格兰艺术委员会、博物馆和美术馆委员会等由专家组成的机构，对艺术团体进行评估和拨款。各类中介非政府公共文化机构通过具体分配拨款的形式，负责资助和联系全国各个文化领域的文化艺术团体、机构和个人，形成全社会文化事业管理的网络体系。非政府公共文化机构奉行与政府保持“一臂之距”原则，独立运行。非政府公共文化机构即为“臂距团体”。——译注

方法	用于评估	回答的核心问题	优点	缺点
条件评估法	经济价值，包括选择价值和非使用价值，比如在一个乡镇或城市拥有一座博物馆的价值	我们如何捕捉文化对“使用者”与“非使用者”的价值以使用于成本效益分析中	• 偏好叙述方法，特别是条件评估法，在环境与交通经济领域已完善成熟，并为英国财政部的《绿皮书》所推荐。社区与地方政府部，环境、食品与乡村事务部，商业、创新与技术部，以及交通部都使用该法。 • 为成本收益分析提供文化活动和机构货币化的价值	• 叙述偏好法应用复杂且花费甚巨 • 对这些方法有着一系列技术与哲学层面的批判：如货币化价值有可能受提问方式以及数据收集时所建议的支付方式所影响
选择模型法	经济价值，包括选择和非使用价值，如某一政策（例如更长的开放时间）相对另一政策选择（如一栋新建筑）的价值	我们如何捕捉文化对“使用者”与“非使用者”的价值，以使用于成本效益分析中	• 和条件评估优点相似 • 并不直接询问支付意愿，因而避免了一些条件评估法的批评 • 在有清晰选项的情况下有助于理解选项的价值	• 和条件评估法有着相似的问题 • 并不直接估值物品，而是用来评估不同选项和选择的价值
特征定价法	经济价值，但不包括选择和非使用性价值，比如居住在一家剧院附近以便于使用的价值	某一商品或服务与市场价格之间的关系是什么	• 根据市场价格并利用复杂技术来揭示与某一既定商品或服务相关的价值	• 通常根据与文化领域内的商品和服务勉强假定相关的房地产价格 • 很少在文化领域内使用 • 不能捕捉非使用性和选择价值
交通成本	经济价值，不包括选择性和非使用性价值，如参观免费美术馆的价值	根据人们愿意为消费某一商品及服务花费的交通时间来看，他们认为该商品或服务的价值是什么	• 基于直接反映人们对某个商品或服务偏好的市场价格 • 已被用于估价一系列文化商品和服务，并比较那些价值	• 可能会低估某商品或服务，对那些只需要很短交通时间的人的价值 • 不能反映非使用性和选择性价值 • 可能需要进行花费甚巨的原始研究
主观幸福感	通过幸福感与收入之间的关系来理解某项活动的影响，比如参加一堂舞蹈课或是参观一个文化遗迹	我们如何估价因文化而产生的幸福感	• 避免很多对经济评估方法的 批评 • 已被 DCMS 用于估值文化活动的参与	• 收入与幸福感之间的关系仍未被充分理解 • 该方法在匹敌或取代经济评估现有方法之前，尚需进一步研究
质量调整生命年	人类生命一年质量与长度的价值，比如参加一个艺术社团对健康的影响	我们如何在卫生保健领域对分配资源进行决策	• 能够对各不相同的公共卫生政策进行成本效益分析 • 专为避免将人类生命货币化估值的问题而设的方法	• 只针对保健领域 • 技术层面备受争议
非经济评估形式	文化活动对个人与社会的影响。	我们如何能不用货币标准来估值文化？	• 来自文化领域的方法 • 避免经济评估法相关的哲学性反对	• 没有一种方法得到一致认可 • 没有一种方法符合《绿皮书》的推荐
多重标准分析	用于使不同形式的数据具可比性。	我们如何用不可比形式的数据来做判断？	• 有助于整合定性、定量和货币化数据 • 可透过专家评判各标准的比重	• 仍需量化文化价值，因此不能避免本报告中讨论的难题 • 对每个标准的相对比重会产生争议

1 简介

文化机构一直以来用自己的方式证明其价值，即被评论者（Rand 2004；Holden 2004，2006）称为与“功利性”相对的“内在性”价值。但自 20 世纪 80 年代中央政府改变艺术赞助方式以来，文化价值中的一些问题开始浮现。哈森·巴克什（Hasan Bakhshi）、艾伦·弗里曼（Alan Freeman）和格雷厄姆·希钦（Graham Hitchen）于 2009 年年初出版的小册子《评估内在价值：如何停止忧虑并爱上经济学》（*Measuring Intrinsic Value: How to Stop Worrying and Love Economics*），倡议重新反观经济评估方法与内在价值之间的联系。由此，文化、媒体与体育部（DCMS）联合社会经济研究协会（ESRC）与人文艺术研究协会（AHRC），开始了一项在政府决策语境下，研究最佳文化价值评估方法的项目。

自 20 世纪 80 年代以来，文化领域已开始通过“效应”的视角来说明其价值，无论是经济影响（Myerscough 1988）还是社会影响（Matarasso 1997）。然而近年来，中央政府与部分政府资助的文化机构，开始认识到需要用适应中央政府决策的方法来更为清晰地表述文化价值。这种认识在 DCMS 发起的文化与体育取证（CASE）项目中逐渐累积，该项目开始探寻可被用于中央政府决策的潜在评估方法（CASE 2010b）。本报告聚焦于英国财政部政策评估《绿皮书》推荐的评估方法，并对 CASE 进行补充（HMT 2003）。

《绿皮书》强调了政府决策须基于成本效益分析（CBA），因此本报告将可能与这种方法相适应的手段一起纳入考虑范围之中；报告考虑 CASE（2010b）将主观幸福感收入补偿法，并对《绿皮书》建议的经济评估方法做出详细评析；此外还总结了叙述性偏好法，如被《绿皮书》推荐的条件价值评估法，应用于文化政策的决策之中。

为了使此过程清晰，并推荐符合《绿皮书》的文化价值评估手段，本报告同时成为“文化价值评估”项目第一阶段中的一环；报告与白厅（Whitehall）[1]进行讨论，与文化机构、学者和咨询顾问对话，并将这些谈话与广泛的案头研究相结合；在报告的主要章节中给出文献参考与建议汇编。

报告将探讨文化价值评估中的问题，提出文化无疑是一种难于界定的无形资产（本报告第 2—4 节）的观点，并进一步探究英国政府如何处理相类似的无形资产评估问题，在具争议的情况下，借用在环境与交通政策中已逐渐完善的经济评估方法。

就个人对商品与服务偏好的方法而言，本报告建议 DCMS 出台相关指南与案例，将叙述性偏好法（将在本报告第 5 节中讨论）用于对非市场性商品的评估。这些方法与皇家财政部用于评估《绿皮书》的指南最为相符（HMT2003）。报告同时建议使用价值或效益转换方法，使得某一个经济评估研究的成果可以转化并运用于另一种情况。在接下来的几节中（从第 5.2 节到第 7 节）报告会讨论其他可供选择的评估方法，包括显示偏好法、主观幸福感（SWB）、质量调整生命年（QALYs）和文化非货币性评估等。报告认为，所有这些方法都有其优点，但总体而言，没有一

1　白厅，指英国政府。——译注

种像叙述性偏好法那样，具备被政府广泛接受与运用的潜力优势。

尽管报告指出经济评估方法对希望评估和评判文化价值的政府决策者而言最为有效，但它们不能被孤立使用。首先，如果要争取文化领域的支持，评估必须同样包含一个文化性论述；其次，关于经济评估方法在何种程度上可捕捉文化所有方面的价值的争论仍在进行之中（Bakhshi and Throsby 2010）。报告强调经济分析需要被置于坚实且详细的文化价值叙事之中（第 7.2 节），或被纳为多重标准分析的一部分（第 8 节）。文化价值叙事提供了一个让我们理解文化价值的框架，这尤为重要，但它无法捕捉公共资助者所要求看到的文化利益。文化价值叙事提醒我们需要用不同方式来表现文化的重要性。政治决策并不只是，也不应该只是专家对经济评估的应用。然而，如缺少了经济评估所提供的数据，文化价值叙事的丰富性也只能产生较小的影响力。

价值评估方法的发展过程因具体部门与相关学术领域的不同而有不同的历程。然而，无论是被卫生部采用的质量调整生命年（QALYs），还是被环境、食品、农业部（Department of Environment, Food and Rural Affairs，DEFRA）与交通部（Department of Transport，DfT）所采用的基于偏好法，这些发展路径有其共通之处。通过学术著作和与政府官员对这些技术的表述，可知中央政府清晰的引导是保障某个评估方法被广泛采用的决定性因素。尽管方法本身会面临相当多的争论，如叙述偏好法曾经（目前仍然）在环境经济领域受到广泛讨论，但来自中央政府清晰的指向，意味着它们已经被确立为决策者用于评估不同价值的方法。这将在本报告的最后一节中讨论。

2 评估文化价值的问题

为更好地理解文化领域的价值问题，我们首先应该思考为什么问题如此棘手。文化领域的价值困境源于三个问题：“文化”一词的意义、文化领域内价值判断的种种分歧，以及评估方法上的困难。

2.1 理解文化的意义

人们普遍认为文化是一个难解的概念，乍看十分熟悉，但却又复杂而难以全面定义。回溯至维多利亚时期，文化与道德完善和精神升华相联系，它源自对“世界上最好的思想与言论”的理解（Arnold [1869]1993）。然而到 20 世纪 60 年代，文化在英国逐渐偏向人类学学科，并与意义的结构与传播相关（McGuigan 2004）。文化被理解为一种“生活方式”（Williams 2010），因为它是人为现象以及被视为有意义的实体。

德国与法国的社会学家将文化进一步复杂化。德国浪漫主义学派区别了“文明”和“文化”两词，这种区分在德语中至今仍存在（Elias 2000）。不过，这种区分使得“文化”的现代观念形成，文化不再作为表述社会地位的贵族标志，而是创意的成就与艺术行为的产品。这在文化价值评估中引起很多持续性的问题，包括文化作为一种国家成就的表现，卓越性作为文化成就的一种表现，文化与文化共享（Bourdieu 1984）作为社会阶层的一种标记，以及文化鉴赏与偏好的相对性与个人性等。在布迪厄的著作基础之上，作家们（如 Bennett et al 2009），尤其是关于“高雅”与“通俗”文化之间区分的阐述，在当代仍然是个重要的争论话题，因为那些较高的社会阶层消费美术馆、剧院和歌剧院这些机构里的艺术，而大众则消费电视和流行音乐（尽管有人对此提出质疑，Goldthorpe and Chan, 2007）。

因此，文化的定义问题仍然是一个带有争论性的话题，并影响到政策和媒体对这一话题的讨论（Miles and Sullivan，Jones 2010）。文化一词的复杂性，成为文化难以估价的最根本原因之一。

2.2 艺术领域内的价值评判

上一节讨论了为文化定义的难度，作为一种生活方式，文化的“精英”形式与“大众”形式之间存在着潜在的对立。这一困难导致了随之带来了的如何在文化领域内做评判的问题，特别是在用资金赞助决策的情况下。巴比肯中心前总经理约翰·图萨（John Tusa）认为审美质量应该作为决策的必要条件：

> 莫扎特之所以为莫扎特，是因为他的音乐，而非他在萨尔斯堡创造了一个旅游产业，或是以他的名字命名的巧克力和杏仁片。毕加索之所以重要，是因为他教会了一个世纪用全新的视角看事物，而并非因为毕尔巴鄂古根汉姆博物馆里收藏了他的画，让这个几近废弃的西班牙北方港口重现生机。梵高的作品之所以受重视，是因为他的意象与色彩中饱含的痛苦与烈度，而并非因为他让向日葵和木椅流行起来。绝对的艺术质量是艺术价值的最高追求。其他的因素也许有趣、有用，但却是次要的。（Tusa 1999，引自 Reeves 2002:36）

然而，另有一些作者，其中最广为人知的是吉伯森（Gibson，2008）指出：审美价值具有相对性和社会结构的本质（及其与阶级的明显联系，如 Bennett 等 2009，以及 Bourdieu 1984）。极端而言，审美判断固有的相对性，表现出文化公度性的不可能与完全违反直觉的挑战，正如考恩准确地提出（Cowan 2006:6）：

> 很难判断究竟莎士比亚的《哈姆雷特》是否比《李尔王》好，而要让其他人信服我们的判断，或解释这样的排序就更难了。多少首格什温的歌加起来才抵得上一首肖斯塔科维奇的交响曲？海顿的弦乐四重奏是否比一篇海明威的短篇小说更好？一首布莱克的诗如何与一场现代芭蕾演出相比较？

考恩提出的困境并不仅仅是哲学讨论的一个问题，对英国政府而言，审美判断由“一臂之距”的机构承担，如艺术委员会，但决定这些组织的资助等级需要一些“评估”文化的方法以供决策。2008 年的麦克马斯特评论对此做出了尝试——建议创立一个方便理解杰出性的评论系统。

2.3 文化评估

文化领域对价值评估一直以来都存在着怀疑态度，这在海威森（Hewison 2002:85）引用米赛尔（Missel 1983）的观点中可以看到：“艺术概念本身是难以确定的，而任何对它的评估都不能表现它最精华的本质。”

这种观点反映了图萨的主张，审美质量应该是文化领域评判的基础。然而自 20 世纪 80 年代起，文化机构的评估开始基于文化对社会与经济目标的贡献而定。这种形式的评估受到了广泛的批评（例如 Belfiore 2002；Merli 2002），大部分的批评都或多或少隐含着米赛尔的假定。其中，塞尔伍德（Selwood 2002）对于尝试分析文化领域相关问题的讨论，最能够反映这些批评。艺术与文化领域的统计与数据也许能够提供信息，但却无法理解这一领域的价值在哪。塞尔伍德描述了文化功利性运用的发展，以及随之而产生的数据收集活动，但缺少坚实证据支持成果（特别是对社会政治部分的贡献）的统计。这些数据是定性的与传闻式的，且与中央政府用作投资的决策关系甚微。

有关文化领域评估的问题在史密斯（Smith 2010b）将之形容为艺术资助的“渐冷气候”下，如今显得尤为紧迫。要在中央政府使用的构架内证明其价值，已不再立足于传统的争论，即考恩（Cowan 2006）与克拉默（Klamer 2004）的争论：究竟是通过审美来叙述文化，还是用别的方式，如大多借用经济领域的方法来评估文化。现在，文化价值的争论在以下情况已演变成为文化领域的生存问题（Scott and Soren 2009）：

> 这个领域因无法用统一的有意义的方法来清晰表述价值而受到阻碍，同时，也因无法建立一个能收集一系列提供文化价值证据的指标体系而被限制。(Scott 2009:198)

然而，图萨和米赛尔提出对审美的关注，使文化领域与中央政府基于经济理论与货币评估的决策之间难以建立联系（HMT 2003）。例如，普拉扎（Plaza 2010:156）的著作中谈到如何评估博物馆时，显示出了文化领域与中央政府决策之间的距离：

> 很明显，博物馆的非市场价值（如它们对社会的艺术、文化、教育、建筑与声誉的价值）不能用金融交易的方法来计算。

塞尔伍德（Selwood 2010:5）根据莱斯特与夏普（Leicester and Sharpe 2010:11）总结出一个两难之境：

> 我们发现在文化艺术领域，每个人对于“价值”的讨论都感到十分困难。试图把文化艺术的所有价值与货币评估联系在一起并无益处，并且无助于解释艺术作为一个特例，它与所有其他公共支出领域不同，并需要独特的评判准则。

这里，我们看到了资助文化的难解之题：在一个不断变化的资助制度之下，如何利用文化效应，而不是经济或社会效应，最好地阐述文化价值？文化领域需要一种能与“混合经济”（Smith 2010b）相适应的价值评估方法，“混合经济”是由公共、私人与公益文化机构及其提供的文化活动所组成。下文建议了这样一种评估方法，而这个建议是基于对文化价值的定义，以及此概念在英国如何能帮助资助决策的详细考虑下提出的。因此，本报告利用环保和交通经济学方面的技术来回应斯蒂尔（Steele 2004）和吉伯森（Gibson 2008:14）所提出的问题：

> 如果我们考虑支持“某一个人或团体”的文化创意，同时又决定不支持另一个的话，那我们应该基于何种原则来做这些决定呢？

中央政府的现实是一场零和博弈。政府没有足够的资金来运转，那我们要如何分配这些资金？

3 价值与评估

整个关于文化价值的讨论，都显示出需要一个“价值”的集中定义。正如文化一词的意思经常会显得模糊与混淆，价值这一用语也在运用与解释中出现相似的情况。布劳格等人（Blaug et al 2006:23）的论述反映了“价值”一词所含的不同意义：

> 对一些人而言，它意味着经济价值——某个产品或服务相对其他东西以价格的形式表现出它值多少；价值同时也可以对某个特别服务在某个特定点上的偏好与满意度相联系；最后，也有像安全感和正直这样从道德伦理讨论中生发而来的价值，并会一直被激烈地辩论。

价值的多面性是文化价值文献讨论的一个主要问题，因为大量有关“价值”的讨论聚焦于何种文化商品与服务被视为有价值的，而非评估文化价值。由此，很多参与讨论文化价值问题的学者及机构（如 Scott 2009；ACE 2007；McMaster 2008），都纷纷就“所见的品质与特性”来断言文化的各种价值（Mason 2002:7）。

价值也被用来描述“指导行为的道德、原则或思想”（Mason 2002:7），该价值反映的是文化活动的意义与重要性（Miles and Sullivan 2010；Reeves 2002:35），而不是价值的经济概念。这种价值概念也是利用对文化活动特性的视角来作为阐述价值的一种途径。本文并非对以上所描述的方法提出任何直接的批评，只是认为文献里对于价值的描述（单一还是多种的价值），作为讨论文化价值复杂性的一个深层范例，是十分有用的。

价值在经济方面的运用是立足于个体效用与偏好满意度之上的，并通过人们愿意为某一商品或服务付费（Throsby 2001:19）而表现出来。这通常反映在市场价格上，虽然人们可能经常会愿意付高于商品价值或服务的价钱，而价格和消费意愿之间的差别被称为消费者剩余。当某个商品或服务没有市场时，也就相应没有价格，例如英国博物馆的免票政策，或是历史性建筑的审美价值。价值可以在那个商品或服务的机会成本中体现，无论是支付金钱的意愿还是放弃资源的意愿，比如时间（Mulgan et al 2006）。这种对价值的理解正如个人偏好的反映，是英国政府在决策时使用价值概念的基础。

英国财政部（HM Treasury，HMT）提供了对估值与评价的指南，这对将资源投入某个项目的决策十分必要。由此，理解这一指南就显得十分重要，能够使人对最合适评估文化价值，而又与财政部的方向相符的方法有个大致的认识。这个指南可以在《绿皮书》中找到（HMT 2003）。

《绿皮书》是以财政部指南中常见的一种标准福利经济定位为基准（HMT 2008）。在此模型之中，政策的目标应该是最大化社会福利，福利则是指个人利益的总和。福利最大化因而可以被理解为对公共资源的有效分配（HMT 2003:1）。市场有时不能有效分配资源，比如那些有“公共益处”的商品与服务：即是，这些商品与服务“被一个人所享用的同时不会影响其可供他人享用的数量”，或者说很难不让其他人们享用（Ridge et al 2007:15）。市场交易引发的外部性也会造成市场失效，例如当第三方对交易而衍生花费或收益，抑或当信息不足和竞争而导致市场无法完美运转。市场失灵因此成为政府干预的一个重要背景，选择纠正某个市场失灵的政策，是需要对该政策所带来的利益进行慎重考量的。

为此，HMT 建议任何一个方针决策都应该接受成本效益分析（CBA），以确保政策的潜在效益大于潜在成本。CBA 可以被理解为：

> 一种使得某个方案的成本与效益尽可能多地被货币量化的分析，包括那些市场无法提供令人满意的经济价值估值的项目 (HMT 2003:4)。

成本效益分析模型需要尽可能多的成本与效益量转化为货币价值（HMT 2003:4）。这里需要指出的是在成本效益分析中，货币被用作一种评估工具，一种让不同价值可被比较与对照的标准，为使一个 CBA 有效，HMT 建议尽可能把某个建议政策的所有效应货币化，并且建议 CBA 应包括政策选项所有可能的一切成本与效益，因此确保文化价值可以在一个（基于 HMT 的 CBA 架构之上）成本效益分析中被阐明是十分必要的。英国文化传媒和体育部门的 CASE 项目至今的工作，已明确指出政府对如何最好地评估文化资助的效益，缺乏一个清晰的理解（CASE 2010b:4）。此外，如第 2.3 节所述，用货币价值来描述文化艺术的价值充满困难，并被很多评论者视为极不受欢迎的或全然不妥。

至今，对文化的正常评估途径，是了解其对社会与经济的效应。其经济效应是作为尝试使文化政策符合 CBA 模型的一个途径。众多不同的评论者已指出（如 Cowan 2006:15），这会使文化的效益陷入或缩至一系列受政府干预的其他领域之中的危险，而不能如《绿皮书》所要求的那样记录文化对个体的所有效益。由此，文化价值评估的问题，成为如何在社会经济效应之外，最好地使文化的特殊性适应于《绿皮书》指南所建议的福利经济学范式的经济学语境之中。如克拉克（Clark 2006:62）所谈到的例证那样，使文化领域对价值的认识符合中央政府的决策评估标准模型，这种需求是不可避免的。尤其在可预见的将来，对公共部门的资源缩减呼声日高，在此背景之下更难以回避。

4 文化价值

在前一节中，我们强调了文化领域需要有符合《绿皮书》所述模型的价值评估，本节则讨论有助于决策的文化价值评估的不同尝试，同时也谨记对文化领域经济分析既吸引又排斥的态度（Doyle 2010），其原因在本文第 2 节中已详细说明。本节将得出结论：文献中对文化价值的意义以及如何最好地衡量与捕捉文化价值缺乏共识，这就体现出使用成熟的经济评估方法的潜力。

4.1 什么是文化价值

就像“文化”和“价值”一样，现有的文献对文化价值的定义有着一系列的视角与运用，其中一些互为补充，而另一些则看上去截然相反（Bennett and Belfiore 2008）。尽管对这一术语的含义缺乏共识，但有两种用法带有一定的普遍性：第一个来自英国 Demos 智囊团成员约翰·霍尔登（John Holden）的研究，与反映文化的内在、工具性及习俗性价值有关。第二个则来自澳大利亚经济学家大卫·索斯比（David Throsby）的研究，他探寻的是将文化价值从第 3 节所讨论的那类经济价值中分离出来。

对霍尔登（Holden 2004, 2006）而言，文化价值可以被理解为工具性价值，习俗性价值与内在性价值。价值的这三种形式是相互依存的，并依赖彼此形成文化价值的全貌。工具性价值是由社会经济政策对文化的运用生发而来的，如提升考试成绩或解决社会排斥问题。习俗性价值与马克·摩尔（Mark Moore 1995）所讨论的公共价值有关，团体组织通过与受众的互动而产生互信与声誉。内在性价值是文化领域所独有的价值形式，在其他任何领域都找不到。这种价值很难定义，但对霍尔登而言，它是与审美优越性与个体愉悦观念相联系的。因此，内在性价值因具有高度主观性，很难与霍尔登所描述的其他两种价值相关联的产出与成果相适应。

霍尔登的价值三角引发了广泛的争论（Selwood et al 2005），并被遗产彩票基金（HLF）用作其评估体系的基本准则。HLF 将霍尔登的观点用于一系列定性调研工作中，并为其项目所产生的习俗性价值建构相应叙事（此方法将在第 7 节中讨论）。然而，霍尔登对内在性价值及其评估的讨论极为具体，他强烈怀疑内在性价值的评估是否会对类似 CBA 这样的方法有用处。在此概念中，内在性价值与第 3 节所讨论的经济价值相去甚远。

另一位有影响力的文化价值理论家是大卫·索斯比（Throsby 2001），虽然他仍试图区分经济价值与文化内在性价值，但却看到了两者之间存在着一条更为紧密的纽带。索斯比将文化价值解构为审美性、精神性、社会性、历史性、象征性和真实性价值，每一种都反映了存在于一个文化客体、文化组织或文化经验的总体价值的一个不同侧面。索斯比坚持认为文化价值是（并且可以是）跟人们所理解的通过价格或消费意愿优先表达的经济价值相分离的，虽然巴赫什和索斯比（Bakhshi and Throsby 2010）新作中试图厘清其间的联系，指出文化价值在决定经济价值中扮演了一个不可或缺的角色（特别是就审美经验质量而言，2010:55）。对于像海威森这样的评论家而言，索斯比关于文化价值的概念和霍尔登的内在性与习俗性价值有着密切的关联，文化价值在此是任何一种工具性价值的基准。

对索斯比而言，经济评估会体现部分的文化价值。事实上：

在一个全面的文化遗产的经济评估

> 中，其市场和非市场性效益会告诉我们很多这个项目的相关文化价值，因为总体上人们越是出于文化原因而看重的东西，他们也就越是愿意为之付费。尽管如此，经济评估并非整个故事的全部，因为文化价值的一些方面不能被货币系统实际表述。(Throsby 2006:42)

经济价值不能完全涵盖文化价值，因为文化价值有其特性，特别是在社会层面，不能使之降格为一种货币形态。克拉默（Klamer 2002，2004）有关文化价值的著作也认同这一观点，他非常强烈地认定这种价值形态超越了经济价值所能涵盖的。例如像“英式”或“法式”这类国家形象的价值（Throsby 2006:42），对个体而言很难用任何一种货币形式表述，因为这些价值是植根于共享的社会经验，而非个体利益。同样，有些效益在概念上抗拒货币化，一个常被引用的例子就是信任——如果可以将它货币化，那么也就从根本上误解了信任的意义（Arrow 引自 CASE 2010b:18）。最后索斯比（Throsby 2001）和霍尔登都相信，在客观事物中存在着某些内在特质，不能用经济评估体系来理解。索斯比提出对决策而言需要存在某种形式的文化评估，虽然他并不清楚这种判断的标准何在。然而，一种“无论经济评估完成得多彻底，一个文化价值的独立评估对于文化遗产决策总是重要的。”（Throsby 2006:43）。

4.2 文化价值批判

索斯比对文化价值需要一个互补评估的坚持极具洞察力，且有很多可供展开的空间（特别是已被用于巴赫什和索斯比的新作中，Bakhshi and Throsby 2010）。然而，支持霍尔登对文化内在性价值理解的基本假定，及其在索斯比所列文化价值中的推论，都受到以下三种形式的批评：首先，那些希望解构并抛弃一切内在价值的概念，并质疑其在决策中的作用的学者们；其次，那些主张文化价值包含于经济价值之中的人；最后，是有关更为实用主义的批判，在当下既定的政策环境下尤其中肯——离开了文化的经济价值，就不可能在 CBA 的体系内反映文化的效益（基于第 3 节的讨论）。

4.2.1 内在性 / 工具性区分的无效与不清

内在性价值已成为文化政策研究领域以及经济学家们争论与批判的主题。最根本的争论在于所有形式的价值都是社会建构的，因而关于对象、活动或是机构具有支持他们的内在质量的观点也就不成立了。吉伯森和彭德伯里（Gibson and Pendlebury 2009）讨论文化遗产时提出这样的观点：对于像巨石阵（Stonehenge）这样的景点有着“一段很长时间多重矛盾诠释的历史，诠释往往和当代目的和需求相关”，这些都是“顺应更深层面有关各种互相冲突和竞争的意识形态和政治主张，争取主流地位的讨论”（Gibson and Pendlebury 2009: 4），因此，他对与此遗迹相关的任何内在性价值投上了怀疑的阴影。这并不是说文化没有价值，而是指它的价值总是由个人或某一群体所赋予，而非人类理解之外的永恒价值（ACE 2009:11；Pinnock 2006；Rumbold 2010）。

同样，Eftec 咨询公司对这个问题在经济评估中也给出了类似的讨论（Eftec 2005）。琼斯（Jones 2010）参与了这个问题的探讨，他描述了更广义的“生活方式”层面的文化，以及文化周边帮助其保存延续的基础建设之间的差异。对琼斯来说，理解文化价值问题为何是整个人类历史中一个持续争论的主题，这十分重要。当这些本质性的问题一直存在的同时，该如何最好地判断那些文化周边基础设施，则需要更为实用的解决方法（Jones 2010）。

内在性价值同样长期饱受质疑，因为它立足于内在性与工具性价值之间难以言明的区别。文化领域的评论者们（如 Coles 2008）已经开始质疑两者的区别，因为这暗示着，这是一场“纯粹”的文化参，在这场文化参与中由霍尔登所提出的各种价值能够轻易被分开。吉布森提出了一个更为有力的批评，他反对内在性与工具性价值之间对立，因工具性价值的含义缺乏共识，并且对价值的形式，如知识输出，应该被看作是工具性或是内在性价值，共识模糊。

4.2.2 文化价值在经济价值中的存续

索斯比在其著作中特别提出，关于文化价值概念第二个却又是更为关键性的批判，是文化价值影响其经济价值。很多学者（Pinnock 2009；Eftec 2005；Bedate et al 2004；Mason 2002）都指出，索斯比提出个别形式的文化价值的想法是有趣的，而人们从文化中所得到的价值，无论审美性的、精神性的、象征性的或是历史性的，都会从文化的经济价值——价格，或是购买欲中折射出来。本质上，这是一种学科性争论，存在于现代经济学流行学说（此种类型为《绿皮书》的理论基础）和未被囊括的关于价值的其他形式的学科之间（如本报告第 3.1 节所述）。要在此处解决这一争论不太可能（或绝无可能），但是，忽视这种对文化价值的经济学批判的后果值得思考。

4.2.3 无视经济价值方法的文化价值评估危机

因而，本节所讨论文化价值的关键问题在于我们是否接受索斯比的观点，即文化价值是独立于帮助政治与经济决策分配稀有资源而存在的经济价值。此类争论的本质可从巴赫什等人（Bakhshi et al 2009）在关于运用经济方法来评估文化的回应中归纳得出：

> 据我所知，没有一种经济理论可稍微表达一场精彩的巴赫“马太受难曲”表演，或贝恩斯坦“西区故事”的“内在性”价值，或是他们丰富甚至是改变生活的能 力。(Smith 2009, 对 Bakhshi et al 2009 的评论)

这类表述在环境评估的讨论中也十分常见，即运用经济价值来衡量一个像环境这样的无形对象实在不恰当（Pearce 1998）。

与此相对的声音，Eftec 咨询公司（Eftec 2005）在如何评估文化遗产的讨论中作了直接的论述。如果文化具有内在性价值，那么根据定义，此种价值不能被衡量，因为这是此对象的内在属性。因此我们不能说，某一对象拥有更多或更少的价值。因为根据定义，内在性价值不能被评估（这是在本报告 2.2 节中提到的考恩所提出的两难困境）。如果无法做出比较，那么我们又怎么知道要如何（以及以何种数量）来分配政府的稀有资源呢?

在此报告中讨论过的大量文章，都质疑用文化的社会或经济影响来评估文化的有效性。这种评估文化的方法已被广泛认为无法有效地为文化提供充分理据。由此，文化评估问题变为如何在适用于中央政府的决策中提出最佳支持文化的根据。由于此模型是基于经济价值，因而进一步发展 Eftec 的讨论是合理的，即探讨在 CBA 中运用经济评估法来体现文化价值以及支出决策的重要性。而文化的经济评估的运用及非经济评估方法的局限，也有着强而有力的政治后果：

> 如果进行经济评估的另一选择，是将文化遗产价值等同于或几近于零，那么文化领域将会因此而受到严重的破坏，无视经济意愿会导致对文化资产的过低估值与估价。那么相对其他重点公共政策，这会直接和间接减少文化机构可以取得的经济资源。（Mourato and Mazzanti 2002:68）

5 经济评估方法

前文已经描述并讨论了与文化价值相关的问题，这使寻找一种能够用《绿皮书》建议的经济概念来评估文化的方法显得十分必要。接下来我们将会提出一系列选项，并集中介绍以偏好法为主的方法。这些方法被认为具有很多积极面，特别因为它们是交通与环境领域中被完善的评估方法。然而也必须牢记其缺点，尤其是随应用而产生的哲学层面及方法论上的代价。

5.1 叙述性偏好法

关键问题

- 我们如何捕捉文化对“使用者”与“ 非使用者”的价值，以使用于成本效益分析中？

主要优点

- 叙述性偏好法，特别是条件评估法，在环境与交通经济学中已被确立，并被 HMT《绿皮书》所推荐，并运用于社区与地方政府部门，环境、食品与乡村事务部，商业、创新与技术部以及交通部；
- 为成本收益分析提供文化活动和机构货币化的价值；
- 能简单地聚合个体对文化的评估，因为评估单位是以货币计。

主要缺点

- 叙述偏好法的执行复杂且花费甚巨（无论时间还是金钱）；
- 对这些方法有着一系列技术与哲学层面的批判：如货币化价值有可能受提问方式以及数据收集时所建议的支付方式所影响。

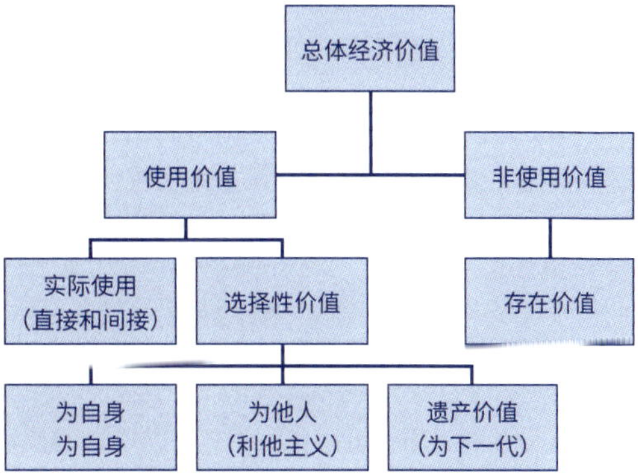

图 1.1 总经济价值（Pearce et al 2002）

在某个商品没有市场价格的情况下，经济学家发展了一系列技术方法来帮助理解其经济价值。叙述偏好法旨在通过一个假定的市场向人们询问其偏好，来捕捉某个商品或服务的经济总价值。这种总经济价值的概念由若干部分组成，大体分为使用性和非使用性价格（图 1.1）。

使用价值通常反映在市场所提供的商品、服务的市场价格及购买欲（价格与购买欲之间的差别在于消费者剩余）。然而，大部分文化领域的商品及服务（例如博物馆，美术馆和公共空间艺术）几近免费或有票价补贴，因此，使用价值或任何消费者剩余，由于不能以价格形式体现而不能被全部记录。更深层次的复杂性在于，即使当价值被揭示出来，仍有可能会被延迟，或被原始生产者以外的人获取，因为艺术作品的商品价值往往会在艺术家的一生中不断提高。与这种延迟型价值相关的，是能够选择使用某个文化商品或服务的经济价值，无论是当下为他人的（利他性价值），还是将来为自己或他人的（遗产价值）。最后，人们尽管可能并没有使用或接触某个文化商品或服务，仍因其存在而获得价值。非使用性价值在文化领域特别重要，因为它包含了一些由文化衍生而来的重要收益（Ridge et al 2007:21）。由此，非使用性价值的评估旨在获取这些收益，如人们对某个地方文化团体所具有的自豪感，或人们与文化遗产之间的联系，尽管他们对于这些文化团体或文化遗产并无直接关系。

叙述偏好法在 1989 年埃克森美孚石油泄漏事故（Exxon Valdez disaster）[1]发生之后被确立，此后常用于环境与交通领域。当时，美国国家海洋和大气管理局（NOOA）成立专门小组，成员包括获得诺贝尔奖的经济学家，以探索运用条件评估方法来解决环境价值问题的途径。这项工作（Arrow et al 1993）为条件评估研究最优化方法提供指导基础，并成为此类方法在环境评估研究中进一步运用的起点（Noonan 2003）。这种方法目前被英国政府很多部门（例如环境、食品与乡村事业部；商业、创新与技术部以及交通部）推荐使用，并且被 HMT 的《绿皮书》建议为“叙述偏好法的经济学评估”中的正式指南（Pearce 2002）。这套指南涵盖了在本报告第 3 节及 4.1.1—4.1.2 节中提及的很多问题，同时，将运用叙述偏好法引出无形商品或服务的经济价值优点做了详细阐述。除了指南之外，环境、食品与乡村事务部、交通部还运用了这些方法，包括确定英格兰受灾地区环境变化的价值（Eftec 2005）、评估生物多样性益处以及对交通环境影响估值的工作（Eftec 2009）。

皮尔斯等人（Pearce et al 2002:30-34）的指南清楚表明需要选择适当的评估方法。对于那些需要将使用者和非使用者的评估，纳入某个商品或服务估值之中的商品与服务，叙述偏好法是获取这些价值唯一成熟的系统方法。尽管对于无形及非市场性商品的使用性价值可以通过显示性偏好法来获取（在本报告第 5.2 节提及），但对非使用性价值估价，则尽可能来用叙述偏好法。

5.1.1 条件评估法

叙述偏好法最常见的形式是条件评估法，它被广泛运用于环境评估中（Eftec 2006:30）。然而此类著作浩如烟海，对此进行文献评论超出本报告的研究范围。本报告对这些方法的讨论，将立足于贝特曼等人（Bateman et al 2002）的总结以及文化领域运用这些方法评估商品及服务的文献。基于环境性商品服务评估问题与文化评估问题的相似性（Noonan 2002，2003），文化领域对使用条件评估法的兴趣日益升温（Towse 2007）。事

1　1989年3月24日晚12:04，埃克森・瓦尔迪兹号邮轮在阿拉斯加威廉王子海峡轮搁浅，近1,100万加仑（4,200万升）的油泄入海中。大面积浮油在威廉王子湾扩散，导致约有50万只海鸟和数百只海豹死亡，多处鲑鱼繁殖区被毁，蛤、鲱、海豹数量锐减，对当地渔业造成重大打击。

实上，近期将文化领域暗喻为一门生态学著作（O' Connor 2004；Jones 2010）对阐明这些相似性大有助益。

条件评估法是基于人们愿意为某个特定商品或服务支付什么，比如去图书馆或看一场芭蕾演出。这些方法是在为非市场性商品建立一个假想市场的基础上进行评估，然后再通过直接询问人们的支付意欲或接受补偿的意欲与价格相关联。穆拉托等人（Mourato et al 2000）在著作中，总结了叙述偏好法如何运用在文化遗产评估上：

> 一个条件评估研究的目的，在于货币体系中引出个体对于某个非市场商品或服务质量的偏好，如文化遗产。通过设计得宜的问卷调查，一个条件市场便被设计出来，被咨询的商品或服务就可以交易了。

一个假想市场会定义商品，比如收录的文化遗产，还定义了商品提供的环境及交易的方式。评估随机抽取人群样本，直接要求他们表述对商品或服务水平的最大支付意愿（或最小接受意愿）（Mourato et al 2000:89）。

这勾勒出了构成条件评估的几个步骤，在这些阶段里，需要认真设计评估调研问题和设定假想市场。皮尔斯等人（Pearce et al 2002:53）细化了这些步骤，包括确保被调查者对调查目的有清晰的了解，理解他们对所评价商品或服务的态度，被调查者所处社会与经济特点，以及了解他们在评估前对此商品或服务的接受（或不接受）。

专家的观点在条件评估中十分重要（de la Torre and Mason 2002:3），因为，关于所评估商品或服务的专家评价，对形成评估问题和评估语境是关键性的（Mason 2002:14；Mourato 2000；Eftec 2005）。

一旦这些步骤完成，评估便可开始。在条件评估中，对一件商品或一项服务标价是个艰巨的任务，需要慎重考虑、精心设计并细化问题以避免导致答案的“无意义”（Pearce et al 2002:49）。由此，能引出假想的购买意愿或接受意愿的评估方案，必须明确所被咨询的商品或服务，详细写明负责交付投递的机构以及支付方式（假定的）。皮尔斯等人（Pearce et al 2002:49）强调引导方式至关重要，这是因为，条件评估在经济文献中受到最详细的审查。

目前条件评估已经被用来评估一系列文化商品与服务，包括但不局限于：

- 地方足球俱乐部（Barlow 2008）
- 加拿大广播公司（Finn et al 2003）
- 爱尔兰公共广播（Delaney and O' Toole 2006）
- 芬兰博物馆（Tohmo 2004）
- 奥林匹克运动会主办收益（Eftec 2005）
- 达拉谟教堂（Willis 1994）
- 越南世界文化遗产遗址（Tuan and Navrud 2008）
- 丹麦剧院（Hansen 1997）

然而，条件评估并没有在英国被广泛运用于文化评估，即使使用，那些评估也多着眼于历史性环境问题（Eftec 2005）。但是在博物馆、图书馆与档案馆（MLA）方面有两项重要评估：大英图书馆和波尔顿的博物馆、图书馆与档案馆的服务评估。

其中最有用的是Jura咨询公司（Jura 2005）对波尔顿博物馆、图书馆与档案馆的评估。此项工作建立在Spectrum公司对大英图书馆的研究工作之上，运用条件评估法估算出，与8,300万英镑的政府拨款相比，大英图书馆为用户与非用户提供了36,300万英镑的服务价值。运用条件评估法，Jura公司对波尔顿当地社区的收益与支出做出估价，显示与公共资助的650万英镑政府拨款相比，这些服务如何使用户与非用户获得1,040万英镑的价值。

Jura公司研究的有趣之处在于叙述偏好评估方法的优点与问题。其所产生的数据对波尔顿博物馆、图书馆与档案馆的公共资助产生回报的成本效益分析十分坚实有用；但是，评估方法仍然存在哲学上、实践上及技术上的一系列问题，这将在下面的章节中具体讨论。

1) 条件评估法的哲学批判

条件评估法也依靠支撑《绿皮书》关于经济价值的理论假设。索斯比在一次关于条件评估法的讨论（Throsby 2003:276）中将这些假设归纳如下：

> 一个经济模型由一群在已知限制内做理性决定并争取最大个人效用的个体组成，它假定商品之间的偏好系统完善运行，个人是对其福利最好的评判者，每一个人都在偏好集合体中占相同的比重，而社会福利函数只关注组成这一社会群体的个人福利，再无其他。

如前文所述，有很多人觉得这种建立在以上假设之上的评估类型完全不适用于文化领域。这样的观点在富尔卡德（Fourcade 2010:15）最近对经济评估的评论中体现出来，他提到像条件评估法这样的技术手段，绝不可能抓住他们想要估值的事物的本质，因为：“他们想象了一个市场或商品，而经济条件却无市场。”

对于像克拉默（Klamer 2004）这样的批评者而言，通过个体效用的视觉估值文化的行为可能会改变其本质，失去文化的根本价值，导致错误的结论与决策。斯诺鲍尔和韦布（Snowball and Webb 2008）进一步发展了这一批评观点，并与第4节中讨论过的索斯比的观点相联系，他认为文化的社会层面无法被个体效用理论所解释，特别是当效益可能需要一段漫长的时间来显现。

克拉默（Klamer 2004）和富尔卡德（Fourcade 2010:13）在此种批判基础上，提出个体偏好能够被集合以产生社会总体价值的假定是一个谬误。从根本上来说，个体效用的集合遗漏了偏好形成的社会本质，个人购买的商品或服务的行为，是完全独立不被其他人影响的反直觉性叙述（参见富尔卡德关于自然环境的讨论）。

这种反对观点运用了行为经济学的最新成果（Dolan et al 2010），质疑了人们符合理性、个体效用最大化的传统模型。行为经济学的评论显示：行为规范、程序与结果公正的需求，与通过有限理性而做出的判断，所有这些都可削弱条件评估调研所引出的文化估值。

最后，便是条件评估调研所做判断的本质以及向政治决策的转化。如格雷（Gray 2008）和皮诺克（Pinnock 2009:362）所讨论的：人们是消费者的同时，也是公民，因而，他们作为一个消费者对某一商品或服务的购买意愿做出决定时的逻辑，与他们作为公民对公共资金决策的逻辑可能不同（Eftec 2005:12；Mulgan et al 2006:63）。条件评估法因此就有将政治决策降格为成本效益分析的技术层面问题的危险，这会使得政治决策的民主本质扭曲变形。

2) 条件评估法的实践与技术批判

条件评估法的实践批判集中于方法应用。条件评估法昂贵并需要专家执行，且一旦执行不力，会产生潜在的误导结果（Pearce et al 2002:29）。现有的条件评估研究因此在质量上良莠不齐（Noonan 2003），并且在英国缺少可作为“最佳实践”参考的研究与数据。

这种最佳实践指南的缺失对文化领域而言，是一个特别重要的问题，因为正确实行条件评估的困难甚巨。如牛顿（Newton 2007）和雷文斯克罗夫特（Ravenscroft 2010）提出的那样，人们很少被要求为非市场性商品做出估价判断，所以，评估的问题和语境需要被认真研究，并由专家设计。

当执行不力时，条件评估法所得出来的结果会产生一些技术性问题，并直接影响由此方法所得出的最终货币数字。研究会被问题的格式所影响（即诱导效应，Munro 2007），即调研过程中提供更多信息，经常会产生更高的支付价值意愿（信息效应）。价值同样也会受支付方式的影响，是用现金，还是增税。当个人被要求做出一个价值判断时，他会倾向集中关注估值对象，这意味他们会因为被询问而比平时更看重某个商品或服务（聚焦效应，Smith and Sach 2009；Dolan and White 2007）。同时，一些批判针对条件评估法无法与经济理论假设相符的可能，即接受补偿意愿往往高于支付意愿（Eftec 2005:16）；支付意愿不会因商品及服务水平的提高而提高（所谓不敏感范围）；以及商品或服务的部分或个体特征的支付意愿总额，往往高于总体估值本身。最后，人们可能因为各种理由而提出零支付意愿，可能是对被提问的抗议，或是夸大他们对某一商品或服务的真实评估，为了让别人看到对被社会广泛接受的事物显示出关心，以获取认同（Hackl and Prukner 2005）。

5.1.2 选择模型 / 联合分析法

能够越过条件评估法的问题的一种方法是选择模型法，也被称为联合分析法，这是另一种叙述偏好的主要技术形式。选择模型法立足于描述某一商品或服务的属性特点，以及根据政策选项而更改这些属性特点的水平（Pearce et al 2002:54）。个体不会被直接询问其支付意愿，而是通过他们对一系列选项的选择而导出他们的评估。这些选项通常包括一个金融价值，如价格或税收标准，以将个体对某个商品的特殊属性或特征货币化（Provins 2008）。如果政策制定者想要了解某一商品独特属性的价值，以及这种特性如何与其他属性相联系，比如一座博物馆的员工水平与开放时间的关联，这种技术方法特别适用。

近来，选择模型法比条件评估法更为突出，并被一些人（特别是斯诺鲍尔，Snowball 2008）视为一种更为有效的方法。对斯诺鲍尔（Snowball 2008）而言，选择模型法规避了很多针对条件评估法的技术与实践批判，特别是通过清楚的陈述选择，而非直接询问支付意愿，避免了受访者的策略性行为及抗议性归零（Tuan and Navrud 2008）。这种方法近来被纽卡斯特学运用于对不同文化及文化遗产商品的评估研究，包括博物馆与美术馆规划（Kinghorn and

Willis 2007)，博物馆与美术馆产生的文化资本（Kinghorn and Willis 2008），以及美术馆和哈德良长城的研究（Willis 2009）。同时，选择模型法在大英博物馆制定政策建议时，也被使用（Aposolakis and Jaffry 2010）。

然而，这种方法和条件评估法一样面临哲学异议，并由于其巨额花费及正确执行方法所需的专门技能而有着相似的限制。这使得有学者（Choi 2009）提出：可在试图估值某个商品或服务特殊属性时，使用这种方法；同时该学者给出了条件评估法执行中的类似警示。

5.2 显示性偏好法

其他获取偏好价值的方法，大多立足于真实市场的实际行为。这些显性偏好方法可以被分为两类：(1) 特征定价法与(2) 行程成本法。这两种方法，都基于人们在现实世界情况下所显示出的偏好而推断出评估价值。因此，这两种方法是通过实际存在的行为分析来揭示偏好，与要求人们在假设情境下表明其偏好不同，这是第 5.1 节中所讨论方法的基础。

这两种方法都已被用于文化商品及服务的评估中，并且对叙述偏好法提供了有效的补充。尽管有种种优点，但它们仍不能够捕捉非使用性及选择权价值，如 5.1 节所讨论的，这是文化价值极为重要的一面。

5.2.1 特征定价法

特征定价法是一种显示性偏好法，着眼于某一商品或服务对价格的影响。某个商品被分解为若干特征，以此看出该商品或服务的个体特征对总体价值在何等程度上有所贡献。通常意义上的市场价值是基于房地产市场，这个领域的环境经

关键问题

- 某一商品或服务与市场价格之间的关系是什么？

主要优点

- 根据市场价格并利用复杂技术，揭示与某一既定商品或服务相关的价值。

主要缺点

- 通常根据与文化领域内的商品和服务勉强假定相关的房地产价格；
- 很少在文化领域内使用；
- 不能捕捉非使用性和选择价值。

济研究，在揭示房产业价格与特殊属性之间的关系上，已发展得非常复杂，例如居住在公园和绿地附近的影响（Smith 2010a）等。

马尔根等人（Mulgan et al 2006）在为建造环境委员会（CABE）所做研究中，探讨了这种方法对评估优秀设计对城市环境影响的有效性，这是一种与文化相似的、无形的和有争议的想法。马尔根等人（Mulgan et al 2006）发现，尽管这种方法给出了坚实可靠的数据，且不像叙述偏好法那样有着很多哲学上及方法论上的问题，但是仍然存在一些难点。这些难点包括在总体住宅价格中孤立一个单一变量的难处，特别是审美考虑；公共空间与私人用地估价之间存在的不同；以及对叙述偏好法的典型批评，如未考虑非使用价值等。

此外，尽管斯蒂尔（Steele 2004）已提出运用特征定价法来理解电影价值的可能性（根据影院位置），但这种方法仍然很少用于艺术估价，而在文化遗产的评估中仅有限使用。最新的一个案例，也是欧洲首个相关研究来自瑞杰格罗克（Ruijgrok 2006），他估算荷兰两个城镇的房产价格中 15%是根据房层的历史性而定。然而，这个研究仍然在案例研究分析方面，使用条件评

估法来获取历史环境的非使用性与选择权价值。

5.2.2 行程成本法

关键问题

- 根据人们愿意为消费某一商品及服务花费的交通时间来看，他们认为该商品或服务的价值是什么？

主要优点

- 基于直接反映人们对某个商品或服务偏好的市场价格；
- 已被用于估价一系列文化商品和服务，并比较那些价值。

主要缺点

- 可能会低估某商品或服务，对那些只需要很短交通时间的人的价值；
- 不能反映非使用性和选择性价值；
- 可能需要进行花费甚巨的原始研究。

另一个主要的显示性偏好是行程成本法。这与特征定价法有着相似的假定前提，即人们对某一特定商品或服务赋予的价值，可以通过分析他们的偏好来揭示。在行程成本法中，市场行为是指人们愿意为消费某一商品及服务花费的交通时间量。货币价值可以根据一个普遍接受的成本，例如用交通部估算的时间和燃料成本而做出推论（Forrest et al 2000）。

就像特征定价法，行程成本法避免了为某个商品或服务创造一个假想市场的问题，这样也规避了对叙述偏好法的常见批评。然而，这种方法有几个缺点，包括执行问题，比如需要和叙述偏好调研相类似的原始研究。对这种方法的根本反对理由是支撑其成立的推定，即时间与行程成本能准确揭示人们的偏好。弗雷斯特等人（Forrest et al 2000）认为，这可能会导致通过此种方法所产生的价值存在失真，因为它既可能过高估计其价值（因为人们享受他们的行程或行程本身也是一部分经历体验，由此就不能真正反映行程的机会成本）；或是过低估计其价值（遗漏那些不需要走太远去消费某个商品或服务的人们所持有的价值，Mulgan et al 2006）。

行程成本法已被运用于评估文化领域内不同活动与机构，包括苏格兰博物馆（Baker et al 1998）。阿尔贝里尼和朗戈（Alberini and Longo 2006）在亚美尼亚用这种方法来为文化遗址估价，来显示其产生的重大使用价值。丰塞卡和雷贝诺（Fonseca and Rebelo 2010）最新的关于葡萄牙阿尔托杜罗河红酒区文化遗址状况评估著作也有相似的发现。行程成本法同样被用于价值比较，比如在西班牙比较不同文化商品（包括某个节庆和历史村落）（Bedate et al 2004）。博特等人（Boter et al 2005）也关注比较行程成本法，他用这种方法来比较荷兰博物馆，使研究结果能为政府决策所用。尽管他们发现这种方法在比较评估中很有用，但该研究是建立在特定的荷兰博物馆用户的数据库的基础之上的，因此很难在英国复制。

与英国语境最为契合的研究应属弗雷斯特等人（Forrest et al 2000）的著作，试图根据行程成本法来为地区剧院资助提出根据，以显示相较观众的行程成本而显示剧院的价值而言，曼彻斯特政府制订资助剧院的合理性。

5.3 效益与价值转移

面对有关偏好模型评估方法，尤其在研究成本方面的实际需求，一种原始研究所集合的价值转移至另一相类似案例的方法论逐渐形成，这就是所谓效益或价值转移，它已经成为环境评估中，避免与人们支付意愿相关的成本问题的主要途径。然而，由于缺少文化领域运用经济评估的相关研究，它尚未被用于衡量文化价值。

这种方法的指南同样来自环境、食品和乡村事务部（Eftec 2010），并可由纳夫鲁德（Navrud 2010）在此方面的最新研究工作加以补充。使一套价值观适应于另一政策问题可以通过两种方法达成：提取从原型研究计算出经济价值的平均值（平均支付意愿）；或是提取从原型研究得出的支付意愿函数（Eftec 2005）。这种方法依赖于从原型研究中取得相当坚实可靠的数据，并依托原型与新政策语境之间存在高度相似性的基本假设。例如，对那些全然独一无二、无可替代的文化遗产对象来说，价值转移便不能适用（Eftec 2005:15）。对于相类似的案例，例如地理、人口或社会经济特征相似的城镇图书馆服务，就有可能运用效益或价值转移的方法。

然而由于缺少高质量经济评估研究作为价值转移的基础，这种方法在文化领域的使用目前仍然相当有限（Eftec 2005:79；CASE 2010b）。在文化遗产方面，普罗文斯等人（Provins et al 2008）只确定了 30 个研究可以作为价值转移的基础。即使研究基础坚实，研究者们也发现用这种方法产生的货币价值中存在普拉扎所谓“庞大”的变量（Plaza 2010:156）。布朗（Brown 2004）研究发现：英国对于文化遗址的评估错误范围可达 3.65% ～ 110.8%；更近的一个例子是图安等人（Tuan et al 2009）发现：东南亚国家文化遗产价值转移研究的错误也在 46% ～ 129%。

因此，文化领域在任何案例价值转移的尝试发生之前，需要进行更多的研究工作，以形成一个坚实的经济评估基础，这一基础应具广阔视角，以跨涉文化运行领域所处的整个环境。

5.4 结论

本节概述了评估与文化相关经济价值的两种主要方法，或基于叙述偏好法，或基于显示性偏好法。如第 4 节及巴克什和索斯比（Bakshi and Throsby 2010）的著作所述，用这些方法评估经济价值，能大体捕捉文化所产生的效益，即使它们可能会错失一些其中余留的社会或文化形式的价值（Throsby 2001）。如索斯比（Throsby 2003:280）承认：

> 个人对某个文化商品的偏好，可能是由构成商品文化价值的相同属性形成，这意味着上述定义的商品经济价值，在很多情况下与文化价值紧密相连。但……这种关系并不完备。

尽管这种关系相当紧密，但技术与实践问题，特别是与叙述偏好法相关的，仍然受到持续的争论，但可能带来的后果，正随着方法论的创新（Hackl and Prukner 2005）与最佳实施方法共识的达成（Eftec 2005）而逐渐消解。对于这些方法的主要哲学性批判是难以解决的，因为它们取决于人们能否接受目前英国中央政府所施行的经济评估范式。文化艺术领域很多人，包括经济领域的一些人（例如 Diamond and Hausman 1994）强烈批评这种范式及其相关方法。尽管在环境经济学领域仍存在着相似的争论，根据《绿皮书》的架构体系，DEFRA 和 DfT 明确指导与承诺采纳偏好评估方法，使得这样的方法被广泛用于评估交通与环境商品（Smith and Sachs

2009:864）。

文化领域可以说需要来自 DCMS 和与其相关的“臂距团体”，如艺术委员会，更为有力而清晰的领导，以明确何种方法在何种情况下运用最佳。目前，如本节所述，在英国这些方法未被充分运用于文化估值（CASE 2010, MLA 2008），而这种情况在 DCMS 明确其优先评估类型之前会一直持续下去，就像政府其他部门对这些方法的运用一样（参见第 9 节）。基于偏好评估方法的优点，以及一些像 Jura 公司关于波尔顿 MLA 服务评估研究中所述的应用，DCMS 值得对这方面的工作做进一步支持，以全面探索这些已经确立的方法的可能性。总体而言，基于偏好的评估方法确有一定必要性，这种必要性可由两段评论总结而得，它围绕着条件评估作为捕捉文化领域的价值的一种可行方法的争议而展开。如以下（Mourato and Mazzanti 2002:66）主张：

> 当那些经济评估法的批评者们迅速地找到这种方法的缺点时，他们却迟迟拿不出更好的、切实可行的其他选择。非经济学方法目前抑或尚处初期摸索阶段，抑或根本不存在。即使这些工具可以轻易辨认，但问题仍然存在于如何用一种逻辑性的、可靠并可行的方法，把这些工具整合在一起。

尽管在文化领域有很多论著回应了这种批评，如第 7 节所述，但长期缺乏共识以及其他评估方法。因此：

> 条件评估法尽管在调研技术方面存在明显弱点，但在没有另一种足够强大的方法取代它之前，将继续被使用。(Epstein 2003:260)

6 幸福感与健康评估法

本节将概述上述两种经济评估法以外的方法。这两种方法立足于对主观幸福感衡量基础之上，目前被 DCMS 用于评估文化参与度（DCMS 2010），以及 QALYs——一种用于判断健康领域成本效率的方法。

6.1 主观幸福感与收入补偿

关键问题

- 我们如何估价因文化而产生的幸福感?

主要优点

- 由幸福感和收入之间的联系而推导价值，可避免直接询问人们的支付意愿；
- 以对文化活动的接触参与估值，如 DCMS 的 CASE 项目；
- 提供《绿皮书》所需的货币价值；
- 用这种方法的花费可能比叙述偏好方法少。

主要缺点

- 对幸福感的决定因素还没有全面认识，从影响它的诸多因素中，很难厘清文化的效用到底有多大；
- 一个非常特别的问题在于：收入与幸福感之间的关系没有被全面了解，而这又是这种方法用来分配货币价值的依据；
- 聚合个体主观幸福感可能带来问题；
- 这种方法需要高度的专业知识来实施评估。

这种方法[1]要匹敌或取代经济评估法之前，

1 指主观幸福感收入补偿。——译注

还需要做进一步的研究。DCMS 目前已完成了一个关于文化产生价值的研究，作为文化与体育取证项目（CASE）的一部分，该研究即基于运用幸福感来估值文化。这个研究的出发点正如第 4 节中讨论的一样，政府对文化的干预，既受限于缺乏对文化经济价值的认识，也缺乏对文化活动价值的认识（CASE 2010b:5）。如第 5 节中所讨论的对经济评估方法的批评，CASE 也发现了相同的问题，并且提出用一种基于人们主观幸福感（Subjective Well Being，SWB）的新方法，来评估参与活动的价值。

SWB 方法已发展为在第 5 节讨论的那些方法之外，一种可供选择的方法，并且近十年来已经引起各方的争论与兴趣。凭借全球一些政府机构对福利的关注，这种方法将成为新兴的评估方式（例如 HMT 2008，Stiglitz et al 2009）。阿林（Allin 2007:46）指出对幸福感定义的难度，也就是“幸福感没有一个单独的定义。幸福感、生活质量、幸福、生活满意度与福利，这些词经常被交换代替使用”，并且“幸福感至多只能被视为一个多维多变的概念”（Allin 2007:46）。尽管存在定义问题，目前仍有一系列描述人们旨在获得自身幸福感的调研方法得到确立。

调研把 SWB 理解为“一种个人对自身幸福感的自我评估”（Allin 2007:46），一种通常以数值或定性尺度来导出的自我评估（Van Hoorn 2007）。个体被要求用 1—10，1—7 的尺度，或者用“完全不满意”到“完全满意”的表述来估算幸福感。由此，SWB 调研便可直接获知人们的感受，而非需要透过像支付意愿这样的代替转述（Van Hoorn 2007）。评估根据某一事件或活动对幸福感的影响，然后再了解如达到同样的幸福感需要的经济收入，即所谓收入补偿。一系列研究都采用了这样的方法，来评估健康与环境问题，如空气质量（Levinson 2009；Welsch 2006）。当 CASE（CASE 2010b:34）用它来评估文化参与时，SWB 评估法发现（尽管这些文化活动并非免费使用）：

- 每周运动至少一次，每户每年要有相当于 11,000 镑价值的收入补偿；
- 每周去看至少一次电影，每户每年要有相当于 9,000 镑的收入补偿；
- 每周去听至少一次音乐会，每户每年要有相当于 9,000[1] 镑的收入补偿。

SWB 方法还有很多可用之处，尤其是它处理现实世界的行为，并且避免了在假想市场中引导人们说出偏好的相关问题（CASE 2010b）。然而，它也受到了诸多批评，一些是哲学层面的，一些是技术层面的。SWB 和收入补偿评估法所面临的哲学问题，集中在对幸福感的定义与相关衡量的问题上。定义由国家层面到个人层面，各不相同（HMT 2008:10）。多兰和怀特（Dolan and White 2007）对这些问题进行了扩展，讨论了幸福感的内在相对性，以及对获取“当下”幸福感的复杂判断的方法问题。HMT（HMT 2008:64）有关幸福感的讨论文章同样指出，由于基于幸福感证据的政治决策受到普遍争议，对幸福感的价值估算也面对诸多争论。个人

1　有必要指出这些数字以每户每年为计而非个人，这与条件评估法对个人效益的估算不同。多兰和梅特卡夫（Dolan and Metcalfe 2008）比较了SWB评估法与条件评估法对一个改造项目评估的数字，显示出条件评估估算值正好是SWB的一半。然而SWB与条件评估法之间的关系，在被充分认识之前仍有待研究。

的 SWB 可能与客观社会目的相矛盾，并且有一种观点认为，政府应该考虑促进人们做出选择的能力，而非是将家长制度隐身于幸福感提升的背后。当然，无论 HMT 的结论还是 SWB 的考虑，都与 HMT 的目的相符。

除了 SWB 评估法的花费问题之外，主要技术问题集中在依托于收入补偿的评估方式。多兰和怀特（Dolan and White 2007）承认，对幸福感与收入之间关联的确切本质需要进一步研究。HMT 对此也持相同观点（HMT 2008:29），认为需要进一步研究 SWB 与收入之间关联的研究，以产生可靠的货币化价值，这在文化领域因缺少文化参与和成果之间联系的明确证据而变得复杂。琼斯（Jones 2010）以及迈尔斯和沙利文（Miles and Sullivan）对 DCMS 把单纯提高参与度作为干预的目标提出质疑，而克利夫等人（Clift et al 2009）则谈到，我们仍然没有认识到参与文化活动和由此带来的益处之间的关系。加洛韦（Galloway 2008）亦指出了同一个问题，他发现，尽管文化参与和成果有着很强的关联性，但在医疗健康领域却缺少坚实有力的同源数据。这个问题还在探讨之中，正如 CASE（2010a）关于文化领域参与度和影响之间，没有随机控制的实验所示。

收入与 SWB 之间以及文化投入与成果之间的关系，意味着 SWB 评估法需要更多的研究，才能取得与现有经济评估法同等的接纳度。这并不是说这种方法不可能，因为它在未来可能会随着不断地研究而越来越坚实可靠。如今，多兰和梅特卡夫（Dolan and Metcalfe 2008:25）指出：

> 通过 SWB 法使非市场性商品产生货币价值的研究仍在初始阶段，并且比偏好条件法要滞后近 30 年。

6.2 质量调整生命年（QALYs）

关键问题
- 我们如何在卫生健康领域对资源的分配做出决策?

主要优点
- 能够对各不相同的健康政策进行成本效益分析；
- 专为避免将人类生命货币化估值的问题而设的方法。

主要缺点
- 只针对卫生健康领域；
- 在技术问题上备受争议。

卫生健康领域面临着所有政府部门常见的问题：如何把有限的资源分配给最值得支持的项目（Williams 1994）。因此，在健康经济学领域已发展出一种专门的办法，来评估政策选项的成本效率，特别是针对医疗干预——质量调整生命年（QALY），基于生命长度与质量所受干预的结果评估（NICE 2008），它是一种卫生健康干预效益的公用单位（Smith and Richardson 2005），因此，相左的和不相干的医疗惯例、技术与术语等，都可依据他们的成本效率来做比较（与偏好法相关的成本效益体系相反）。

确立 QALY 的实证研究，探索人们对健康状况赋予的价值，比如把带着残疾或慢性病生活与治疗可能带来的风险做比较。不同健康状况于是就被分为不同等级，从完全健康（QALY 值 1）到死亡（QALY 值 0），这已经被运用在多个分类量表如健康公用指数或是 EQ-5D（Smith et al 2009）中。病人会被询问他们是否愿意承受死亡的风险，以拥有更长、更高质量的生命；或付出多少时间，以提升自己的健康（即所谓标准赌博问题，Weinstein et al 2009, 以及时间平衡问题，Nord et al 2009)。

英国国家卫生医疗质量标准署（NICE）（Garrison 2009）对 QALY 的运用最常被引用，它利用干预所产生的 QALYs 系数与其成本的比率，来决定推荐进行哪种干预（NICE 2008）（尽管一个 QALY 的实际经济价值是受到争议的，如 Mason et al 2008)。应该注意的是，NICE 使用成本效率分析而非 CBA 架构，但这仍然与《绿皮书》兼容。在卫生健康领域对 QALY 有着诸多争议，无论是应用还是支持 QALY 的假设都受到批评。技术问题包括谁来对健康状况做判断，以及 QALY 的价值根据年龄不同产生的差别（Nord et al 2009)。

有两种运用 QALY 的方法可能有助于 DCMS 的文化评估，就是作为实际方法和作为发展方法的评估案例研究。

如韦瑟利等人（Weatherly et al 2009）所提出的，发展一个 QALY 标准用于理解教育或犯罪的影响是可能的，但是这需要大量的进一步研究。教育和刑事公共领域对干预和影响之间的因果关系（甚至相关性）的理解较为成熟。文献研究显示，就文化领域而言，由于因果的复杂性、不同艺术形式的区别与应用的语境（Clift et al 2009:13)，需要更多诸如艺术疗法和把艺术作为药品的类似实践（Clift et al 2009；Galloway 2008)。

如果试图把 QALY 体系直接转化到文化领域，一个更具批判性的问题便产生了。QALY 是基于一个假定，完美健康的 QALY 值为 1，死亡的 QALY 值则为 0，但这种体系如何运用于文化领域是颇有难度。在 QALY 体系中，健康直接根据生命长度来衡量。事实上，正如韦恩斯坦等人（Weinstein et al 2009:5）所述："在使用 QALYs 法时，我们假定决策者的主要目的是在资源受限制的情况下，使人口得到最大化健康或健康度提升"。这里有一个根本问题是，不仅仅是很难设想某种"完美"文化参与的形式（一个文化 QALY 的值为 1），而且它还违背了英国透过"一臂之距"提供文化的原则（Gray 2006)，并且会使政府鼓励，更莫说最大化，DCMS 资助的文化活动参与的设想，受到更大范围的批评（Gibson 2008)。

科尔代尔等人（Kirkdale et al 2010）强调若要使 QALY 发挥作用则需要其对评估法有所指导。1999 年，当 QALY 被引进英国卫生健康决策时，政府内部与学术界对其适用性与存续性存在相当多的争议。强有力的指引性，使 QALY 成为判断健康干预成本效率的关键评估工具。尽管成本效率与 CBA 不同，但值得注意的是，明确选择一种方法对政府部门采纳某种评估方法有相当的重要性（如第 9 节所述)。

7 来自文化领域的方法

关键问题

- 我们如何以最吸引文化领域的≠方式来评估文化?

主要优点

- 方法取自文化领域；
- 避免经济评估方法中相关哲学层面的反对。

主要缺点

- 没有一种取得共识的方法；
- 没有公用计算单位，所以结果难以统计；
- 没有一种符合《绿皮书》建议的方法，因而不能被用作成本效益分析的一部分。

本报告的很多部分，都聚焦于符合《绿皮书》价值观的评估需求，也就是经济价值评估方法。然而在文化领域里，还存在一系列试图在非货币体系里捕捉文化价值的方法。如本节所述，这些方法可以为文化价值经济估算的情境化提供叙事架构；同时还对经济评估法使资源分配更倾向于技术而非政治决策的指责做出部分回应。然而，这些方法的主要问题是，它们不符合《绿皮书》所设定的框架，不对文化价值作货币化估算。而且，文化领域对这些方法还没有一个共识，这意味着不同的评估方法，特别是那些试图在文化领域内阐述文化成果价值的，会不断地增生。最后，正如 CASE 最新评论指出的，文化领域的大部分研究，对政府政策的制定没有标准化影响。总体而言，这些方法可大体分为两类：⑴ 那些试图根据文化政策、文化实践以及文化规定的成果来认识文化价值的方法；⑵ 那些为文化价值叙事提供架构的方法。

7.1 基于成果法

文化领域目前存在着文化评估方法过剩的情况，而任何一种方法论或标准化题库都未得到共识。一些方法着眼于个人参与文化的定性叙事（如 Scott 2009；Bradley et al 2009），另一些则着眼于文化参与的量化理解（如 DCMS 的“参与”调研），或是把两种方法相结合（如 Bennett et al 2009）。这种方法中，价值并不是明确的经济价值，而是植根于个体与共同体对文化的定义及他们的参与度。

这些方法的共通点在于：都试图“评估”文化机构或项目的活动，并根据这些评估为文化价值建立一个范例。其中最突出的案例来自博物馆、图书馆及档案馆领域，博物馆、图书馆及档案馆委员会（MLA）发展出了一系列可应用于该领域的成果指标（Hooper-Greenhill 2004）。此类指标收集 MLA 机构与活动所产生的知识性（一般知识性成果）以及社会性（一般社会性成果）成果，显示出文化参与的效益可被估量以体现其价值。这种方法也被视为英国改进与发展署（IDeA）阐释当地政府文化投资回报的方法。但很明显，这些方法与塞尔伍德在 2002 年对文化统计数据收集的批评提到的问题一样有矛盾：比如没有直接被用于政策制定的过剩数据，以及与其他政策领域的论证收集方式相比，缺少坚实性。对那些基于判断文化参与影响的方法而言，过去的 20 余年间在评估与研究方面鲜有进展，这使得塞尔伍德（Selwood 2010:4）引述了一位国家博物馆董事会成员的话：“说到文化影响的实际证明，并不多。”

这个领域的研究在过去五年的主要趋势，是对内在性价值的观点做出回应。对于文化内在性价值的争论，已经开始越来倾向于直接评估，如霍尔登（Holden 2004，2006）所谓“内在性”的文化层面与索斯比（Throsby 2001）提出的文化价值概念。这些方法大多和美国沃尔夫·布朗顾问公司（WolfBrown）的研究密切相关，并立足于 Rand 公司的《缪斯的礼物》（*Gifts of the Muse*，2004）一书，其中内在价值可以通过理解人们的痴迷、他们从文化参与中获得的意义、以及社交或共享经验的程度来加以评估。在美国对内在价值的讨论，使布朗（Brown 2007）对英国文化领域也提出相类似的主张：

> 非赢利性艺术组织的真正成果是效益而

> 非美元，经济审计并不能全面勾勒出表现的全貌。为了更全面，我们需要一种被普遍接受的评估效益的方法。

布朗对此问题的解决办法，开展了一系列艺术和文化项目的态度调研，着眼于捕捉某个受众对作品的沉迷度、智力启发、情感共鸣的价值；精神价值；作品的新奇性以及作品对人们与其他受众相联系的影响（Brown and Novak 2007:9）等。再将这些态度分值与调研中有关个人接受意愿的数据做比较。

巴赫什、马蒂亚斯 - 加西亚和索斯比（Bakhshi, Mateos-Garcia and Throsby，2010）在一个有关英国国家剧院改革的研究中，采用了相似的态度等级指数，NEF 的“捕捉观众体验研究”也同样推荐采用态度等级指数（NEF 2008）。运用这些方法的最新研究是巴赫什和索斯比（Bakhshi and Throsby 2010）的著作，试图将态度研究与经济价值挂钩，并提出随着深入的研究，这样的调研方式，对提供用本报告第 5 节所述的经济方法评估文化价值的语境，至关重要。

布朗和诺瓦克（Brown and Novak 2007:21）归纳了所有这些相似影响研究背后，作了非常关键的补充：

> 影响分值反映了艺术家与观众之间特有的共生互利关系，在一个特定的地点，在一定特定的时刻。而这不应该被用来作为一种评估或比较艺术家或是他们表现价值的方法。

因此，这些方法和本节讨论的所有方法一样，有着同样的问题。他们不能解决本报告第 2 节中考恩分析过的困境：为了资助的目的，怎样去比较艺术家与艺术形式。但如克拉克和迈尔（Clark and Maeer 2008:51）在关于“遗产彩票基金的评估架构”中所述：

> 一个有趣的问题在于：文化价值构架是否可以变成评估补助申请的方法——在评估中所获得的信息，在何种程度上可以帮助遗产彩票基金决定赞助是值得的?

当着眼投资回报时，比如运用由 NEF 为第三部门发展、MLA 完善的投资社会回报构架，了解赞助金与成果目标相比具何等程度的成本效率是肯定办得到的。然而，正如 Eftec 咨询公司所述，这种方法在比较赞助决策时只能有限使用，特别是面对不同形式的文化。本节所述的方法，旨在阐释与说明某个特定演出或文化体验对其受众造成的影响，他们并不能直接解决《绿皮书》中提出的成本效益分析（CBA）框架中所体现的文化效益问题。

7.2 叙事方法

文化领域另一种普遍方法是用多种构架（例如 ACE 2007, Rumbold 2010, McMaster 2008 或英国遗产保护条例 2008）来对文化价值进行讨论，这便可以成为在第 7.1 节中所讨论的研究类型的出发点。这些方法与海威森（Hewison 2006:28）的观点相关联，他声称内在性价值必须被清晰表述，而非衡量。这些叙事方法中，发展得最好的是英国电影协会关于衡量文化影响的研究（UKFC 2009）。

这种方法基于两个英国电影的选辑，200 部随机选取的电影和 200 部由专家选定的电影。然后根据它们的文化影响（在英国范围内的影响）、票房和 DVD 销量、媒体和文化界的评论口碑等级、审查的恶评等级，以及这部电影是否捕捉到“时代精神”或反映英国社会更广阔、更漫长的变迁，给每部电影“打分”。这种方法是高度定性的，反映专家和公众对电影的解读与判断。这种方法的主要优点是为文化价值提供了坚实的叙事，这正是索斯比所要求的评估形式。这种对文化价值叙事的风格，对允许我们理解并情境化经济评估十分重要。如陶斯（Towse 2010）所指出的：目前经济学盛行的正统观念并不着眼于解释偏好、选择与功利的原因，而只是从这些方法中收集个体数据。文化价值叙事可以帮助我们理解经济价值背后的意义，由此也成为任何一个资源分配决策的关键部分。然而，它们拿不出成本效益分析所要求的可度量的数据，因而对想在《绿皮书》架构内寻求政策评估的决策者来说，就很成问题。

关键问题

- 我们如何用不同等形式的数据来做判断？

主要优点

- 有助于整合定性、定量和货币化数据；
- 能把专家的判断纳入权重标准。

主要缺点

- 仍然需要一个文化价值评估，因此就不能避免之前各章节所述的那些问题；
- 每个标准的相对比重均会引起争议。

8 多重标准分析

本文的第 7 节提出了回应文化领域内考虑文化价值的主流方法，并且理解价值叙事及货币化数据的必要性。问题在于如何整合文化价值概念，这通常是基于审美判断或是态度调研，在文化领域内，文化价值是通过经济评估所得数据来衡量。尽管巴赫希和索比斯已经创建了这样一个框架，但它尚未得到 HMT 的批准，并且还不清楚它在文化部门中的应用程度。因此，在有结论之前，《绿皮书》中建议的一个决策工具就具有了指导意义，它可以用来将不同形式的数据整合到一个使信息课衡量化的结构中。这项技术运用多重标准分析，目前在社区和地方政府部门中用于解决决策过程中的难题。CLG 指南（2009:20）概述了该技术：

> 多重标准分析确立了对各选项的偏好，通过参考一系列决策，主体确认了目标，并确立了衡量标准，来评定这些目标在何等程度上达到了。

这种方法涉及加权、然后是对每个决策因素评分，再用软件为每个决定选项打分，选项中包括不做任何行动（CLG 2009）。MCA 通常用于建筑环境的决策（Mulgan et al 2006:31），并被交通部在交通评估新办法中推荐使用。MCA 的这种形式整合了诸如碳排放量这样的环境影响，以及交通时间和像文化遗产重要性这样的无形价值。

DCMS 可以为文化决策发展一个相似的 MCA 构架。然而 MCA 不能解决文化价值评估问题，因为这需要一种可以产生数据的方法。为一个专门决策而需的文化价值证据才能被打分，与其它诸如参与度、环境影响和受众数一起以供权衡。这种决策形式有助于文化领域决策的透明度，消除仅以经济数据来决策的不利影响。

9 选择一种方法：中央政府指南的必要性

本报告展现了一系列捕捉文化价值的方法，讨论它们对决策的有效性，如资助重要项目时需要进行《绿皮书》所述的评估。在对“评估文化价值”项目提出下一步的建议之前，报告将总结两个简单却又十分根本的问题：为什么报告所讨论的方法被政府部门采纳？为什么《绿皮书》特别推荐叙述偏好法？

第二个问题是两个问题中相对简单的一个，并已在第 5 节有关经济评估方法中涉及。经济评估方法，无论是叙述性还是显示性偏好，都是目前被主流经济学家认可为可获取非市场价值的方法，由此也符合《绿皮书》的架构。如第 6 节所指出的，运用幸福感与收入导出某商品的货币价值，这种对主观幸福感法的发展仍然处于初级阶段。尽管英国财政部已显示出对幸福感的关注，但截至报告发布，主观幸福感或收入补偿法是否在再版的《绿皮书》中得到认可尚属未知。

个别政府部门对经济评估法的接纳是一个更为复杂的问题，特别是因为方法论进展与政策程序之间的关联复杂（Nutley et al 2007）。尽管如此，参考中央政府对环境与交通政策采纳叙述偏好法的情况，叙述了部门性指导与指南的必要性。

“评估文化价值”研究组的一个关键目的，在于与其他政府部门磋商，以了解发展进程以及使用的评估方法论。DfT 和 DEFRA 的公务员的讨论，反映出部门领导在环境与运输评估中确立叙述偏好法的关键一环。讨论支持了汉利和斯帕什（Hanley and Spash 1993）以及皮尔斯（Pearce 1998，20002） 和 汉 利（Hanley 2001）的论述，确认外部因素的综合，形成了部门领导采用该方法论的语境。

尽管皮尔斯（Pearce 1998）和汉利（Hanley 2001）的讨论着眼于 20 世纪 80 年代以来成本效益分析法的发展与运用，但他们的研究仍包含了 CBA 架构内叙述偏好法的运用。CBA 的普及十分重要，因为这种方法坚持对成本与效益进行价值的货币化。一系列的因素对此类方法需求的形成具有重要的影响，包括始于 20 世纪 80 年代中央政府对效率的坚持；环境考虑在公共政策讨论中的兴起；以及之后欧洲共同市场对量化环境成本与效益的兴趣。尽管 CBA 早在 20 世纪 60 年代就被用于交通领域（当中有着不同程度的成功与批评），皮尔斯（Pearce 1998）指出了它在 DEFRA 认可叙述偏好法过程上的里程碑作用，这些都发生在 20 世纪 90 年代，特别是随着中央政府减少管制，以及对环境在税务体系中得到反映的关注的升温。

环境、交通和地区部（DETR）在 1997 年成立，这对 CBA 的运用是一个决定性的时刻。DETR 对政策的环境成本与效益进行货币化的法律和法规进行回应，并试图整合新部门所负责的政策领域中对经济评估法的不同使用；同时，一些部门或机构正因循守旧地使用在其他部门或机构中存在的“实质性矛盾”方法，比如“健康与安全执行部”（Pearce 1998:92）采用的方法。

克服这种矛盾，过去依靠中央政府清晰的指南和强力的领导，这以叙述偏好法（Pearce and Ozdemiroglu 2002）使用指南和“交通评估新办法”（NATA）的出现为标志，后者是一种整合环境影响的多重标准经济评估形式。NATA最近已更新，用以阐释交通评估领域延续性的目标任务。

尽管皮尔斯（Pearce 1998）认为，环境经济领域中的估值研究工作的规模，可能使中央政府不可避免地采纳一些估值方法，但值得注意的是新改名的交通、地方政府与地区部门所发展的指导方针，反映着文化领域今天所面临的相同问题：环境政策采纳经济评估方法的反对意见，包括争论新古典主义经济框架对环境问题的适用性，使现实世界具有独立于个体偏好的内在性价值，用金钱衡量把环境“贬低”了，这使环境可以像日常用品一样被交易，并伴随着一系列对经济评估方法的反对意见（Pearce 1998:96）。而本报告并不认为，中央政府的领导力，可以克服所有这些对使用经济手段评估环境问题的反对意见。更确切地说，是对使用叙述性偏好法评估文化的相同潜在反对意见，以反对用这些方法进行环境评估。但政府的领导力，成功地把经济评估方法融入到了环境和交通政策的决策过程。

在 QALY 的发展中也可找到相似的叙事，虽然医学专业人员在成本效率分析中采用和 QALYs 的讨论中扮演了比较重要的角色。但直到 20 世纪 80 年代，英国范围内对公共资助卫生保健领域资源分配的最佳方式，仍有相当多的争论。通常，医学专业人士与经济学家对如何最佳地解决这一难题持着全然相反的观点（Stanton 2005）。QALY 被采用的关键点是 1999 年英国国家临床规范研究所（NICE）的成立，确立了中央政府将对新的医疗技术与疗法评估使用成本效率进行分析的承诺（Buxton 2006）。

值得注意的是对经济方法评估文化的反对意见，同样被提出用来反对 QALY，特别是针对把个人生命“价格化”的设想（Syrett 2003）。QALY 是一个中央政府领导如何克服这些反对意见的清晰范例，因为 NICE 的成立是与 QALY 的运用密切相关的。因此，在英国文化政策领域，中央政府清晰明了的指导，外加决策过程的透明度，是十分必要且关键的。

10 结论与建议

本报告对目前与文化价值相关的争论给出一个概述。

文化价值是一个复杂而难解的术语，如何最好地评估与表述，尚未有跨学科的共识。报告描述了围绕着文化价值而展开的种种争议，并指出文化的内在性与工具性使用之间的区别，这是大部分文化价值讨论的基础。这种区别可能无益且容易产生误导，因此，报告采用一种实用主义方法来解决文化价值问题，将评估问题置于英国财政部《绿皮书》指南的语境之下。

文化价值评估方法的概述表明：在没有一种方法达到尽善尽美时，现有经济评估方法是目前唯一被《绿皮书》认可的。主观幸福感或收入补偿法可能会成为未来《绿皮书》推荐方法的一部分，而其他在报告中所述文化评估的方法，则在其可被运用于实际决策之前有待进一步研究，抑或完全不符合《绿皮书》的指南。

经济评估方法目前在文化领域尚未全面推行，因此，如果 DCMS 希望推进这种评估方式的潜在力量，则需要给出强有力的支持。假若没有来自 DCMS 清晰的指南与明确承诺，经济评估法并不会成为文化评估的标准方法，特别是由于文化领域内对经济方法的怀疑态度。

对英国文化政策近期历史稍作回顾，便可发现以文化价值数据和证据的收集与运用，有着一套混乱而矛盾的方法论。本报告最关键的结论在于：DCMS 有能力通过使用叙述偏好法，对文化价值评估制定详细指南，来纠正这一问题；并明确，这将是中央政府对文化领域政策考量的标准评估方法。

总体报告建议：

(1) DCMS 应该运用与《绿皮书》一致的经济评估方法，对文化评估建立明确清晰的指南。虽然中央政府制定了如何详细使用诸如叙述偏好法的指导文件，但是，迄今尚未有针对文化领域的相关文件。由此，DCMS 应该制定手册，以一种文化领域和那些参与经济评估的相关者都可以理解的方式，概括中央政府对此领域的系统思考。目的在于，明确什么是 DCMS 期望文化领域评估的，以及希望这种评估方法的结果如何。这将有助于避免文化领域长期存在的对数据收集与方法论运用的批评（Selwood 2002；ACE 2009；CASE 2010b）。

(2) 作为这个指南的一部分，DCMS 有必要与文化经济学方面的学者建立更为密切的联系。这些联系将帮助 DCMS 委托实施一系列实践研究，用第 5 节所讨论的经济评估方法来评估文化，特别是条件评估法和选择模型法。这些研究，可作为此领域的最佳范例。

(3) DCMS 还应该研究，现有数据集是否能和所荐方法产生的经济价值一起使用，以发展出一种适用于文化的多重标准分析，就如同交通部运用的类型一样（DfT 2009）。

(4) DCMS，AHRC 和 ESRC 应该委派后续小组来发表这些建议，并集中在建议（1）。

参考文献：

Accenture and the National Trust (2006) *Demonstrating the Public Value of Heritage* London: National Trust.

Alberini, A. and Longo, A. (2006) 'Combining the travel cost and contingent valuation behaviour methods to value cultural heritage sites: Evidence from Armenia' *Journal of Cultural Economics* 30 287-304.

Alkire, S., Bastagli, F., Burchardt, T., Clark, D., Holder, H., Ibrahim, S., Munoz, M., Terrazas, T., Tsang, T., and Vizard, P. (2009) *Developing the Equality Measurement Framework: Selecting the indicators* London: Equality and Human Rights Commissions

Allin, P. (2007) 'Measuring societal wellbeing' *Economic & Labour Market Review* 1(10) 46-52.

Apostolakis, A. and Jaffry, S. (2010) 'Who Contributes to the British Museum? An Ordered Probit Analysis' Paper for the International Conference of the ACEI – Copenhagen 10 to 12 June, 2010.

Arnold, M. (1993) *Culture and Anarchy* Cambridge University Press: Cambridge.

Arrow, K., Solow, R. Leamer, E., Radner, R. and Schuman, H. (1993) *Report of the NOAA panel on Contingent Valuation* Available from http://citeseerx.ist.psu.edu/viewdoc/download?doi=10.1.1.129.2114&rep=rep1&type=pdf Accessed 25/9/2010.

Babbidge, A. (2002) 'Commentary 2: The only game in town' *Cultural Trends* 47 91-97.

Bakhshi, H., Freeman, A. and Hitchen, G. (2009): *Measuring intrinsic value –how to stop worrying and love economics.* Available from http://mpra.ub.uni-muenchen.de/14902/1/MPRA_paper_14902.pdf Accessed 25/9/2010.

Bakhshi, H., Mateos-Garcia and Throsby, D. (2010) *Beyond*

Live: Digital innovation in the performing arts London: NESTA.

Bakhshi, H. and Throsby, D. (2010) *Culture of Innovation: An economic analysis of innovation in arts and cultural organisations* London: NESTA.

Baker, M., Bennett, M., Campbell, M., Gilbert, D., Ladkin, A. and Song, H. (1998) 'Estimating the value of the social benefits to visitors to a large gallery' *International journal of heritage studies* 3(4) 230-243.

Barker, Y., and Wilson, A. (2010) *Measuring the contribution of culture and sport to outcomes* London: I&DeA.

Barlow, A. (2008) *Do we know the true value of football? A review of methodologies used to value public goods* Available from http://valuefootball.substance.coop/files/Andy%20Barlow%20CVM.pdf Accessed 25/9/2010.

Barratt, J. (2009) *The Cultural Impact of UK Film: Questions and Evidence* Available from http://www.ukfilmcouncil.org.uk/media/pdf/e/0/Cultural_Impact_Seminar_Report_27_Nov_2009.pdf Accessed 25/9/2010.

Barsh, L. (1993) 'Measuring human rights: Problems of methodology and purpose' *Human Rights Quarterly* 15(1) 87-121.

Bateman, I., Carson, R. T., Day, B., Hanemann, M., Hanleys, N., Hett, T., Jones-Lee, M., Loomes, G., Mourato, S., Ozdemiroglu, E., Pearce, D., Sugden, R. and Swanson, J. (2002) *Economic valuation with stated preference techniques: a manual.* Edward Elgar:Cheltenham.

Bedate, A., Herrero, L. and Sanz, J. (2004) 'Economic valuation of the cultural heritage: application to four case studies in Spain' *Journal of cultural heritage* 5 101-111.

Belfiore E. (2002), 'Art as a means towards alleviating social exclusion: does it really work? – A critique of instrumental cultural policies and social impact, *International Journal of Cultural Policy*, 8(1).

Bennett, O. and Belfiore, E. (2008) *The Social Impact of the Arts: An Intellectual History.*

Bennett, T., Savage, M., Silva, E., Warde, A., Gayo-Cal, M., and Wright, D. (2009) *Culture, Class, Distinction,* London: Routledge Basingstoke: Palgrave.

Blaug, R., Horner, L. and Lekhi, R (2006) 'Heritage, Democracy and public value' Clark, K. (ed.) (2006) *Capturing the Public Value of Heritage: The Proceedings of the London Conference 25-26 January 2006* London: English Heritage pp23-28.

Blaug, R., Horner, L., Lekhi, R. (2006) *Public value, citizen expectations and user commitment. A literature review* London: The Work Foundation.

Boter, J., Rouwendal, J. and Wedel, M. (2005) 'Employing travel time to compare the value of competing cultural organisations' *Journal of Cultural Economics* 29 19-33.

Bourdieu, P. (1984) *Distinction: a social critique of the judgement of taste* Harvard: Harvard University Press.

Boyne, R. (2006) 'Methodology and Ideology in the evaluation of Cultural investments' in Eisenberg, C., Gerlach, R. and Handke, C. (eds) *Cultural Industries: The British experience in international perspective* Humbold University of Berlin, Edoc-Server Available from http://edoc.hu-berlin.de/conferences/culturalindustries/proc/culturalindustries.pdf Accessed 25/9/2010.

Bradley, D., Bradley, J., Coombes, M. And Tranos, E. (2009) *Sense of place and social capital in the historic built environment: Report of research for English Heritage* Newcastle-upon-Tyne: CURDS, University of Newcastle.

Brown, A. (2006) *An Architecture of Value* Available from http://wolfbrown.com/index.php?mact=News,cntnt01,detail,0&cntnt01articleid=29&cntnt01origid=15&cntnt01detailtemplate=articles_detail&cntnt01returnid=417 Accessed 25/9/2010.

Brown, A. and Novak, J. (2007) *Assessing the intrinsic impact of live performance* Available from http://wolfbrown.com/images/books/ImpactStudyFinalVersionFullReport.pdf Accessed 25/9/2010.

Brown, A. (2008) *The social value of football research project for supporters direct: Working Papers* Manchester: Substance.

Brown, A. (2009) *The social value of football research project for supporters direct: Phase One interim report* Manchester: Substance.

Bumgarner Gee, C. (2006) 'Valuing the arts on their own terms? (Ceci n'est pas une pipe)' *paper presented at the National association of schools of Art and Design 13th October 2006.*

Bunting, C. (2007) *Public Value of and the arts in England: Discussion and conclusions of the arts debate* London: Arts Council England.

Bunting, C., Hutton, L., King, P., Mahamdallie, H., Hatzihrysidis, M., McMahon, J., Oskala, A., Rigali, A. and Salerno, M. (2010) *Arts Council England Arts Debate: Literature Review* London: Arts Council England.

Burns Owens Partnership (2005) *New Directions in Social Policy: developing the evidence base for museums, libraries and archives in England* London: MLA Council.

Burns Owens Partnership (2009) *Assessment of the social impact of participation in HLF-funded projects: Final Report* London: Heritage Lottery Fund.

Buxton, M. (2006) 'Economic evaluation and decision-making in the UK' *Pharmaeconomics* 24(11) 1133-1142.

CABE (2007) *Paved with gold: the real value of street design* London: CABE.

CABE (2009) *Making the invisible visible: The real value of park assets* London: CABE.

Carson, R., Mitchell, R., Hanemann, M., Kopp, R., Presser, S. and Ruud, P. (2003) 'Contingent valuation and lost passive use: Damages from the Exxon Valdez oil spill' *Environmental and resource economics* 25 257-286.

CASE (2010a) *Understanding the drivers, impact and value of engagement in culture and sport: an overarching summary of the research* available from http://www.culture.gov.uk/what_we_do/research_and_statistics/7275.aspx Accessed 25/9/2010.

CASE (2010b) *Understanding the value of engagement in culture and sport: Technical report* available from http://www.culture.gov.uk/what_we_do/research_and_statistics/7275.aspx Accessed 25/9/2010.

Chan, T. and Goldthorpe, J. (2007) 'Social stratification and cultural consumption: Music in England' *European Sociological Review* 23(1) 1-19.

Choi, A. (2009) 'Willingness to pay: How stable are the estimates?' *Journal of cultural economics* 33 301-310.

Choi, A., Papandrea, F. and Bennett, J. (2007) 'Assessing cultural values: developing an attitudinal scale' *Journal of Cultural Economics* 31 311-335.

Christie, M.,, Warren, J., Hanley, N., Murphy, K., Wright, R., Hyde, T. and Lyons, N. (2004) *Developing measures for valuing changes in biodiversity* London: DEFRA.

Clark, K. (ed.) (2006) *Capturing the Public Value of Heritage: The Proceedings of the London Conference 25-26 January 2006* London: English Heritage.

Clark, K. and Maeer, G. (2008) 'The Cultural value of heritage: Evidence from the Heritage Lottery Fund' *Cultural Trends* 17(1) 23-56.

Clift, S., Camic, P., Chapman, B., Clayton, G., Daykin, N., Eades, G., Parkinson, C., Secker, J., Stickley, T. and White, M. (2009) 'The state of arts and health in England' *Arts & Health* 1(1) 6-35.

Cookson, R. (2003) 'Willingness to pay methods in health care: a sceptical view' *Health Economics* 12 891-894.

Cowen, T. (2006) *Good and plenty* Princeton: Princeton University Press.

Cowen, T. and Tabarrok, A. (2000) 'An economic theory of avant-grde and popular art, or high and low culture' *Southern Economic Journal* 67(2) 232-253.

Diamond, P. and Hausman, J. (1994) 'Contingent valuation: Is some number better than no number?' *The Journal of economic perspectives* 8(4) 45-64.

DEFRA (2007) *An introductory guide to valuing ecosystem services* London:DEFRA.

DEFRA (2010) *UK national ecosystem assessment* London: DEFRA.

Delaney, L. and O'Toole, F. (2006) 'Willingness to pay: individual or household' *Journal of cultural economics* 30 305-309.

Department for Business, Innovation and Skills (2010) *Impact Assessment Toolkit: A guide to undertaking an Impact Assessment and completing the IA template* London: BIS.

Department for Transport (2009) *NATA Refresh: Appraisal for a sustainable transport system* London: Department for Transport.

Dolan, P. and White, M (2007) 'How can measures of subjective wellbeing be used to inform public policy?' *Perspectives on Psychological Science* 2(1) 71-85.

Dolan, P. And Metcalfe, R. (2008) 'Comparing willingness to pay and subjective wellbeing in the context of non-market goods' *CEP Discussion paper No. 890* London: London School of Economics.

Dolan, P. Hallsworth, M. Halpern, D., King, D. Vlaev, I (2010) *Mindspace* London: Cabinet Office.

Doyle, G. (2010) *'Why culture attracts and resists economic analysis'. Journal of Cultural Economics* 34 (4).

Drummond, M., Brixner, D., Gold, M., Kind, P., McGuire, A. and Nord, E. (2009) 'Toward a consensus on the QALY' *Value in Health* 12(S1) 31-35.

Eftec (2000) *Valuing our recorded heritage: Final report to Re:source* London: Eftec.

Eftec (2005) *Olympics games impact study- Stated preference analysis: Final report* London: Eftec.

Eftec (2005) *Economic Valuation of Environmental Impacts in the Severly Disadvantaged Areas* Eftec: London.

Eftec (2005) *Valuation of the Historic Environment: The scope for using results of valuation studies in the appraisal and assessment of heritage-related projects and programmes: Executive summary* London: Eftec.

Eftec (2009) Valuing Transport's Impact on the Natural Landscape London: Eftec.

Eftec (2010) *Valuing Environmental Impacts: Practical guidelines for the use of value transfer in policy and project appraisal* London: DEFRA.

English Heritage (2008) *Conservation Principles: Polices and guidance* London: English Heritage.

Epstein, R. (2003) 'The regrettable necessity of Contingent Valuation' *Journal of Cultural Economics* 27 259-274.

Elias N., *The Civilizing Process. Sociogenetic and Psychogenetic Investigations* Revised edition of 1994. Oxford: Blackwell.

Fennel, E., Gavelin, K., with Jackson, R. (2009) *Participatory budgeting and the arts: Findings of research undertaken for Arts Council England* London: ACE.

Finn, A., McFadyen, S. and Hoskins, C. (2003) 'Valuing the Canadian Broadcasting Corporation' *Journal of cultural economics* 27 177-192.

Fonseca, S. and Rebelo, J. (2010) 'Economic valuation of cultural heritage: Application to a museum located in the Alto Douro wine region' *Revista do turismo y patrimonio cultural* 8(2) 339-350.

Forrest, D., Grime, K. and Woods, R. (2000) 'Is it worth subsidising regional repertory theatre?' *Oxford Economic Papers* 52 381-397.

Fourcade, M. (2010) 'Price and prejudice: On economics and the enchantment/disenchantment of nature' in Beckett, J. and Aspers, P. (2010) *The worth of goods* Oxford: Oxford University Press.

Galloway (2008) *The Evidence base for arts and culture policy* Edinburgh: Scottish Arts Council.

Garrison, L. (2009) 'Editorial: on the benefits of modelling using QALYs for societal resource allocation' *Value in Health* 12(S1)36-37.

Gibson, L. (2008) 'In defence of instrumentality' *Cultural Trends* 17(4) 247-257.

Gibson, L. and Pendlebury, J. (eds.) (2008) *Valuing Historic Environments* London: Ashgate.

Gibson, L. and Pendlebury, J. (2008) 'Introduction: Valuing Historic Environments' in Gibson, L. and Pendlebury, J. (eds) (2008) *Valuing Historic Environments* London: Ashgate pp1-16.

Graham, H. (2009) 'Department of culture, media and sport's peer review pilot' *Cultural Trends* 18(4) 323-331.

Gray, C. (2006)'Managing the unmanageable: The politics of cultural planning' *Public Policy and Administration* 21(2) 101-113.

Gray, C. (2008) 'Arts Council England and public value: A critical review' *Cultural Trends* 14(2) 209-214.

Hackl, F. and Pruckner, G. (2005) 'Warm glow, free riding and vehicle neutrality in a health related contingent valuation study' *Health Economics* 14 292-306.

Hanley, N. (2001) 'Cost-benefit analysis and environmental policy making' *Environment and Planning C* 19 102-118.

Hanleym N. and Spash, C. (1993) *Cost-benefit analysis and the environment* Cheltenham: Edward Elgar

Haydock, A. (1992) 'QALYs- a threat to our quality of life?' *Journal of applied philosophy* 9(2) 183-188.

Heady, L. (2010) *Social Return on Investment: Position paper, April 2010* Available from http://www.philanthropycapital.org/publications/improving_the_sector/charity_analysis/sroi_position_paper.aspx Accessed 25/9/2010.

Hewison, R. (2006) *Not a sideshow: Leadership and cultural value* London: Demos.

Hewison, R. (2002) 'Commentary 1: Looking in the wrong place' *Cultural Trends* 12 47-89.

Hewison, R. (2010) '"No wealth but life": Ruskin and Cultural Value' *Keynote lecture for "Ruskin and Cultural Value Conference" Lancaster University 18th June 2010-09-28.*

Hewison, R. and Holden, J. (2006) 'Public Value as a framework for analysing the value of heritage' in Clark, K. (ed.) (2006) *Capturing the Public Value of Heritage: The Proceedings of the London Conference 25-26 January 2006* London: English Heritage pp14-19.

HMT (2003) *The Green Book: Appraisal and evaluation in central government* London: HMT.

HMT (2008) *Developments in the economics of well-being* Available from http://www.hm-treasury.gov.uk/treasury_economic_workingpaper4.htm Accessed 25/9/2010.

Holden, J. (2004) *Capturing Cultural Value: How culture has become a tool of government policy* London: Demos.

Holden, J. (2006) *Cultural Value and the crisis of legitimacy* London: Demos.

Hooper-Greenhill, E. (2004) 'Measuring learning outcomes in museums, archives and libraries: The learning impact research project (LIRP)' *International Journal of Heritage Studies* 10(2) 151-174.

van Hoorn, A. (2007) 'A short introduction to subjective wellbeing: Its measurement, correlates and policy uses' Presented at *Is happiness measurable and what do those measures mean for policy?* 2-3 April 2007, University of Rome, Italy. Available from http://www.oecd.org/dataoecd/16/39/38331839.pdf Accessed 25/9/2010.

Jones, S. (2010) *Culture Shock* London: Demos.

Johnson, F. (2009) 'Editorial: Moving the QLAY forward or just stuck in traffic' *Value in Health* 12(S1) 38-39.

Jura Consultants (2005) *Bolton's Museum, Library and Archive services: An economic valuation* Edinburgh: Jura Consultants.

Jura Consultants (2008) *Economic Impact Methodologies for the Museums, Libraries and Archives sector: What works and what doesn't* London: MLA Council.

Kahneman, D. (2009) 'A different approach to health state valuation' *Value in Health* 12(S1)16-17.

Kirkdale, R., Krell, J., O'Hanlon Brown, C., Tuthill, M. and Waxman, J. (2010) 'The cost of a QALY' *QJM* 103(9) 715-720.

Kind, P., Lafata, E., Matuszewski, K. and Raisch, D. (2009) 'The use of QALYs in Clinical and Patient decision-making' *Value in Health* 12(S1) 27-30.

Kinghorn, N. and Willis, K. (2007) 'Estimating visitor satisfaction for different art gallery layouts using a choice experiment' *Museum Management and Curatorship* 22 (1) 43-58.

Kinghorn, N. and Willis, K. (2008) 'Valuing the components of an archaeological site: an application of a choice experiment to Vindolanda, Hadrian's Wall' *Journal of Cultural Heritage* 9(2) 117-124.

Klamer, A. (2002) 'Accounting for social and cultural values' *De Economist* 150(4) 453-473.

Klamer, A. (2003) 'Social, cultural and economic values of cultural goods' *Cultural Economics* 3(3) 17-38.

Levinson, A. (2009) 'Valuing Public Goods Using Happiness Data: The Case of Air Quality' Available from http://www9.georgetown.edu/faculty/aml6/pdfs&zips/HappinessPollution072009.pdf Accessed 25/9/2010.

Lipscomb, J., Drummond, M., Fryback, D., Gold, M. and Revicki, D. (2009) 'Retaining and enhancing the QALY' *Value in Health* 12(S1) 18-26.

Mackeith, J., Burns, A. and Graham, K. (2008) *The Outcomes Star: Supporting change in homelessness and related services* 2nd Ed London: Homeless Link.

Martin, F. (1994) 'Determining the size of museum subsidies' *Journal of cultural economics* 18 255-270.

Mason, H., Jones-Lee, M. and Donaldson, C. (2009) 'Modelling the monetary value of a QALY' *Health Economics* 18 933-950.

Mason, R. (2002) 'Assessing values in conservation planning' in de la Torre (2002) *Assessing the value of cultural heritage* Los Angeles: The Getty Conservation Institute pp 5-31.

Matarasso, F. (1997) *Use or Ornament? The Social Impact of Participation in the Arts* London:Comedia.

Matarasso, F. (2009) *The Human Factor: Experiences of arts evaluation* available from http://web.me.com/matarasso/one/research/Entries/2010/1/4_Experiences_of_arts_evaluation.html Accessed 25/9/2010.

McCarthy, K., Ondaatje, E., Zarkaras, L., Brooks, A. (2004) *Gifts of the Muse: Reframing the debate about the benefits of the Arts* Santa Monica, CA: RAND Corporation.

McGuigan, J. (2004) *Rethinking Cultural Policy*, Maidenhead: Open University Press.

McMaster , B. (2008) *Mcmaster report: Supporting Excellence in the Arts* London:DCMS.

Merli, P. (2002) 'Evaluating the social impact of participation in arts activities: a critical review of François Matarasso's "Use or Ornament?"' *International Journal of Cultural Policy* 8(1), 107-118.

Miles, A and Sullivan, A. (2010, forthcoming) 'Understanding the relationship between taste and value in culture and sport'.

Missingham, R. (2005) 'Libraries and economic value: A review of recent studies' *Performance measurement and metrics* 6(3) 142-158.

Mourato, S., Pearce, D., Ozedemiroglu, E. and Howarth, A. (2000) 'Beyond 'dusty archives': The economics of preserving recorded heritage' *Cultural Trends* 39 87-121.

Mourato, S. and Mazzanti, M. (2002) 'Economic valuation of cultural heritage' de la Torre (2002) *Assessing the value of cultural heritage* Los Angeles: The Getty Conservation Institute pp 51-77.

Mulgan, J., Potts, G., Audsley, J., Carmona M., de Magalhaes, C., Sieh, L. and Sharpe, C. (2006) *Mapping value in the built environment: A report for the commission for the built environment* London: Young Foundation.

Mulgan, J., Potts, G., Carmona M., de Magalhaes, C., Sieh, L. (2006) *Assessing values created by the built environment: A methodological and Analytical review* London: Young foundation.

Munro, A. (2007) 'When is some number really better than no number? On the optimal choice between non-market valuation methods' *MPRA paper no. 8978* Available from http://ideas.repec.org/p/pra/

mprapa/8978.html Accessed 25/10/2010.
Mussen, F., Salek, S. and Walker, S. (2007) 'A quantitative approach to benefit-risk assessment of medicines' *Pharmacoepidemiology and drug safety* 16 (S1) 2-15.
Myerscough, J. (1988) *The Economic Importance of the Arts on Merseyside*, London: Policy Studies Institute.
NEF (2009) *Proving Value and Improving Practice: a discussion about Social Return on Investment (SROI)* London: MLA Council.
NEF (2008) *Capturing the audience experience: A handbook for theatre* Available from http://www.itc-arts.org/uploaded/documents/Theatre%20handbook.pdf Accessed 25/9/201.
Newton, J. (2007) *Wellbeing and the natural environment: A brief review of the evidence* Available from http://www3.surrey.ac.uk/resolve/seminars/Julie%20Newton%20Paper.pdf Accessed 25/9/2010.
Noonan, D. (2003a) 'Contingent valuation and cultural resources: A meta-analytic review of the literature' *Journal of cultural economics* 27 159-176.
Noonan, D. (2003b) 'Contingent valuation studies in the arts and culture: An annotated bibliography' *University of Chicago working paper series 03/04.*
Noonan, D. (2003c) 'Contingent valuation and cultural resources: A meta-analytic review of the literature' *Journal of cultural economics* 27 159-176.
Nord, E., Daniels, N. and Kamlet, M. (2009) 'QALYs: Some challenges' *Value in Health* 12(S1)12-15.
Nutley, S., Davies, H. and Walter, I. (2007) *Using evidence: how research can improve public services* Bristol: The Policy Press.
Oakley, K. (2009) *'Art Works'- Cultural Labour Markets: A literature Review* London: Creativity, Culture and Education.
O'Connor, J. (2004) '" A Special Kind of City Knowledge" : Innovative clusters, tacit knowledge and the 'Creative City'', *Media International Australia*, 112(August) 131-149.
ONS (2007) *Working paper: Measuring societal wellbeing in the UK* available from http://www.statistics.gov.uk/downloads/theme_social/Measuring-Societal-Wellbeing.pdf Accessed 25/9/2010.
Pearce, D. (1998) 'Cost-benefit analysis and environmental policy' *Oxford review of economic policy* 14(4) 84-100.
Pearce, D. (2002) 'An intellectual history of environmental economics' *Annual review of energy and the environment* 27 51-81.
Pearce, D. and Ozdemiroglu, E. (2002) *Economic valuation with stated preference techniques: Summary guide* London: DTLR.
Phillips, L. and Stock, A. (2003) *Use of Multi-Criteria Analysis in air quality policy. A report prepared for the Department for Environment, Food and Rural Affairs* London:DEFRA.
Pinnock, A. (2006) 'Public value or Intrinsic value? The arts-economic consequences of Mr Keynes' *Public money and management* 26(3) 173-180.
Pinnock, A. (2009a) 'The measure of all things: on the use of time as a value indicator in arts impact assessment' *Cultural Trends* 18(10) 47-74.
Pinnock, A. (2009b) 'The scope and purpose of cultural economics: A view and some suggestions from the policy fringe' *Cultural Trends* 18(4) 353-366.
Plaza, B. (2010) 'Valuing museums as economic engines: Willingness to pay or discounting cash flows?' *Journal of cultural heritage* 11 155-162.
Price, A. (1999) 'Developments in transport policy: The new approach to the appraisal of road projects in England' *Journal of transport economics and policy* 33(2) 221-226.
Provins, A., Pearce, D., Ozdemiroglu, E., Mourato, S. and Morse-Jones, S. (2008) 'Valuation of the historic environment: The scope for using economic valuation evidence in the appraisal of heritage-related projects' *Progress in planning* 69(4) 131-175.
Ravenscroft, N. (2010) 'The mythologies of environmental economics' *Journal of policy research in leisure, tourism and events* 2(2) 129-143.
Reeves, M. (2002) *Measuring the economic and social impact of the arts: A review* London: Arts Council England.
Ridge, M., O'Flaherty, D., Caldwell-Nichols, A., Bradley, R., Howell, C. (2007) *A framework for evaluating cultural policy investment* London: Frontier Economics.
Ruijgrok, E. (2006) 'The three economic values of cultural heritage: a case study in the Netherlands' *Journal of cultural heritage* 7 206-213.
Rumbold, K. (2010) 'From "access" to "creativity" : Shakespeare institutions, new media and the language of cultural value' *Shakespeare Quarterly* 61(3).
Scott, C. (2009) 'Exploring the evidence base for museum value' *Museum Management and Curatorship* 24(3) 195-212.
Scott, C. And Soren, B. (2009) 'Introduction to the special issue- exploring the value of museums' *Museum Management and Curatorship* 24(3) 189-193.
Selwood, S. (2002) 'Measuring Culture' Available

from http://www.spiked-online.com/articles/00000006DBAF.htm Accessed 25/9/2010.
Selwood, S. (2010) *Making a difference: The cultural impact of museums* London:NMDC.
Selwood, S., Hall, R., Hutchison, R., Macnaught, B., O'Neill, M., Pinnock, A., Steele, D. andTait, S. (2005) 'John Holden's *Capturing Cultural Value: How culture has become a tool of Government policy*' *Cultural Trends* 14(1) 113-128.
Sculpher, M. and Snowden, A. (2009) 'Methods for assessing the cost-effectiveness of public health interventions' *Health Policy* 93 85-92.
Sjogren, E. and Helgesson, C. (2007) 'The Q(u)ALYfying hand: health economics and medicine in the shaping of Swedish markets for subsidized pharmaceuticals' *Sociological Review* 55 215-240.
Smith, D. (2010a) *Valuing housing and green spaces: Understanding local amenities, the built environment and house prices in London* London: GLA Economics.
Smith, M. (2010b) *Arts funding in a cooler climate: Subsidy, commerce and the mixed economy of culture in the UK* London: Arts & Business.
Smith, M., Drummond, M. and Brixner, D. (2009) 'Moving the QALY forward: Rationale for change' *Value in Health* 12(S1)1-4.
Smith, R. and Richardson, J. (2005) 'Can we estimate the social value of a QALY? Four core issues to resolve' *Health Policy* 74 77-84.
Smith, R. and Sach, T. (2009) 'Contingent valuation: (Still) on the road to nowhere?' *Health Economics* 18 863-866.
Snowball, J. (2008) *Measuring the Value of Culture: Methods and Examples in Cultural Economics.* Germany: Springer-Verlag.
Snowball, J. and Webb, C. (2008) 'Breaking into the conversation: Cultural value and the role of South African Arts Festival from apartheid to democracy' *International Journal of Cultural Policy* 14(2) 149-164.
Spectrum Consultants (2003) *British Library: Economic impact assessment* London: Spectrum.
Stanton, J. (2005) 'Renal Dialysis: counting the cost versus counting the need' in Berridge, V. (ed.) (2005) *Making Health Policy* Rodopi:Amsterdam.
Steele, D. (2004) 'Developing the evidence base for UK film strategy: The research process at the UK Film Council' *Cultural Trends* 13(4) 5-21.
Stiglitz, J., Sen, A. and Fitoussi, J-P. (2009) *Report by the commission on the measurement of economic performance and social progress* Available from www.stiglitz-sen-fitoussi.fr/documents/rapport_anglais.pdf Accessed 25/9/2010.
Syrett, K. (2003) 'Atechnocratic fix to the legitimacy problem? The Blair government and health care rationing in the UK' *Journal of health politics, policy and law* 28(4) 715-746.
Talbot, C. (2008) *Measuring Public Value: A competing values approach* London: The Work Foundation
Throsby, D. (1999) 'Cultural Capital' *Journal of Cultural Economics* 23 3-12.
Throsby, D. (2001) *Economics and Culture* Cambridge: Cambridge University Press.
Throsby, D. (2003) 'Determining the value of cultural goods: How much (or little) does contingent valuation tell us?' *Journal of Cultural Economics* 27 275-285.
Throsby, D. (2006) 'The value of cultural heritage: What can economics tell us?' Clark, K. (ed.) (2006) *Capturing the Public Value of Heritage: The Proceedings of the London Conference 25-26 January 2006* London: English Heritage pp40-44.
de la Torre, M. (2002) *Assessing the value of cultural heritage* Los Angeles: The Getty Conservation Institute.
de la Torre, M. and Mason, R. (2002) 'Introduction' in de la Torre (2002) *Assessing the value of cultural heritage* Los Angeles: The Getty Conservation Institute pp 1-5.
Tohmo, T. (2004) 'Economic value of a local museum: Factors of willingness to pay' *Journal of socio-economics* 33 229-240.
Towse, R (2005) 'Alan Peacock and cultural economics' *The economic journal* 115 262-276.
Towse, R. (2010) *A Textbook of Cultural Economics* Cambridge: Cambridge University Press.
Travers, T. and Glaister, S. (2004) *Valuing Museums: Impact and innovation among national museums* London:NMDC.
Tuan, T. and Navrud, S. (2008) 'Capturing the benefits of preserving cultural heritage' *Journal of cultural heritage* 9 326-337.
Tuan, T., Seenprachawong, U. And Navrud, S. (2009) 'Comparing cultural heritage values in South East Asia- Possibilities and difficulties in cross-country transfers of economic values' *Journal of cultural heritage* 10 9-21.
UK Film Council (2009) *Stories we tell ourselves: The cultural impact of UK film 1946-2006* London: UK Film Council.
Vaze, P., Dunn, H. and Price, R. (2006) *Quantifying and*

valuing ecosystem services: A note for discussion London: DEFRA.
Weatherly, H., Drummond, M., Claxton, K., Cookson, R., Ferguson, B., Godfrey, C., Rice, N.,
Weinstein, M., Torrance, G. and McGuire, A. (2009) 'QALYs: The Basics' *Value in Health* 12(S1) 5-9.
Welsch, H. Environment and Happiness: Valuation of Air Pollution Using Life Satisfaction Data, *Ecological Economics* 58 (2006), 801-813.
Williams, A. (1994) 'Economics, QALYs and medical ethics: A health economist's perspective' *Centre for Health Economics discussion paper 121* York: University of York.
Williams, R. (2010) *Keywords* London: Fontana Press
Willis, K. (1994) 'Paying for heritage: what price for Durham cathedral?' *Journal of environmental planning and management* 37(3) 267-278.
Willis, K. (2009) 'Assessing visitor preferences in the management of archaeological and heritage attractions: a case study of Hadrian's Roman Wall' *International Journal of Tourism Research* 11(5) 487-505.

第二部分

案例研究

02

Anvil Arts 的经济影响

BOP 文化创意产业咨询公司[1]

引言

Anvil Arts 在贝辛斯托克镇（Basingstoke）运营两所艺术场馆。虽然该机构的艺术影响力广受肯定，但他们自感外界并不了解其在经济方面的影响力。这份委托报告意在揭示 Anvil Arts 对贝辛斯托克镇的重要性，从而帮助英国当时艺术资助面临严重压力时，向投资者证明其价值。因此，方法上也集中于用“实质”（hard）数字来阐明经济效益，并结合一份特别委托进行的网络调研，访问了超过 2,000 名 Anvil Arts 场馆的观众。评估方法根据政府认可的影响评估框架（Impact Evaluation Framework，IEF）而订立，IEF 被视为当时公共领域计算经济影响的标准方法，它的影响评估通常集中在：

(1) 确定可归因于该活动而产生的定量结果——考虑了无谓性、置换效应、漏损率，以及替代效应，并运用乘数以估算次级经济活动的净产出成果。

(2) 该活动对受益人产生的雇佣率和生产力的提升（总增加值或总增加值成果）。

这份研究还通过与当地企业的访谈得到补充，以了解他们所感受到的该艺术机构对城镇的影响。

本书收入了这份报告的摘要，它提供了数据结果的一个概述，并包括了案例研究受访者的评论意见。

1　本报告由 Anvil Arts 委托 BOP 文化创意产业咨询公司（www.bop.co.uk）撰写，发表于 2010 年 8 月。Anvil Arts 为英国最大的表演艺术机构，在英国贝辛斯托克镇运营一座音乐厅（The Anvil, 安维尔音乐厅）和一家剧院（The Haymarket，黑玛克特剧院）。

报告摘录

贝辛斯托克镇几乎每个人都肯定 Anvil Arts 对城镇社会和文化生活所做出的贡献。这样的肯定来自 Anvil Arts 在安维尔音乐厅和黑玛格特剧院出品节目的出色质量。正如一位受访者所说："是 Anvil Arts 使贝辛斯托克在娱乐版图上占有一席之地。"

BOP 文化创意产业咨询公司发现，Anvil Arts 吸引了来自英格兰南部一批相对富裕的观众，这批观众经常在当地酒吧和餐厅消费，以作为他们旅行的一部分。但他们却不太会为了别的原因来游览贝辛斯托克——比如他们不会仅仅因为 Festival Place 这个购物中心而到访这个城镇。如果不是为了 Anvil Arts，这些观众情愿在伦敦、南安普顿、温彻斯特、里丁和别的地方消费。BOP 对当地商业的访问支持了这些调查结果：

> 贝辛斯托克企业的经理们倾向于不住在城镇内，Anvil Arts 则能把那个群体拉进来。（Hollis Hockley 物业顾问）

通过把游客消费、访问艺术家和工作人员的消费综合考量，再加上 Anvil Arts 在贝辛斯托克支付的薪酬和采购的服务，BOP 发现：

- Anvil Arts 的经济总产量为每年 620 万英镑，这是在贝辛斯托克及迪恩与 Anvil Arts 相关的经济活动的总交易额。
- Anvil Arts 的经济净产量为每年 500 万英镑，这是在贝辛斯托克及迪恩能直接归因于 Anvil Arts 的经济活动的"真正"价值，其中考虑到位移、无谓型、置换及漏损率的附加效应，乘以总量以显示花费在当地经济中的次级或连锁效应。
- Anvil Arts 的毛附加价值（GVA）为每年 270 万英镑。这相当于在贝辛斯托克及迪恩（Deane）维持了 123 个全职工作岗位[1]。依标准惯例推算，一个工作岗位的积极经济效应可持续十年：因此 Anvil Arts 的 GVA 持续不断可达 266 万英镑。

由此来看，Anvil Arts 的经济影响大大超过贝辛斯托克和迪恩市镇议会的慷慨拨款。此外，Anvil Arts 与另外五个有可比性的场所的基准调研结果显示：

- 具有高品质节目的主要艺术场所需要的资助补贴倾向，为其营业额三分之一——Anvil Arts 的情况也相同。
- Anvil Arts 擅长吸引外来游客，特别考虑到贝辛斯托克沉寂的旅游业和其他景点相对缺乏的因素。
- Anvil Arts 在转化营业额为当地的经济总产量方面特别成功。这意味着 Anvil Arts 及其观众在本区域消费，比很多场所及其观众的消费更为集中。

对于当地企业的访谈突出显现了一个额外难以量化的经济效应——Anvil Arts 增强了公众对

1　这是对GVA理论上可支持的等同全职工作岗位数量的估算，并非是对具体团体组织实际工作岗位的评估。

贝辛斯托克作为一个旅游观光以及开展商业的地点认同。例如：

- 贝辛斯托克从文化角度来看，并没有太多可取之处。而安维尔音乐厅和黑玛格特剧院确实使城镇变得更具有吸引力。（摩托罗拉公司）
- 安维尔音乐厅（连同购物中心的建筑一起）提升了贝辛斯托克的形象，使之成为一个游览观光之地。（Festival Place 购物中心）
- 演出之前和之后都有相当多的游客在购物中心的餐馆就餐。（Festival Place 购物中心）
- Anvil Arts 向更广阔的世界展示，贝辛斯托克不仅是一个商业中心，它还支持艺术发展，并拥有几个极具声誉的场所来做证明。(Lamb Brooks)

在当地与 Anvil Arts 有着特殊关系的商业，也对 Anvil Arts 带给他们经营的影响倍加称赞：

- 拥有 Anvil Arts 作为客户，有助于我们赢得其他艺术领域的合约。（Splash of Paint 公司为 Anvil Arts 供应商）
- 在做社区项目时，提到 Anvil Arts 是我们的客户对项日很有帮助，因为这可以证明我们对当地和社会供应的承诺。（Lamb Brooks，为 Anvil Arts 提供法律服务）
- 从摩托罗拉的观点来看，能为雇员提供 Anvil Arts 的演出门票非常好——这些演出非常受欢迎。（摩托罗拉，Anvil Arts 的合作赞助商）

最后，很多在 Anvil Arts 场馆演出的团体和个人，均受益于英格兰艺术委员会的投资。这笔投资并不是直接给予 Anvil Arts ，或是进入到贝辛斯托克的宏观经济中，所以，这些并没有被计入上述的经济效应。然而，这仍然代表着一种在贝辛斯托克及迪恩艺术巨大的隐性投资，因为没有这种隐性的投资，Anvil Arts 就不会出现在当地。BOP 和 Anvil Arts 为此估算，这种隐性投资到 2010 年 3 月，总计已达到 80.6 万英镑。

03

爱丁堡艺术节的影响研究

BOP 文化创意产业咨询公司[1]

引言

2006 年，爱丁堡授权 BOP 进行了一个关于爱丁堡艺术节经济影响的重要研究课题，同时，希望该研究可以从经济影响的分析拓展到文化、社会、知识和环境影响的分析——这是对包括爱丁堡国际艺术节、爱丁堡边缘艺术节、皇家爱丁堡军乐节等在内的 12 个爱丁堡艺术节的 360 度全方位的影响力评估。因此，该课题必须包括非常大型的原始研究项目：针对 12 个艺术节设计了 50 份不同的问卷，共访问了超过 1.5 万名相关人士。受访者不仅包括观众，更包括表演者、机构代表、记者、志愿者、临时员工、教师和艺术节赞助者。本报告的撰写历时 14 个月，由此可见，这是一项极为复杂的挑战。

1　本报告发表于2011年5月。

报告摘录

英国BOP文化创意产业咨询公司受爱丁堡艺术节（Festivals Edinburgh）委托，执行其12个艺术节的影响评估。该研究由艺术节论坛及合作伙伴苏格兰企业协会、爱丁堡艺术节、爱丁堡市政府、苏格兰活动委员会（也代表苏格兰旅游局）、苏格兰政府和苏格兰艺术委员会（现称苏格兰创意协会）委托执行。

本研究于2004—2005年期间，以SQW咨询公司对爱丁堡艺术节的总体经济影响力研究为基础；同时也回应了2006年Thundering Hooves报告中所提出的关于爱丁堡艺术节全球竞争力的一些问题。

尽管经济影响力评估仍是本研究中的核心问题，但爱丁堡艺术节和其他授权进行本研究的相关者，共同认识到对艺术节价值进行更全面评估的必要性。因此，本研究除了评估经济影响，也将对爱丁堡艺术节的社会、文化、环境、媒体等方面的影响力展开360度的评估。故而，本研究能向苏格兰及以外地区的更广泛利益相关者阐明艺术节的价值。本项研究的另一个重要目标，是为爱丁堡艺术节建立一个可重复的评估体系，包括一个新的影响力评估框架和数据收集程序。

以日期为顺序，12个艺术节分别为：爱丁堡国际科学节、苏格兰银行青年儿童表演艺术节、爱丁堡国际电影节、爱丁堡爵士蓝调音乐节、爱丁堡艺术节、爱丁堡多元文化艺术节、皇家爱丁堡军乐节、爱丁堡边缘艺术节、爱丁堡国际艺术节、爱丁堡国际图书节、苏格兰国际叙事艺术节和爱丁堡迎新活动。

影响力评估的核心是一个野心勃勃的、影响深远的原始研究项目。该研究的宽度与深度超出了艺术节之前所有的调查：为12个艺术节设计了超过50份问卷，访问了1.5万名相关人士。受访者中不仅包括观众，还包括表演者、机构代表、出席记者、志愿者、临时员工、教师和艺术节赞助者等，以期了解艺术节对不同群体和利益相关者的影响。

本研究显示，爱丁堡艺术节共同提供了异常丰富多样的文化盛宴。尽管英国及海外观众对爱丁堡艺术节的最初印象，可能仅限于爱丁堡国际艺术节、爱丁堡边缘艺术节或皇家爱丁堡军乐节等相较大型的活动，但正是爱丁堡艺术节在一整年的艺术季中所提供的多元、高品质的体验，使爱丁堡成为了一个别具特色的城市。我们的研究证实了这些艺术节在文化、社会、经济等众多领域都拥有积极的影响力。2011年，艺术节迈出了集体性的第一步，评估了在环境中的影响力，也使爱丁堡艺术节成为了同一领域中的表率。

文化影响：提供世界级文化体验及培养观众

提供丰富的世界级文化体验是艺术节的核心使命。一个积极的艺术节体验也是取得更为广泛的社会、经济成果的衔接条件（良好的艺术节体验有助于构建访客对城市的积极看法、吸引他们再次到访并获得更为积极的媒体关注等）。

研究结果显示，观众们对爱丁堡艺术节的体验都非常满意。的确，他们给予爱丁堡艺术节的评价高于其他相似的活动。当受访者对爱丁堡艺术节的质量与一些相似活动的质量进行比较打分时（1分代表比其他活动差、5分代表比其他活动优），爱丁堡艺术节在满分为 5 分的评估中获得了 3.92 分。

观众重视爱丁堡艺术节，是因为它们赋予了观众与家人、朋友愉快的社交经验；同时也为他们带来了一系列文化利益。

- 艺术节提供了观众重视的世界级、国际化的文化体验。
- 观众在艺术节里得以更深层次地接触许多艺术形式。93%的观众认为，艺术节为他们提供了其他渠道无法提供的艺术作品。77%的观众认为，艺术节为他们提供了发现新人才、新艺术类型和新风格的机会。
- 观众认为艺术节在众多类似活动中显得别具特色而与众不同。当问及艺术节的独特性时，以 1 分代表“非常相似”，5 分代表“非常独特”，艺术节在满分为 5 分中获得了 3.78 分；79%的观众认为艺术节为他们提供了“参与必看活动的机会”。

研究结果还显示，艺术节在文化参与度上有更广泛的影响力，特别是在观众的全年参与度方面。具体证据如下：

- 艺术节可以刺激观众进一步参加其他类似的文化活动。过半的观众（55%）对“艺术节的经历使他们更有可能参加其他活动”的观点表示同意。
- 同样，三分之二的父母认为，艺术节的经历使他们更有可能带孩子去继续参加其他相似的文化活动。
- 近三分之二的观众（64%）认为，艺术节的经历鼓励他们更勇于去尝试不同文化选择和探索新的文化体验。

文化影响：发展爱丁堡和苏格兰的创意文化产业

除了公众活动外，艺术节还致力于促进、发展和支持爱丁堡、苏格兰及其他地区的文化、创意及活动。艺术节最显著的贡献之一，是为参与主办艺术节活动的文化场地带来的重要经济贡献。艺术节期间各艺术节场地的支出总额约 3,800 万英镑。艺术节还为表演者和艺术家的专业发展做出了贡献。例如，为表演者、艺术家或代表提供了 287 场行业专场。参与艺术节可以提升艺术家的知名度，并为他们的新作提供灵感，为后继销售和新的合作带来乐观前景。例如，78%的电影节代表认为：他们看到了在其他地方看不到的高品质作品。

艺术节对表演者和公司也提供了积极的支持，这包括了将艺术家预算中的一大笔（24%）直接用在苏格兰地区，并提供量身定制的特别项目，以提升从业者的知识技能、拓展他们的专业网络。

艺术节在建立文化、创意与活动领域的长远能力方面作用显著。志愿者和临时工作人员在艺术节的参与度上，相比其他类似活动更加有深度（以志愿者所付出的工作时数计算）。这些宝贵的经验对该领域之后的大型活动，例如 2014 年格拉斯哥英联邦运动会等，提供了极为有用的资源。

学习影响

观众对活动、文化形式或主题的享受，转换成更大的学习群体和更多的学习益处。这种学习包括对文化形式本身的深入理解，以及更宽泛的环境或社会议题。一些艺术节还为正式的教育部门提供活动，教师们认为，这些相关活动丰富并增值了学习的课程。

同样，艺术节在儿童个体发展上也起到了积极的作用，尤其是在培养他们的想象力和创造力方面，93%的家长认为，艺术节提高了孩子们的想象力。

艺术节对小学生在校学习态度和同伴关系上并没有太显著的影响，这个结果或许并不出人意料，因为艺术节的大多数教育活动时间都很短。当然，观众在艺术节活动中的参与情况也类似。但是，许多艺术节也在节日以外组织教育活动，这些活动则让观众有更深入的参与。

和其他文化领域的调查相比，观众短暂的参与很有可能使艺术节对知识和学问产生的影响尽管积极，但却不如预期那么高的原因。另一个解释因素，可能是由于艺术节的观众本就是艺术修养、知识程度、文化素养较高的消费者，所以艺术节在提升他们对文化形式、主题的认识与理解上，能起到的作用比较有限。然而，在艺术节期间，艺术节为志愿者、临时工作人员和其他工作坊参与者提供了更为深入的参与形式，而这些群体表现出了更强的学习兴趣。比如，85%的志愿者和临时工作人员认为，参与艺术节的确改变了他们对艺术节中文化形式和主题的认识和理解。

场所营造与媒体影响：丰富爱丁堡、苏格兰的身份认同和形象

研究中最显著的一个发现，是艺术节令当地居民和外来游客，对爱丁堡和苏格兰的印象产生了强烈的、积极的影响。或许参与者对艺术节抱有积极态度是意料之中的事，但结果却超出了其他文化类或文化遗产类活动所带来的，诸如提升地区荣誉感和提高活动知晓度等效应。我们的调查结果显示：

- 当地居民因艺术节为爱丁堡带来的价值感到骄傲，89%的居民认为艺术节提升了他们对家园城市的自豪感。
- 游客们认为艺术节使得这座城市与众不同；78%的受访者高度评价了夏季同时参与多个艺术节的经历；82%的受访者认同参与艺术节的经历增加了他们再次来访的可能性（这同时也保证了爱丁堡旅游经济的持续发展）。
- 85%的观众认为艺术节的形象代表了爱丁堡和苏格兰的多元化和开放性，也体现了积极的国家身份认同。

据 Meltwater News 在线监控数据显示，艺术节激发起的媒体关注度也非常显著，并超出了其他同类活动。研究所使用的在线新闻监控工具的数据，并不能对媒体关注的积极或消极态度做出结论。然而，在评估了与会记者所发起的社交媒体活动后，得出的结论是：大部分是赞许的。

这表明，由与会记者的信息交织形成的终极媒体信息，主要持赞许的态度。

社会影响：文化多元性和社区凝聚力

除爱丁堡多元文化艺术节外，多数艺术节都不以获取社会成果为主要目标。然而，我们的调查显示，除了提升地区荣誉感和归属感外，艺术节的确产生了一系列社会影响。在这次研究中，对艺术节社会影响力的调查是以社会资本的概念为基础的，其中以社交网络和社会关系为主要对象。从这个视角出发，有证据证明：艺术节有助于人们建立社交关系，这既包括家庭成员间，也包括来自相似或不同社区之间的社交关系。比如，四分之三的观众认为，爱丁堡迎新庆典将整个社

区联系到了一起；同样，79%的观众认为，他们在艺术节的经历，为他们提供了与家人共度品质时光的珍贵机会。

在诸如爱丁堡多元文化节这样积极的、不拘谨的环境中，为来自不同文化背景的人们提供交流和分享信息的机会，能帮助参加者提升他们对其他文化的认识与理解。比如，近三分之二（65%）的爱丁堡多元文化节观众认为，参加此次活动加强了他们对其他文化的认识。

社会影响：有助于提升生活品质和幸福度

参与文化休闲活动被认为有助于各方面的健康（身体的、社交的、心理的积极状态）与幸福感。本研究展示了艺术节对人们的健康带来的影响，尽管其影响相对轻微，但该结果对于同类文化、文化遗产类活动的研究结果互相支持。55%的观众感到：艺术节活动对他们的健康带来了一定程度的改变。

此外，艺术节对特定群体的健康有着更为明显的影响。首先，他们对儿童早期发育阶段的总体情绪、精神、社交健康有着积极的影响。65%参与苏格兰银行青年儿童表演艺术节的家长认为：艺术节活动改善了他们孩子的健康。其次，艺术节对深度参与的群体（如临时工作人员和志愿者）有着更加强烈的健康影响。其中包括对一般健康和自我价值等特定感知的积极影响。

例如，71%的临时工作人员认为：参与艺术节的工作“提升了他们正在做出有用贡献的自我价值感”。这种影响在相对年长的志愿者群体中更加明显——与其他文化、遗产活动的比较调查中相一致：年长的参与者获益更多。

经济影响：提供就业和技能发展途径

参与爱丁堡艺术节工作的志愿者和临时工作人员，在个人发展上都有所收获。的确，与针对文化遗产领域的其他志愿者工作的调查相比，本调查的结果证实，艺术节在提升参与者的自尊心和好奇心方面的作用尤其显著。71%的志愿者认为：他们对尝试新事物的意欲得到了提升。

关于可转移技能，与志愿者相比，临时工作人员更易被艺术节工作带来的专业技能所鼓励、并在该过程中更能够发展就业技能。77%的临时工作人员感到，参与艺术节的工作提升了他们的就业能力。

得出以上结果的一个要素，很可能牵涉到受访的志愿者和临时工作人员的个人状况：志愿者的年龄一般比临时工作人员的要大一些，因此，他们对职业目标和发展的兴趣，比年轻一些的临时工作人员要低。此外，年长的志愿者在他们参与艺术节之前，就已经拥有较高的技能，因此，获取更多进展的可能性相对较小。

我们的研究表明：艺术节帮助志愿者和临时工作人员建立了社会资本，他们当中的许多人，因为看到了建立新的社交网络的可能性而参与了艺术节的工作。调查结果还证实了其他文化组织志愿者的观点：许多艺术节志愿者以前也曾从事过志愿者工作，今后也有意继续从事，包括在公民生活的其他领域。相反，临时工作人员继续做志愿者工作的倾向则小一些，尤其是在文化领域之外。

经济影响：支持爱丁堡和苏格兰的广泛经济

研究再次证实并加强了之前对爱丁堡艺术

节经济影响的调查结果：爱丁堡艺术节是爱丁堡当地经济和苏格兰民族经济的主要贡献者。

据估计，2010 年，爱丁堡艺术节在经济上的主要影响如下：

- 在爱丁堡生成 2.45 亿英镑的新产出，在苏格兰生成 2.61 亿英镑的新产出。
- 为爱丁堡带来 5,900 万英镑的新收入，为苏格兰带来 8,200 万英镑的新收入。
- 为爱丁堡提供了 5,242 个全职工作岗位，为苏格兰提供了 4,917 个全职工作岗位。

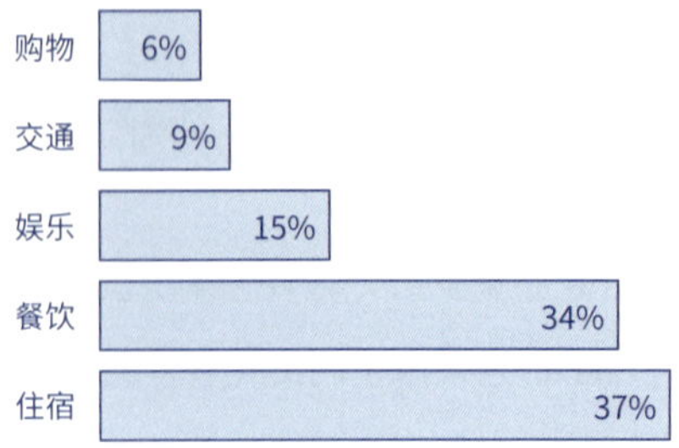

来源：BOP 文化创意产业咨询公司

图 3.1 2010 年爱丁堡艺术节观众在爱丁堡的纯消费（不包括购票消费）分解图

表 3.1 2010 年爱丁堡艺术节经济总影响[1]

	生产值（百万英镑）	收入（百万英镑）	全职岗位（个）
爱丁堡国际科学节	0.62	0.10	10
苏格兰银行青年儿童表演艺术节	0.38	0.12	8
爱丁堡国际电影节	2.82	0.91	61
爱丁堡爵士蓝调音乐节	1.29	0.32	26
皇家爱丁堡军乐节	34.37	7.96	787
爱丁堡边缘艺术节	11.56	34.26	3,006
爱丁堡多元文化艺术节	0.49	0.14	11
爱丁堡国际艺术节	20.84	5.18	437
爱丁堡国际图书节	5.08	1.29	109
苏格兰国际叙事艺术节	0.18	0.04	4
爱丁堡迎新活动	27.91	6.35	589
记者（夏季艺术节）			
爱丁堡	9.46	2.29	195
苏格兰	1.51	0.48	29
爱丁堡	244.99	58.95	5,242
苏格兰	260.96	81.85	4,917

来源：BOP 文化创意产业咨询公司（2011）

1　要区分记者在夏季艺术节期间单个艺术节中的消费不可能的，因为记者们是同时覆盖了这些艺术节，分开计算会使数据出现偏差。

经济影响的评估参考了苏格兰政府和财政部《绿皮书》的原则，这就意味着，只有真正由艺术节带来的经济影响才会被评估。

促成艺术节经济影响的总体因素和之前的 SQW 公司的研究大致相同（苏格兰的数据包括了爱丁堡的数据）：

- 观众的消费驱动着经济影响，但如果按绝对价值计算，表演者、与会代表和记者等，同样也有着重要的贡献。
- 观众的消费主要由游客主导，他们花销越多、逗留时间越长，他们的消费就越有可能对经济带来真正的影响。
- 总的经济影响中，有很大一部分是由一小部分艺术节生成的。

最主要的差别是，艺术节的总体经济贡献自上一次研究后有了很大的提升。2004—2005 年的研究结果表明，艺术节在爱丁堡和苏格兰的产出，分别是 1.7 亿英镑和 1.84 亿英镑。然而，直接的逐年比较不一定精确，比如，2004—2005 年的研究评估的艺术节数目（17 个）比本研究多。

需要指出的是，艺术节的经济影响范围极广，并不仅仅集中在文化经济的范畴。事实上，在爱丁堡和苏格兰最受益的是旅游、酒店接待和休闲等部门。

环境影响：气候变化和资源消耗

本研究涉及的最后一个评估领域，相对而言是最有野心的一个调查领域，因为涉及评估对环境的影响。尝试处理这样的问题，是十分勇敢的行动，也是值得赞赏的。爱丁堡艺术节在跨艺术节环境策略中，已经显示出一定的领导力。该策略旨在对增强个别艺术节的环境意识和能力，同时明确和发展处理环境足迹的方法和实践（如绿色场馆行动）。然而，测量消极环境贡献的过程难度很高，并对组织沟通议程存在固有挑战。

艺术节，以及更为广泛的文化和旅游领域，在考虑环境之可持续发展方面正处于发展阶段。因此，今年的调查聚焦于对当前影响程度的评估和监测，而不是像其他领域的影响力调查那样，测量变化的过程。在记录环境影响的第一次尝试中，调查揭示了观众的交通是总二氧化碳排放量的主要来源，具体数据为 44,653 公吨，相当于每张票产出 1.34 公斤的二氧化碳。在废物处理方面，艺术节办公室产生的近半（48%）废物得到了回收。

艺术节的数据中还存在一些空缺，多数关乎那些来自非艺术节拥有的或直接管理的场馆影响。要评估艺术节的许多临时场馆的运行和影响是非常复杂的，然而，为了这个目标，各艺术节最近合作进行了一个名为“绿色场馆行动”试行项目，该项目支持、促进、表扬那些监控、测量和减少环境影响的场馆。2010 年是该项目试行的第一年，当年，有 27% 的艺术节演出与活动在“绿色场馆”中举行。可以预料的是，这个数据在不久的将来会不断增长，使得爱丁堡艺术节的环境足迹能继续被检测并被逐步减少。

艺术节的可持续性

为了保证艺术节能够达到上述的全面影响和成果，那就必须从可持续性的角度来考虑艺术节的进程，这意味着不能仅仅考虑环境问题，还要关注操作中的经济和社会持续性。

各个艺术节都获得了大量来自公共部门的投资，不管是直接核心基金，还是非直接的场馆等方面的基础设施投资。然而，从可持续性的方面考虑，评估艺术节是否有其他收入来源是非常重要的。纵观 12 个艺术节，调查数据显示，他们的确拥有牢固的财政基础，这点毋庸置疑，因为他们赚取收入在总收入中所占的比重，比文化领域里其他机构的平均值要高出许多。然而，这些艺术节之间也有明显的差别，部分与艺术形式有关；保证艺术节持续经济成功的另一个元素是它们在全球艺术节市场上的竞争力和吸引力。创新是保持爱丁堡竞争优势的关键因素，而 2011 年的调查，显示了艺术节在项目创新中所建立的重大财政投资的初始基准。

04

东安格利亚生活博物馆的社会回报研究

曼迪·巴奈特（Mandy Barnett）[1]

引言

这篇报告使用了“投资的社会回报”（SROI）模型，尝试测算博物馆执行的“业本学习”（WBL）[2]项目的价值。SROI 这一模型技术，一般应用于志愿服务机构或慈善机构，而在文化领域内使用得相对较少。

SROI 一般在那些试图改善参与者生活的独立项目中应用得较好。WBL 项目收到许多人推荐，他们一般是长期失业或在参与其他项目后仍未能改善境遇的人，其中许多人有精神健康方面的问题或学习障碍。这个项目的课程持续 8 周，每周 4 天。

为收集使用 SROI 这一模型所需的数据，博物馆与参与者、员工和志愿者进行了一系列磋商，明确了该项目期望取得的积极成果。接下来，一些样本小组被建立起来，以讨论在这些积极成果预期下的进展。随后，参与者被要求判定，他们根据这些成果的个人起点与终点是什么；创建并概括这些成果的金融绩效。

以下摘录的报告由主报告的概要和重要建议两部分组成。

1　本报告由东安格利亚生活博物馆委托曼迪·巴奈特撰写，并得到了新经济基金会（New Economics Foundation，www.mbassociates.org）的支持，发表于2011年1月。

2　“业本学习”是英国政府为了提高本国的职业教育水平而提出的一种新型人才培养计划模式，是将企业和各级高校联合在一起而开展的工学交替式的教育培养模式。——译注

报告摘录

背景

东安格利亚生活博物馆（MEAL）是一家社会企业，也是注册博物馆。博物馆利用其藏品，包括建筑和动物等，来帮助人们“结交朋友”“用不同的视角看世界”以及“回馈社会”。SROI 分析了为长期失业的人群设计的旗舰项目——WBL 项目。该项目由萨福克郡议会的贫困社区“邻里学习基金”资助。许多参与者都有精神健康或学习能力方面的困难，卢克的故事就很好地说明了这点。

卢克 32 岁。三年前，他露宿街头。东安格利亚生活博物馆帮他联系了一家住房慈善机构，使他得到了住所和其他支持。随后，他在全科医生处进行了登记，开始了抑郁症的治疗。东安格利亚生活博物馆邀请卢克加入项目，在此项目中，他获得了 5 项认证的资格证书。一年后，卢克以志愿者的身份负责博物馆特定区域的场地维护，并与家人恢复了联系。卢克对东安格利亚生活博物馆充满热情，同时也获到团队的高度评价。卢克正考虑找一份正式的工作，并希望能在东安格利亚生活博物馆、格兰森霍尔农场或济贫院合办的“技巧与未来”项目中获得一个学徒身份。

评估范围

SROI 是一个严密的分析模型，通过咨询他人并以量化的方式了解自我广泛的影响力。该分析旨在为推广 WBL 项目提供实用资讯，并提高东安格利亚生活博物馆在社会影响力方面的知名度。该项目聚焦于 2009 年至 2010 年，但由于这是一个回顾性的项目，我们与这些年来一直保持联络的参与者合作，以弥补数据中的缺口（新的数据处理现已就位）。该项目有四个重要利益相关群体：参与者、参与者的家人（包括寄宿家庭）、国家和社区、博物馆员工和志愿者，我们和他们一起合作，来了解东安格利亚生活博物馆所做的一切。

改变的故事

1） 项目投资了什么

预算是 3 万英镑，但项目还拥有大量可动用的其他资产，因为它是以博物馆为基地的。在研讨会上，参与者向我们强调了重要性，“还有哪里可以让你运作一台蒸汽机或建造一座窑？”所以，在参与者身上的投资要比预算显示的多许多。我们还了解到，参与者及其家庭投入了大量的情感，来克服参与者的参与障碍。

凯伦告诉我们，她终日在自己的房内以泪洗面。因为她的学习障碍，使她在中学和大学里都受到欺凌。她的母亲非常爱护她，为了让凯伦参与此项目以打破这个恶性循环，母亲必须对东安格利亚生活博物馆和凯伦都保持信任。

2） 项目做了什么

8 周的课程涉及场地维护、动物福利，以及诸如做栅栏、绘画、研磨等在内的传统手工艺。志愿者陪伴参与者，并教他们一些实用的技能。正式训练教授认证的课程。“我们做了一些令人惊叹的事，了解古老的做事方式是很有益处的。”

合作伙伴们说，这是附近范围内惟一一个这样的课程，其本地特性也非常重要。贝弗和她的儿子每天从他们的村庄步行 4 英里来这里。事实上，良性环境的影响力是一个需要更多发掘的领域。

3） 项目带来的改变

参与者指出了四个主要的改变：迈向工作世界；更自信和对未来怀有更多的希望；得到改善的关系；更大的幸福感。凯伦说：“我很快乐，很快乐，很快乐，很快乐！”

家人们看到了家庭关系的改善；博物馆员工和志愿者对弱势群体有了更深度的认识；地方服务更有效率、有效果；国家与社区也看到了福利性支出节约了许多。为符合 SROI 的惯例，我们没有将参与者的投入，或是快乐作为一种成果进行评估。但最近对于“合作生产”和国家对国民幸福度的关注表明，这些不那么有形的因素在其他领域是如何得以处理的。这是我们愿意做更多探索的一个领域。所以，我们的叙述为我们留下了一个问题：如果我们要“管理”情感投资并创造快乐，那我们首先该如何评价它们?

4） 证据

我们从参与者、合作伙伴、员工和家人那里一对一地进行证据收集，并采用了多样而有创意的方法。东安格利亚生活博物馆的经理们发现这是非常有帮助的：“与学习者面对面交谈是最有价值的部分。”

通过询问参与者他们发生了哪些改变的迹象，我们拼凑出了基于学习模型中四个阶段的进程阶梯（从一种无意识的不成熟到无意识的成熟的状态），这些阶段反映了参与者的生活——大多数人一开始是被推荐来到这个项目的，而不是一开始就为参与做好充足的准备。以下是阿姆贾的故事：

无意识	有意识
阿姆贾被孤立并有 8 年没有离开过他的公寓，直到被他的职业治疗师推荐到东安格利亚生活博物馆。	他开始参与进来，并在课程中的出勤率达到了 100%。
现在阿姆贾在一个精神健康团队就职，并且因为生活境况的好转而感到自信。	阿姆贾学到了新的技能并获得了资质证书。他对自己负责，继而承担起对团队的责任。

有一项重要的发现表明，“进程阶梯”是不均匀的。在向工作迈进的过程中，每一步都有价值，但获得一份工作却是一个巨大的跃进。然而，当一些参与者满足于志愿者角色时，他们会面临“停滞”的危险。同时，这对国家的影响起初是消极的，因为参与者更为积极地在受服务。（因此）帮助参与者前进，是项目的一个关键问题。

5） 成功

在这四步进程中，参与者平均迈出了一步半。最大的改变是向与国家利益有关的工作迈进。我们将此形容为是“完全成果等效”。所以，37 个参与者等价于 14 个就业者。七分之四的家庭报告称他们关系有所改善，有一些见证了更大的变化。参与度低的实践者获得的成果较少，但合作伙伴对项目的感觉却异常的积极。所有的博物馆员工都提升了自信，但他们的经历却各有不同。结合“停滞”的风险，这些反馈表明了成功：联合了其他本地机构以帮助推进的机会；提升了参与者的成果和工作满意度的机会。

建立影响

当然，我们只可以承认一部分的成果。一些改变是无论如何都有可能发生的（重负[1]），而另一些则有部分其他原因（归因[2]）。

1） 我们不能居功

根据参与者的历史，我们假定有很少无谓因素，并在与参与者家人交谈后得到确认。卢克、凯伦、阿姆贾都是典型参与者，因为他们缺乏改善生活的原始动力。然而，在项目中的经历激起了他们一种螺旋式的上升，促成了积极的影响。我们用一个饼状图来归因这些成果。比如，对卢克而言，住房支持工作者扮演了一个重要的角色；他的全科医生的作用略轻；他的家庭扮演的角色越发重要。

由于家庭经历影响更广，我们假设他们的情况无论如何都会自行改变，或是因为其他原因而改变。这就限制了我们的影响力，尽管我们还是创造了许多“价值”。

我们一直没听说有其他人在做同样的工作，为避免高估我们的影响力，我们必须考虑有否“位移”的问题。其中唯一的风险是，参与者获得了一些可能属于他人的工作，那么我们是否减少了对国家或社区的利益？

2） 评估结果

我们相应地调整了“完全的成果等效”，然后分配如右下表所示的金融绩效，两者相乘就获得了第一年的即时回报。意识到前进过程中不一致的步调，与工作和福利相关的两个成果在获取价值（或支出）的不同阶段，采用不同的方式计算。

3） 变化会持续

参与者和家庭成果是持续增长的良性循环的一部分。然而，东安格利亚生活博物馆的影响，可能会因为某一帮扶自立的政策而快速降低。未来，所声称的价值会减少，但真正的价值会继续增长。实践者的成果不会持久，但更多的合作将创造更多的价值。

4） 计算投资的社会回报

鉴于博物馆资产对项目的重要性，我们分配了博物馆开放时开支的 5%，1.8 万英镑在投资计算里。在包括预算和志愿者价值的 5.3 万英镑的总投资中，一个重要元素是在文化遗产上的持续投资。上面的表格展示了社会回报是如何量化的。

我们看到，来自参与者就业进程中的回报最高，以及可减少福利支出的相关利益。但是，即便项目并不以家庭成果为目标，家庭成果仍然具有显著的隐藏价值和巨大的增长机会。其他的成果，虽然小，但依然重要，因为它们代表了机遇。折算成现值，在五年内，我们回报了 22.9 万英镑（右图）。

因此，每 1 英镑的投资中，东安格利亚生活博物馆便带来了 4.30 英镑的社会价值。

1　原文为deadweight

2　原文为attribution

东安格利亚生活博物馆及其合作伙伴可以构建的核心问题有：关键需求：建立本地联合机构以帮助进展的方法；提高参与者的成果和实践者的工作满意度；关键机遇：发掘家庭成果中的隐藏价值；关键投资：在文化遗产方面；关键问题：要“管理”情感投资并创造快乐，我们就需要先对它们进行估值，迈向“共同生产”与幸福感的方法。“投资的社会回报”分析，提供了学习的四个关键领域和许多深刻的洞见。

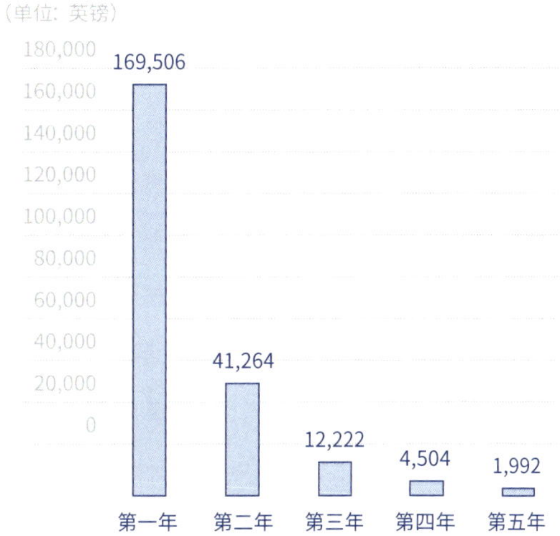

成果和第一年的价值	代用价值 ×	结果
迈向工作的进展： **80,695 英镑**	工作中工资涨幅大于福利 8,340 英镑	因为归因 × 平均变动 3,540 英镑而将参与者从 37 调整至 23
增强了的自信 和对未来的期待感： **11,806 英镑**	辅导的价值 649 英镑 + 工作经验的价值 1,139 英镑	35%×37 位参与者 =13，由于归因调整至 7
积极关系的发展： **6,946 英镑**	社交生活支出 1,458 英镑 + 家庭咨询 333 英镑	37 位参与者的 30%=11，由于归因调整至 5
更好的家庭生活： **22,672 英镑**	家庭咨询支出 333 英镑 + 养育一个孩子的部分支出 4,805 英镑	48 个家庭的 54%=26，由于重负和归因调整至 4
福利开支减少： **52,195 英镑**	额外服务 (-ve)+ 福利金储蓄 + 税收 (+ve) 8,921 英镑	由于归因和位移 × 平均变动 2,930 英镑，37 位参与者调整至 20
更有效率和效用的地方服务： **494 英镑**	当地网络会员费 25 英镑 + 管理存款 110 英镑	4 个合伙机构中的 4 个，没有调整
对弱势群体的信心： **258 英镑**	多样化意识培训费用 85 英镑	10 个员工和志愿者中的 4 个，重负后调整为 3 个

重要建议

1） 联合本地机构以建立强大的当地网络；增加参与者工作满意度

如果项目的所有参与者都进入我们进程阶梯的第四级，也就是可以申请工作的阶段，成果的价值就会翻倍甚至更多，从 8.1 万英镑升至 17.3 万英镑，社会回报值最高会达每 1 英镑回报 6.4 英镑的社会价值。或者，与 22 位参与者一起工作并保证他们都有进步，将可以获得相同的回报。本项目在引入推介合作方面非常有效果，我们建议建立强大的当地网络能让项目参与者被引荐给其他机构，这可以帮助东安格利亚生活博物馆避免参与者对其形成的依赖。博物馆的企业部门已经运行了商业花卉种植，并与当地一家麦芽生产商保持联系，但还有更多私人的和公共部门的合作关系可以发展。在一个国家政府特意减少无劳动能力福利的时代，这对参与者而言是一个重要的机遇。特别是当东安格利亚生活博物馆与格兰森霍尔农场、济贫院合作，开展一个为期三年的学徒项目时，这显得格外合适。

更高效的引入和向外转介网络使得更好的数据能被采集到。我们调查的所有参与者都允许他们的信息被分享，因此他们也很可能同意以项目为目的的使用。一些合作伙伴，比如基督教青年会，在参与者加入后就已经跟踪了他们一年的参与情况。为了在今后更高效地测算影响力，东安格利亚生活博物馆需要收集基线，至少是 6 个月和 12 个月的数据。我们知道，合作伙伴因为和东安格利亚生活博物馆的顺利合作，而提升了就业满意度。但当前合作伙伴的数量是有限的，同时，一些博物馆员工和志愿者获益的情况并不甚理想，更宽广和更有效的合作才能帮助解决这一点。

2） 在家庭成果中有重要的隐藏价值，有真正的增长机遇

如果将变化的整体价值都计算在内，并剔除那些归因于其他的价值，家庭的成果价值可以达到 2.3 万英镑至 10 万英镑，回报率是每 1 英镑得到 7 英镑的回报。看来，如果该项目更多地针对家庭成果，就可以有显著的影响力。东安格利亚生活博物馆和当地家庭已经建立了联系，因为他一直为当地直接服务。这个项目可以以家庭学习日为特色，或将家庭纳入个人学习计划以提升东安格利亚生活博物馆的影响程度。有了家庭对我们分析的高度回应（每 9 份问卷中就有 7 份反馈），东安格利亚生活博物馆有理由相信扮演一个更重要的角色会很受欢迎。

然而，还有一个值得注意的问题是，我们有可能过分高估了家庭成果。如果我们仅仅用家庭关系治疗代理费用的 333 英镑来评估家庭关系的价值，那么这个成果的价值将从 2.3 万英镑下降至 1.5 万英镑。按照这个模型的实际情况来说，这只是将当前模型中的总价值降低至每 1 英镑回报 3.6 英镑，但它也会将我们的增长空间限制在每 1 英镑回报 3.8 英镑的范围内。

3） 在文化遗产领域的持续投资对 WBL 项目的成功很重要

合作伙伴询问东安格利亚生活博物馆，项目是否需要在博物馆内进行，还是可以在诸如培训中心或农场等其他更便宜的地方进行。改变的故事表明，正是遗产和文化资产的结合促成了项目的成功，其中包括土地、藏品、动物、工艺品、归属感和地方感等。利用博物馆举办项目，会带来近 1.8 万英镑的博物馆资产额外投资和 3 千英镑的志愿服务价值，而这些恰恰是成功的关键所

在。社区和文化投资的结合也是关键。值得注意的是，如果 3.2 万英镑（而不是 5.3 万英镑）的计算只将资助金包括在内，SROI 的回报率是每 1 英镑回报 7.1 英镑。事实上，将博物馆和志愿工作投资包含在内并非不合理，因为投资者的投资所产生的可持续成果（将他们置于回报率的另一面）可以被看作是投资者的回报。在这样的情况下，我们可以看到的回报率是每 1 英镑回报 7.7 英镑。

4) 要“管理”情感投资和创造快乐，我们就需要先对它们进行估值，迈向共同创造与幸福感方法

绩效管理一个众所周知的特点是，能够被衡量的即是被执行的；关注错误的衡量标准就有激发出错误成果的风险。比如，为这类项目制定简单的产出目标使得很多完成了课程的人就能得到奖励；然而，同样有一些参与者可能因为就业而非辍学提前离开课程。SROI 在计算真正有价值的成果时非常复杂，并因为不高估成果而显得有可靠性。然而，当前的惯例可以更好地解决绩效管理中的行为问题。最近对公共服务的再度关注，使用了行为经济来理解参与者及其广泛网络在成功服务中的重要性。在这个 SROI 评估中有一个风险，尽管改变的故事确实侧重于参与者的投入，因为他们的投入没有被计算在评估内，因此，对他们的投入花了较少的分析时间，以及较少管理时间发展他们的改变故事。同样的，如果惯例是不把幸福作为一个独立结果进行评估，其他的如工作进展等传统成果会处于较优先的位置。我们希望看到，SROI 团体内有更多关于此领域的讨论。

05

波尔顿博物馆、图书馆及档案馆服务的经济价值研究

Jura 咨询公司[1]

引言

本报告是迄今为止英国文化领域仅有的两项利用条件价值评估法（CV）开展的重点研究中的一项（另一项由大英图书馆委托执行）。其方法是创建一个想象的市集，交易人们通常不会购买的货物与服务，例如图书馆。主要是力图通过用户或非用户对该服务的估价来进行调查，即便他们自己不使用这项服务，但会觉得它或许对其他人有价值。因此，咨询顾问对四个不同的群体进行了问卷调查：博物馆用户、图书馆用户、档案馆用户和这三种服务的非用户。

2005 年 7 月，波尔顿研究使用咨询顾问设计的调查问卷展开原始研究。总计进行了 325 次采访，其中大部分是在波尔顿市中心的街头进行的面对面采访。由于使用该服务的几乎都是本土顾客，因此对用户和非用户进行问卷调查似乎是很合适的；也召开了一些焦点小组讨论。问卷提出了一些有关“支付意愿”的问题——一个人愿意为一项服务支付多少费用，以及有关“接受意愿”的问题——一个人愿意为放弃使用服务支付多少费用。答案被平均并汇总，以反映波尔顿博物馆、图书馆、档案馆服务现有的用户数据和访客数量，以及（关于非用户的）该行政区的成年人口数据。

1　本报告由波尔顿博物馆、图书馆、档案馆服务和英国西北MLA（博物馆、图书馆、档案馆）机构委托Jura咨询公司(www.jura-consultants.co.uk）撰写，发表于2005年12月

报告摘录

缘起

2005 年 5 月，Jura 咨询公司受波尔顿行政区委会和英国西北 MLA（博物馆、图书馆、档案馆）机构委托，开展一项关于波尔顿博物馆、图书馆和档案馆服务的经济价值的研究。波尔顿行政区委会、英国西北 MLA 机构以及重要的决策人士有着共同的目的：表现该部门对当地经济的强大而有形的价值，来提升博物馆、图书馆和档案馆的知名度。该研究利用条件价值评估法来展示应属于波尔顿博物馆、图书馆和档案馆服务的消费者剩余。项目延续了 2003 年大英图书馆一项评估英国经济价值的重要研究中所使用的类似研究方法。

背景

波尔顿行政区委会有 3 个博物馆、15 个地方图书馆和 1 个中心档案馆，它们分布在波尔顿地区的各处，并对公众免费开放。这些服务提供了各种不同的文化产品，同时，波尔顿艺术馆也藏有 3,500 多件艺术品。

波尔顿博物馆、图书馆和档案馆的总预算约为 600 万英镑，聘请 231 名员工运行此服务。

数据显示，2003—2004 年间，波尔顿博物馆、美术馆和水族馆的访客数量是 249,179 人，档案馆的访客数量是 9,293 人；2004—2005 年间，图书馆的访客数量是 1,487,666 人。

条件价值评估法的使用显然是有悖于英国图书馆界的，因为它远离了传统的以审视员工和用户的支出、收入和就业模式为基础的宏观经济分析。相反，它采用了通常在环境或交通经济中常用的评估法，而这些情景下，个体从服务供给中所获得的集体价值是可查实的。“消费者剩余”估算方法是通过询问人们对特定服务的支付意愿。波尔顿研究的一个主要目的，是考察大英图书馆先前使用的技术是否可以被移植到社区语境下，并应用于博物馆、图书馆和档案馆。

条件价值评估法使得三种价值在波尔顿地区可以被获取和检查：

- 使用价值：通过直接使用波尔顿的博物馆、图书馆和档案馆服务而产生的价值。
- 选项价值：源于个体需求，波尔顿的博物馆、图书馆和档案馆在未来仍可被使用的服务价值。
- 存在价值：波尔顿的博物馆、图书馆和档案馆的存在，对用户和非用户产生的价值。

大英图书馆研究聚焦于图书馆内的特定服务，如阅览室和远程文件供应。然而，波尔顿研究评估波尔顿的博物馆、图书馆和档案馆提供的每一项服务的总价值。因此，波尔顿这些服务的用户被细分为博物馆用户、图书馆用户、档案馆用户、非用户这些类别。针对每一个类别都会进行面对面的问卷调查，以探知关于这些用户的一系列信息、他们的背景和他们对服务的评价。

问卷采用了关于支付意愿和接受意愿的问题，而这些是条件价值评估法的核心。关于支付意愿的问题询问被调查者愿意通过支出多少来继续接受服务、利用预算限制直接测量需求曲线；关于接受意愿的问题询问被调查者接受多少补偿后会愿意放弃服务，并再次利用预算限制直接测

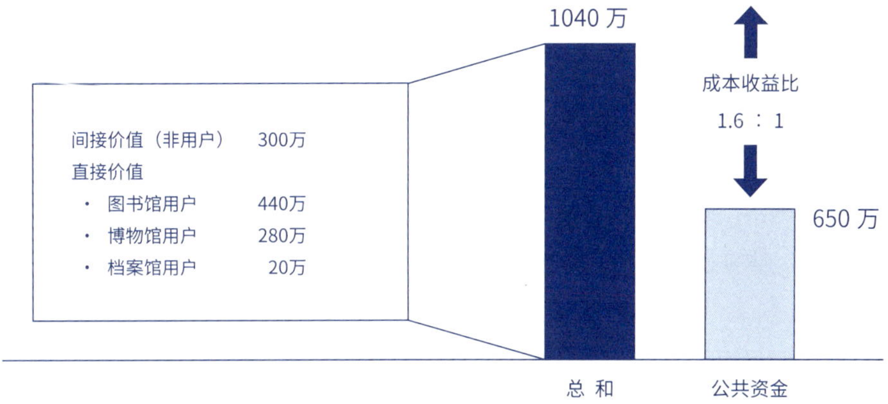

图 5.1 波尔顿的博物馆、图书馆、档案馆服务（单位：英镑）

量需求曲线。对波尔顿的博物馆、图书馆和档案馆的非用户，也采用了面对面的问卷调查，总计325 名波尔顿居民参与了此次调查，这是统计学上一个有效的样本。

发现

波尔顿博物馆、图书馆和档案馆的服务，经用户评价约有 1,040 万英镑的价值。相对获得的公共资助，波尔顿的博物馆、图书馆和档案馆生成了相当于资金的 1.6 倍的价值。也就是说，波尔顿的博物馆、图书馆和档案馆所收到的每 1 英镑的公共资助，就对波尔顿的经济生成了 1.6 英镑的价值。换句话说，如果波尔顿的博物馆、图书馆和档案馆不再收到公共资助，那么波尔顿的经济将会损失 390 万英镑的净利益。大部分的价值，约 740 万英镑，来自波尔顿博物馆、图书馆、档案馆的用户们（区别于非用户）所享有的直接利益。这巩固了这些文化服务机构在许多人生活中所扮演的重要角色。博物馆、图书馆和档案馆对非用户的价值为 300 万英镑（图 5.1）。

由波尔顿行政区委会提供的表格（表 5.1），将博物馆、图书馆和档案馆服务的总价值进行了划分。

大部分波尔顿当地居民愿意向图书馆支付最高的费用，这或许可以解释图书馆在当地社区扮演着重要的角色。当然，这似乎是在当地居民间开展的众多焦点小组中部分成员的观点。一名当地居民将当地图书馆评论为是“社区的命脉”。

表 5.1 波尔顿当地居民对博物馆、图书馆和档案馆的支付意愿（年价值，单位：英镑）

	服务支出	平均值		
	2004/2005	用户	非用户	总价值
博物馆	1,800,000	2,753,000	1,713,000	4,466,000
图书馆	4,500,000	4,434,000	1,165,000	5,599,000
档案馆	250,000	204,000	76,000	280,000
总计	6,550,000	7,391,000	2,954,000	10,345,000

同样，博物馆对当地居民也显示出很高的重要性。当地社区成员似乎对波尔顿的档案馆表现出了较少的支付意愿，但是，焦点小组揭示了其中的部分原因——各年龄阶层和各行各业缺乏对档案服务的了解。一些用户认为档案与其他服务是脱节的，且了解档案的机会并不多。

总结

条件价值评估法证明了消费者剩余法可以应用到地方当局的博物馆、图书馆和档案馆服务。研究证明：广泛的调查和分析可以生成强有力的结果。

波尔顿博物馆、图书馆和档案馆已有的数据，为该方法的运用提供了很大的益处，尤其是用户数量和用户特征方面的数据。这些信息对调查的计划和结果的汇总有着重要的作用。

波尔顿的一个更深入的特点，是对游客和相邻行政区用户的影响非常有限。对于其他地方的应用，比如游客和其他地区的用户，调查必须要拓展范围，将这些群体包括进来，并可能需要考虑应用其他的汇总方法。该研究的主报告中还包括了针对这个方法的工具包，对适用性以及地方当局的使用情况做出评价。

波尔顿居民绝对认同博物馆、图书馆和档案馆的价值，用户价值已足够证实投资在服务供给中的正当合理性。非用户价值，也是对这些服务更广泛的公共利益的证明。

06

变化时代的手工艺的经济影响研究

BOP 文化创意产业咨询公司[1]

引言

手工艺委员会（The Crafts Council）是英格兰主要负责当代手工艺行业的公共机构。每 5 到 10 年，手工艺委员会会委托执行一项重大研究，以帮助明确其政策和研究议程。上 次调查于 2006 年完成。2011 年手工艺委员会感到，该行业已经发生了充分改变因而有必要进行一项新的研究。该报告由苏格兰、威尔士、北爱尔兰的手工业相关机构联合委托执行，这是四个机构第一次联合委托执行此类项目。

这篇报告是关于英国当代手工艺产业的经济影响研究，由以下部分构成：文献综述；由制作者、学者和记者组成的几个焦点小组；对产业专家的电话采访。其中的一个重点，是对 2,000 名手工艺制作者、零售商和教育者进行的大型电话调查。电话调查的结果经过统计分析，从而对产业的经济价值进行评估。此外还有一系列补充数据着眼于该行业中的人的特点，比如年龄、性别、种族，以及他们作为手工艺者的实践特点，如使用的材料、获得培训的专业程度、获得的商业技能等。

下面摘录的是该报告关于英格兰总体情况的研究，它提供了作者代表行业发表的观点和对调查结果的总结。

1 本报告由英格兰手工艺委员会、苏格兰创意组织、威尔士艺术委员会、北爱尔兰手工艺协会委托BOP文化创意产业咨询公司撰写，发表于2012年2月。

报告摘录

2011 年年初，BOP 文化创意产业咨询公司受委托执行对当前手工艺行业的普查和影响调查。本报告对调查进行了总结，并探讨了调查的结果。该研究调查了手工艺工匠和他们生意的特征，考察他们经历的变化。本摘要为手工艺委员会所作，提取了报告中的信息，尤其对与英格兰相关的数据进行了聚焦分析。

调查采取了不同形式：文献综述、焦点小组、专家采访、指导小组会议；对 2,000 名手工艺制作者、零售商、教育者和策展人进行了大型电话调查。其中的文献综述和定性调查（焦点小组和采访），帮助确定了电话问卷调查的主题。

研究的发现

调查结果显示，在许多方面，当代手工艺领域的结构是相对稳定的，并且还被小型的、构建良好的商业主导着。21 世纪初开始，尽管手工艺实业因为数字技术和环境、伦理关注的新机遇而转变，但相对而言，手工业者特点的变化相对较小。零售商们指出：总体而言，过去三年来，他们的销售比较稳定。在接受采访时（2011 年 6/7 月），零售商和手工艺品制作者均对未来持谨慎乐观态度。

然而，当代手工艺行业在未来几年中也面临着明显的挑战。考虑到本调查和之前调查存在方法上的差异，因此，或导致制作者与手工艺相关录得的总收入最近有所下降。大部分“现实世界”的销售渠道业绩都有所下降，而网上销售则增长了。网上销售的基数很低，且只能弥补其他方面的部分损失。虽然，之前的调查显示，劳动者比兼职者的收入高。但这次的调查结果，却显示兼职者方面似乎也有了一定的提升。净利润保持平稳（调查显示，过半制作者每年收入不足 5,000 英镑），少数制作者感到他们缺少基本的商业技能，尤其是在市场营销方面的技能。尽管除了设计和制作作品外，大多数制作者还有与手工艺相关的其他收入。但除了教学外，其他收入来源对总收入的贡献相对较少。手工艺品销售仍然侧重本地，在出口销售方面较为有限。

英国制作者和他们的业务

这一部分呈现了英国手工艺制作者及其经营业务的一些特点。

1） 电话问卷调查结果

教育程度：61% 的英国手工艺制作者拥有艺术、手工艺或设计专业的学位；而 24% 的受访者拥有这些领域的其他资质，比如专业学徒培训、英国大学入学考试的甲级考试、普通程度考试、英国普通中等教育证书或成人教育；只有 15% 的受访者不具备与手工艺相关的资质。

- 第二职业：半数制作者（50%）将手工艺作为第二职业。
- 商业类型：88% 受访的制作者是个体经营者。
- 平均总收益：2010 年的平均总收益（含与手工艺相关和不相关的收益）是 23,485 英镑。

2） 总收入的两个组成

- 手工艺相关的平均收入为 19,827 英镑，

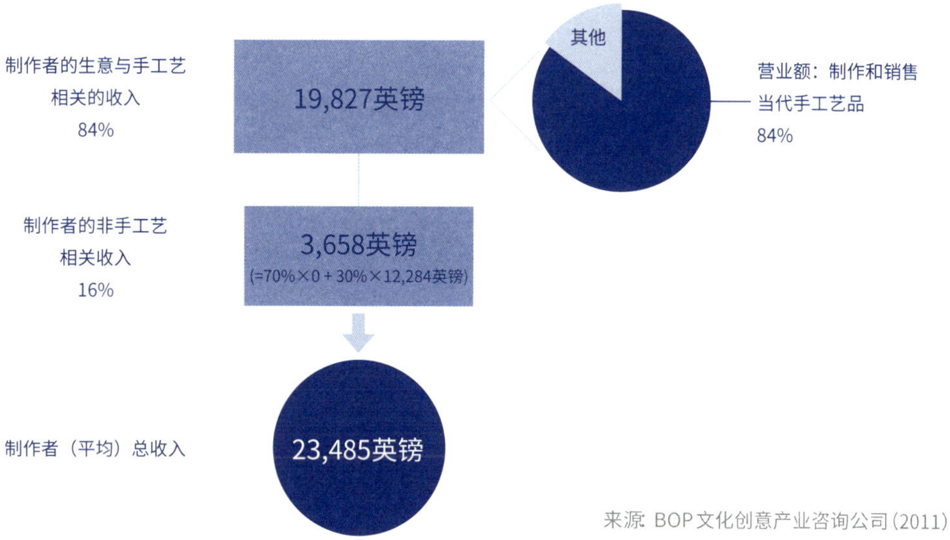

图 6.1 2010 年制作者的平均收入

这来自：当代手工艺品的平均销售营业额16,572 英镑；其他手工艺相关活动的平均收入 3,255 英镑，其中主要来源是手工艺教学。

- 非手工艺相关活动的平均收入为 3,658 英镑。其中包括来自非手工艺相关的教学、投资和津贴等。

图 6.1 显示了一个制作者各类收入的“平均水平”。手工艺品的销售营业额，结合其他手工艺的收入来源，组成了总收入的 84%；而非手工艺相关的收入占 16%。

此外，手工艺活动的平均净利润被制作者单独估算为 6,231 英镑（兼职者的平均利润是 3,302 英镑，而全职制作者的平均利润是 8,308 英镑）。净利润来自营业额，减去销售成本（比如生产中使用的材料），减去其他成本，如电费、修补和维护、房租、员工工资等。

制作者的类型特征

然而，平均值可以揭示也可以掩饰问题。为了在表象之下进行挖掘，BOP 文化创意产业咨询公司根据制作者接受的手工艺教育程度以及手工艺是否是他们的第一职业等标准，建立了制作者的四个特征组：

制作者的四个特征

必须指出，这些定义只针对本报告；其他作者可能在其他语境中对这些术语有不同的用法。

手工艺职业者：致力于将手工艺作为职业来经营，他们在获得第一个或第二个手工艺相关的学位后，很快就开始他们的生意。

工　匠：没有这个专业的学位，但仍然将手工艺作为第一职业。

转行者：在其他行业中开始了他们的职业生涯，随后（通常在中年阶段）转到手工艺行业。

回归者：受过艺术、手工艺或设计方面培训的制作者，从事过其他的职业，后来又回到了手工艺行业。

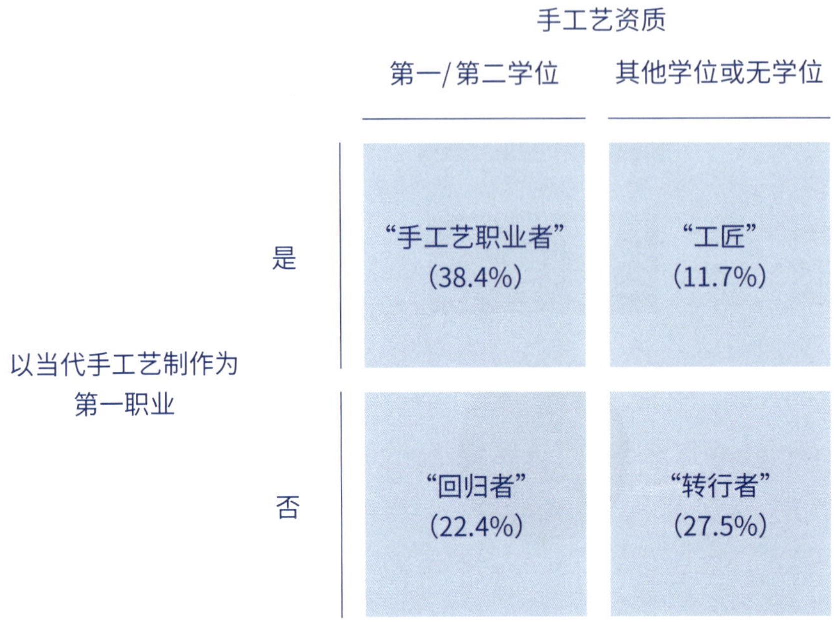

来源：BOP 文化创意产业咨询公司 (2011)
以 1,847 份回应为基础

图 6.2 制作者的类型特征

分析后发现，这四个群组有着很大的差别。“手工艺职业者”拥有手工艺相关学位且以手工艺业为第一职业的人，是人数最多的一个群组，大约占到了制作者中的 38%（图 6.2）。

分析显示了该行业在许多方面被手工艺职业者领导着，这些人往往比较年轻；比手工艺行业平均水平赚得更多；渴望发展和使用新的技能；比起其他群组，他们会制作一些更有可能被出口或被公共机构收藏购买的作品。

产业的总规模

当代手工艺制作产业的具体规模尚不可知，有一些因素为其定义带来了难度，尤其是许多手工艺商户因为规模太小而无法记录在政府的统计中。2011 年，BOP 文化创意产业咨询公司通过对委托伙伴提供的数据和调查数据进行确证，估算了当代手工艺制作业务的数字。

1） 英国当代手工艺制作商户的估算数量

大约为 23,050 户。将商户数乘以手工艺相关的平均收入，得出所有当代手工艺制作商户预计总收入——457 万英镑。与其他创意产业作比较，伦敦西区剧院的 2010 年[1]总收入是 512 万英镑，而同年英国音乐下载的花费是 316 万英镑[2]。

2） 各地区制作者的手工艺相关总收入

在估算业务数量的基础上，对估算的总收入按照地区细分：

- 英格兰：17,150 个商户，3.39 亿英镑。
- 苏格兰：3,350 个商户，0.7 亿英镑。
- 威尔士：1,500 个商户，0.28 亿英镑。
- 北爱尔兰：1,050 个商户，0.2 亿英镑。

1 引自伦敦戏剧协会 2011 年 10 月 14 日公布的数据 http://www.thestage.co.uk/news/newsstory.php/31087/theatreland-enjoys-golden-age-despite-ash-。

2 数据来自BPI 2010年年鉴。

参与电话调查的制作者的数量足够多，因此英国四个地区的调查结果比较坚实。分析显示了四个区域的制作者在统计上的显著性差异很小，只有微小差异。

英格兰的制作者

平均而言，英格兰的制作者从业时间较其他三个地区的制作者更长一些，且持有相关学位的可能性更大。然而，这并不代表英格兰有更高的平均营业额。对英格兰的制作者而言，游客的重要性没有对其他三个地区的制作者那么大。

零售商的经营业务

零售商的样本要少得多，因此调查结果必须被认为是有暗示性的，而不是统计上有意义的。零售商来自英国各地。

零售商平均经营了19.7年，平均雇用了4.5名员工。44%的样本只出售当代手工艺作品，而56%还出售其他商品。在后一个群体中，艺术品（绘画、雕塑）是最受欢迎的“非手工艺”商品，接下来是文具和礼品、印刷品等。

教育者、作者和策展人

该调查也考察了教育者、作者和策展人。同样，其样本的容量相对于制作者而言较小。他们也是来自英国各地。在很多情况下，教育者、作者和策展人追求能带给他们多重收入来源的职业组合，但这些混合的活动主要还是以手工艺和相关行业（艺术和设计）为主。

- 大多数受访者（87%）都从事或至少从事过一段时间的正式教育培训工作，通常是在一个高等教育机构。
- 几乎20%的受访者在社区中心、美术馆、学院等非正式场所对不同类型的人进行过培训。
- 近20%的受访者在有关手工艺的写作中获得过收入，通常是以自由职业的形式，而11%的受访者从策展中获得过收入。

英国受访者的人口特征概况

所有受访者的人口特征概况（如：制作者、零售商、教育者、作者和策展人）显示了当代手工艺在很多情况下是一个多样化的职业。然而，黑人或亚洲人的比例还是很低的，这一行业中的主力军是女性，其中出生在外国的、有阅读障碍和其他缺陷的人，所占的比例在全国平均水平之上。

- 性别：总体而言，69%的受访者是女性；31%是男性。
- 年龄：受访者的估算平均年龄是48.7岁。
- 阅读障碍和残疾：11.5%的受访者表示自己有阅读障碍；4.1%的受访者表示自己有残疾（除了阅读障碍以外。这两个群组中，0.5%表示自己既有阅读障碍，又有其他残疾）。
- 种族：81.0%的人称自己是白种英国人；2.4%是白种爱尔兰人；10.0%是其他白人（包括许多欧洲人和北美人）；而3.5%是黑人、亚洲人、混血和来自其他背景的人。
- 国外出生：超过12%的受访者是在海外出生的，其中美国、德国、南非、爱尔兰共和国、印度是除英国以外最常被提到的出生地。

更广泛的主题

当代手工艺产业本身有其独有的特点，但却

不能被孤立地看待。就像主报告的标题所显示的那样，当下的时代是一个快速变化的时代，在经济、环境、文化领域都是如此。这些广泛的变化，对手工艺的影响在文献综述和焦点小组的讨论中得到了充分的探讨。由此，四个主题得以显现，并帮助形成了电话调查的主要问题。它们分别是：

1） 互联网和数字技术是如何影响手工艺行业实践的？

过半（57%）的制作者在实践和生产过程中使用了数字技术，其中大部分经常甚至一直使用数字技术。制作者们表示，他们以前主要在线下的销售渠道有所下降，特别是美术馆和展览销售，因此转向线上销售，尽管目前规模还相对较小。目前，大约 30% 左右的制作者通过他们的网站进行销售，只有 3% 通过社交媒体进行销售。

2） 全球与本地的争论在业界扮演着什么样的角色？

大部分制作者向国内市场销售；超过 70% 的制作者不出口他们的产品。而对外出口产品的制作者中，出口部分约占营业额的 20%。

零售商也主要为国内市场服务；有一部分零售商销售外国制作者制作的产品，但这些只占到他们总销售的一小部分（6%）；接近 10% 的零售商对英国境外的消费者销售。

3） 可持续问题对手工艺行业的实践影响程度有多大？

近三分之一（31%）的制作者在过去三年中，出于环境问题的考虑而改变了他们的制作方法，最普遍的改变是改用更具环保可持续性的材料。

4） 近期的经济变化是如何影响手工艺行业的？

制作者和零售商都在 2011 年 6 月、7 月的调查中，表现出了对未来的谨慎乐观。零售商表示（总的来说）：过去三年的销售相对稳定。

大多数制作者期望能随着时间的推移，通过不同形式改变他们的制作方式来回应经济形势，他们预言将推出新产品和提升对新技术的使用。

结语

显然，未来几年，当代手工艺行业很可能面对来自多方面的压力。这篇调查报告，并不以直接的政策制定或策略推介为主旨。然而，本调查也举出了一些未来值得进一步探讨问题。

1） 数字技术的兴起对手工艺概念会产生什么样的影响？

数字技术在创意产业中的历程可谓一场“长征”，并同时转变了创意产业的商业模式。音乐、报纸、摄影、电影产业发生了根本性的改变，就连一些起初看起来不太会被影响的领域，如图书出版，现在也发生了快速的变化。手工艺也受到了这些发展的影响。手工艺品的独特性和手工制作的本质，是这个行业的核心所在，反映了真实性的重要性和工艺价值等核心信念。然而，一旦 3D 打印等技术变得无处不在，一按按钮就可以制作出别具特色的产品，这对手工艺的整体概念又意味着什么呢？手工艺、艺术和设计之间的界限，是否会因此变得更加模糊？这个变化是对手工艺身份的威胁，还是在广泛艺术议程间交换创意的机会？在这样的情况下，从事手工艺职业究竟意味着什么？

2）“紧缩时代”的经济影响将会是什么？

英国经济在接下来几年内面对的挑战，表明了国内经济有可能仍将保持缓慢的增长态势。国际方面，增长很可能保持在新兴经济领域。多数的制作者是个体经销商，而且大多数目前都没有出口销售。如何鼓励并支持他们往海外寻求机遇？是否还有其他途径可以使这些制作者运用他们的专业技能、材料知识、创新经验和产品开发，在国际市场上赚钱？

尽管基数很低，但网上销售在国内市场部分呈现增长态势。然而，有一部分制作者感到他们缺乏市场营销技能（包括数字市场营销）。目前，许多买家仍倾向于亲眼看到、亲手触摸商品后再进行购买。手工艺将如何解决这个问题？手工艺可以从其他艺术形式中借鉴什么经验，它们适用吗？这对商业美术馆有什么影响？

近几年，针对中、低端创意产品（除手工艺品以外的产品）的国内市场受到了价廉物美的进口商品的影响。全球化逻辑和激烈的竞争，意味着英国手工艺的未来市场将越来越集中在高端领域。在高端领域中，原创性和审美价值比价格更重要，而技能和知识可以赚取额外酬金。然而，在经济困难时期，消费者可能减少昂贵的、奢侈的花销。是否会出现抵制炫耀性消费的危险？手工艺该如何在这样的市场中定位自己？

经济问题可能还会影响进入这一行业所有的人。经济增长缓慢对回归者和转行者的影响会是什么？不断增长的裁员与失业水平会促使更多人选择手工艺作为替代职业吗？又或者，经济不确定性会使人们更不愿意孤注一掷地改变方向？

最后，经济压力之下的人们，如果尝试利用手工艺技能从更多渠道获取收入，是否会加速组合职业的潮流？又或者因为经济压力下其他行业的缩小而减少了机会的数量？制作者们是否有能力足够好地去推销他们自己、提升所需知名度以抓住手工艺行业以外的机遇？

3） 高等教育方面的改变会如何影响手工艺？

近年来，手工艺变得“职业化”，第一学位和第二学位成为通往这一职业的重要途径。而对许多手工艺职业者而言，在高等教育机构教学也是重要的收入来源。然而，近些年这样的情况有了改变的迹象。专业手工艺课程更多地被关闭而不是被开设（原因包括开支、缺乏需求、缺少空间、健康与安全问题），但包含手工艺元素的跨学科课程则在数量上有所增加。这些改变对手工艺行业的结构有何影响？进入此行业的其他途径（如学徒或与有经验的制作者的合作等）会否复兴？跨学科课程和其他学位路径会否显著增加？

4） 艺术与文化领域的预算削减会带来什么样的影响？

和许多其他创意产业一样，手工艺产业是一个包括私人和公共领域的经济体。作为抑制公共开支行动的一部分，英格兰的文化媒体和体育部门，以及苏格兰、威尔士和北爱尔兰地方政府的艺术相关部门都宣告削减预算。地方当局也在减少他们在艺术和文化方面的开支。可能带来的对手工艺产业的直接开支削减（通过公共收藏对手工艺作品的购买和委托）和对很多手工艺者所依赖的艺术基础设施的削减，会对手工艺产业有什么影响？部分制作者开始出售他们服务的其他委托（比如医疗保健）领域，又会发生什么呢？

5） 手工艺可否回应不断增长的对环境和伦理问题的担忧？

表面上，手工艺在文化的广泛变化中处于能够获利的优势地位。手工艺制作常被认为是植根于天然材料的、真实可信的小规模生产模式。同时，许多制作者也的确对环境和伦理问题做出了回应。然而，手工艺中的一些重要领域，如陶瓷和玻璃，使用并不环保的制作方法（烧制、上釉），而这些方法目前还很难轻易被替代。考虑到制作者们非常有限的财政资源，他们能否找到降低目前制作方法潜在危害的途径？

思考

这些问题和疑虑揭示了当代手工艺可能面临着一个不平常的、动荡的时期：鲜少要同时面对这么多挑战。然而，手工艺也拥有许多有利的因素。它利用现代思维和技术来提升经过了时间考验的技能、知识和经验，并迎合了人类深层次的本能：独特性的价值、对高品质的骄傲和技术的可贵。不管将会面临什么样的变化，这个行业的历史说明了，手工艺会找到适合这个千变万化世界的再思考、再发明的方法，并使得手工艺行业更加繁荣兴盛。

第三部分

行业展望

07

创意产业的测绘：工具包

BOP 文化创意产业咨询公司 [1]

引言

这个研究工具包受英国文化委员会委托，旨在帮助那些尝试创建创意产业测绘项目的人，尤其是在新兴经济中的。它首先解释了创意产业的概况，随后转向工具包本身，为完成此类项目必经的七个步骤提供详细的指导。工具包对研究方法、建立项目的政治支持、组织此类工作的实际性、交流结果等方面提供了建议。该系列工具借鉴了英国的相关经验，但也包括了一些南非、越南等其他国家的个案研究，用来说明一个测绘项目执行过程中的不同阶段。

摘要

创意产业的产品遍及当代生活的方方面面。看电视、去影院、读报纸、听音乐、玩电脑游戏和网上社交，占据了这个世界人们大部分醒着的时间。这并不仅局限于欧洲传统工业腹地和美国，拉美国家的浪漫电视肥皂剧、宝莱坞电影到韩国三星的设计风格，创意产业已成为一个全球现象。然而，15 年前，“创意产业”一词的知晓度并不高。那么，这一现象该如何被理解？其经济价值该如何被量化？

帮助国家、地区、城市开始考虑创意产业价值的一个方法是“测绘”。20 世纪 90 年代后期，英国率先使用“测绘”，这远远超出了真实地图的绘制，它简述了一整套在创意产业范围内收集和呈现信息的分析方法。测绘意图对产业的经济价值给出一个概貌，尤其是在那些人们对这些产业知之甚少的地方。这个工具包，探索了使用此类方法的实践性。

工具包利用英国文化委员会及其咨询顾问的经验，列举出一个成功的创意产业测绘项目的七个步骤。在此阶段对这些步骤的全面考虑，可以帮助研究者和其他相关方理解他们有可能要面对的挑战。此报告还简单讨论了创意产业在更宽广的经济、历史环境中的位置。

如果你想深入探寻一个测绘项目的可行性，本文第 4 节中列有扩展阅读书目推荐以及可以提供更多信息的团体组织，可供参考。

1　本报告由英国文化委员会创意与文化经济部委托 BOP 文化创意产业咨询公司执行撰写，发表于 2010 年。

1 简介

自人类社会诞生以来，人类就渴望创造出一些不仅仅有实用价值，而且还美观的事物，在音乐、戏剧、娱乐、时尚和视觉艺术中传达文化价值或历史信息。这个社会，一直不乏具备想象力和才华的人来做这些事。据称，他们的产品和服务具有“表达的价值”，以及与制作成本关系不大的文化意义。

20 世纪，设计、制作、装饰和表演等文化工作的古老传统，与广告、设计、时尚和影像媒介等一系列现代经济活动交织在一起，并创造出新的商业文化形式。

新世纪的第一个十年，这些发展被数字技术的力量和影响所扩大。

对这些产品负责的产业多且构成复杂，但它们也有一些共通之处。这些从劳动力的创造技能以及开发知识产权而获取主要利润的产业，后来被集体冠以创意产业之名。知识产权法是创意活动转换成创意产业的催化剂。它像其他受法律保护的物品、土地、建筑的所有权一样，保护了创作者对创意的所有权。它通过构建一个可以工作的体系，使得新产品与新工艺的发明者从他们的创造性中获益。它还赋予了他们决定保护什么、放弃什么的权利。

然而，创意产业并不是孤立运作的。在一张与其他产业连接的网络中，创意产业处于中心位置；同时，创意产业通过设计、品牌化和广告等方式，还是更广泛的经济领域的创新来源，尤其在城市重建和社区凝聚力建设中，扮演着重要的角色。

这个网络通常被称为创意经济。“创意产业”和“创意经济”两个词都是相对较新的，并尚未有较为明确的定义。有时它们被交换使用，有时它们指的是相关又相互独立的概念。

如今，“创意产业”似乎被更广泛地使用。为了简明起见，本工具包使用“创意产业”一词，因为这里评估的是这些产业的活动。无论如何，各国或各地区都有可能调整创意产业、创意经济这些概念来适应各自的需求。

还应注意到的是，如欧盟、联合国教科文组织等普遍倾向于更老的提法——“文化产业”。有大量的学术文献争论着这些区别的细节[1]，而人们应该注意到本工具包中使用的术语，并非是没有争议的。

然而，这个工具包尝试为策划提供实践指导——揭示如何执行；在特定背景下的最佳方法是什么；如何将政策影响最大化等。工具包旨在通过列举收集证据的方式来帮助研究者、决策人和创意实践者去更好地理解创意产业。它吸收了英国的自身经验，以及英国文化委员会创意与文化经济部支持过的、世界各地的测绘项目。

1.1 创意产业测绘

21 世纪伊始，在这个彼此依存的现代世界，无论是一个国家之内还是国与国之间，都面临着错综复杂的挑战、分化和不平等。为应对我们正在经历的影响深远的文化、经济、社会及技术变革，需要有开发这其中创意潜能的发展战略。在

1 Flew, T. and Cunningham, S. (2010) Creative Industries After the First Decade of Debate, The Information Society, 26(2).

此语境之下，“创意文化经济”作为文化、经济和科技的连接点，正在全球范围发展壮大。我们的世界正逐渐被影像、声音、符号和想法创造出的新职业、新财富以及新文化所主宰。英国在此领域的发展中，已成领军之势。这不仅是一种经济驱动力，同时也推动了社会的包容性、多样性和发展。没有人可以声称垄断智慧，因为遍布世界各地的拥有变革创新力的人们，正在改变着我们制造和交换商品、服务和文化的方式。这本小册子（以及将其收录在内的丛书）是对这一新兴的、极具价值的领域中共有知识和专门技术的贡献，我们希望它能给你带来帮助和启发。

英国文化委员会承诺凭借其平等、自由表达、互惠与可持续的价值观念，参与、协助呈现我们共享的创意文化经济的概貌。

1.2 测绘的七个步骤

为了理解运行一个成功的创意产业项目的过程，工具包列举了必须考虑的七个步骤（见下表）。本文的第 3 节对这七个步骤依次进行了阐述，并以具体的个案分析进行了说明。

为什么要做测绘项目，为谁而做？	要组织测绘项目，首先需要思考清楚这么做的原因和想说服的人
利用测绘可以解决什么政策问题？	创意产业测绘的展丌很少是出于纯粹的求知欲，而旨在对国家政策造成某种影响；哪些方面更有可能受其影响？
如何定义创意产业？	研究包含和排除的内容，是一个成功的测绘项目的核心。项目需决定：是要评估所有的创意产业，还是要聚焦于个别子行业。
由谁负责，由谁执行？	由谁管理这个测绘项目并保证其高质量？有大量不同的职务需要有人承担。
应该采用什么研究方法？	有许多方法供团队选择，需要深入思考：特定情况下什么是最合适的方法。
项目结果该如何与核心受众和政策议程发生关联？	研究团队该如何提升测绘结果被注意和采用的可能性？它们会如何与核心受众和政策议程发生关联？
如何维持势头？	就项目本身而言，达成所有目标的可能性不高——它需要成为提升创意产业的知名度这项持续努力的一部分。

2 创意产业

在具体探究工具包之前，先要研讨创意产业或创意经济的概念，以及为什么在已经调查的经济争论中愈见突出。

2.1 英国创意产业

“创意产业”一词源于 20 世纪 90 年代中后期，并首先被英国政府在国家层面提及。概念的提出，是希望改变对文化艺术价值的争论范畴。一方面，大部分政府或多或少地会资助艺术；另一方面，艺术也被处于经济生活的边缘，并依赖于公共补助。创意产业观点的支持者们相信，这样的观点太过片面——来源于创意和文化的全部经济活动，包括它们的商业形式，都需要被考虑在内，以了解其真正的经济贡献。这不仅包括传统艺术形式，诸如戏剧、音乐和电影，还包括服务业，如广告（把它们的创意技能主要卖给其他行业）、为文化产品提供支持的制造工艺、以及创意商品的零售业。有人认为，根植于文化和创意的产业，是工作岗位和财富的一个重要、且不断增强的来源。

创意产业概念的引入，与 1997 年新工党政府的当选及随后文化、媒体和体育部（DCMC）的成立密切相关。DCMC 现为文化、奥林匹克、媒体和体育部，是在之前国家遗产部的基础上组建起来的。新部门的举措之一，便是建立创意产业专责小组，负责具有里程碑意义的 1998 年的创意产业测绘文件，和一份 2001 年的后续报告。

1998 年的测绘文件，是第一次对创意产业尝试进行系统定义和评估。文件不仅设计用于收集产业数据，还用政客、记者、投资者、学者和政府官员能够马上理解的方式，来讲述这个领域的故事，以促进更深入的理解和认识。出乎一些人意料的是，它揭示了创意产业的经济重要性。通过计算得出，它们为英国创造了将近一百万的就业机会，经济产值占英国 GDP 的 4%，出口额达 7.5 亿。但是文件还表明，该产业存在着众多规模极小的公司、个体经营者和少数大企业之间的两极分化，后者大多是跨国公司。

创意产业的理念很快开始流行起来，因为它被视为囊括了关于英国变化之中的经济版图的一个事实。特别是，被 DCMS 所采纳的定义及由其衍生而来的创意产业名录，也很快开始产生影响。

DCMS 将创意产业看作是：“那些源于个人创意、技能和才华的活动，这些活动拥有通过生产和开发知识产权，来创造财富和就业的潜力。”[1] 在 1998 出台的第一个测绘文件中，DCMS 进一步定义以下产业为创意产业：

- 广告　在英国，广告职业，包括市场和一些公关活动在内，是由跨国机构主导的，且大量集中在伦敦，众所周知它和纽约是广告世界的首都。总部设于伦敦的信息组织 WPP，年收入世界最高，在全世界超过 100 个国家雇用近 14 万人。
- 建筑　像很多创意产业那样，建筑这一行业由少数大企业和大量小公司组成。这一子行业的命运与建筑工业的命运密切相连。一些英国建筑师已经拥有国际声誉，包括诺曼·福斯特（Norman Foster）[2]、理查德·罗杰

1　DCMS (1998) Creative Industries Mapping Document 1998, Department for Culture, Media and Sport, p3.

2“高技派”的代表人物之一，1999 年普利兹克建筑奖。代表作有：香港汇丰总部大楼、伦敦的小黄瓜（圣玛利亚艾克斯 30 号大楼）和纽约的赫斯特大厦等。——译注

斯（Richard Rogers）[1]和大卫·奇普费尔德（David Chipperfield）[2]。

- 艺术品和古董市场　这个子行业包括从事古董珍宝、油画、雕塑、家具、地图、图画、印刷的商人和拍卖师。在英国，多数这样的商业规模较小，但有一些像苏富比和佳士得在国际上也举足轻重。
- 手工艺　DCMS 将纺织、陶艺、木艺、金属工艺、玻璃工艺、制图和皮革工艺都归入此类。这个领域的商业规模绝大多数是微型的：75% 是个体营业者。手工艺的主体从业者是妇女，而且可能出乎意料的是，大多集中在都市。
- 设计　这个子行业较难评估，因为很多是隐藏于其他产业之中。由此，DCMS 将视线聚焦在产业中的设计顾问和设计师。发现 70% 的英国设计公司活跃于海外。伦敦凭借其多所杰出的设计院校，在此领域拥有尤为突出的声誉。
- 时尚设计　时尚设计是相对较小的一个子行业，但却与国际市场高度一体化，再小的时尚交易都着眼于产品的出口。从约翰·加利亚诺（John Galliano）[1]到斯特拉·麦卡特尼（Stella McCartney）[4]，英国时尚院校培养了大量享誉国际的设计师。
- 电影和音像　该子行业包括电影制品、发行和放映。尽管英国拥有不少成功的本土制片商，如 Working Title 制片公司，但好莱坞工作室仍占英国市场的主导地位。英国制作的电影数量及其票房回报，每年波动性极大。
- 交互式休闲软件　该子行业主要由电脑和电视游戏组成，同时也包括一些教育和参考资料。英国的游戏公司向以革新著称，但他们开发的很多游戏却是由外商独资的软件发行商销售。DMA 设计是一家为侠盗猎车手系列游戏做初步开发的苏格兰公司，现为一家美国发行商 Take-Two 所有。
- 音乐　这包括现场和录制音乐，音乐发行和音乐版权管理。英国在大部分音乐类型中表现突出，从摇滚流行到古典音乐。并且本土消费者与大多数其他国家的相比，在音乐上人均支出更多。百代（EMI）唱片公司是音乐产业的“巨头”之一，其本部就设在伦敦。
- 表演艺术　戏剧、舞蹈、芭蕾、音乐剧和歌剧表演都归入此类。这些艺术形式通常依靠公共补助、票房销售和赞助相结合。虽然如此，该子行业的一部分仍然收入颇丰：伦敦西区剧院凭借其各式各样的音乐剧和戏剧，成为一个重要的旅游景点。
- 出版　书籍、报纸、杂志和电子信息的出版是创意产业中最大的用人单位之一。英语在国际上的广泛应用，意味着书籍出版尤其是一个全球联结的产业。
- 软件和电脑服务　英国最大的创意产业部门就是软件和电脑服务，它覆盖了工具以及包括网络设计在内的软件产品的制造、供应和

1“高技派”的代表人物之一，2007 年获普利兹克建筑奖，代表作有：法国蓬皮杜艺术中心、伦敦千年穹顶等。——译注

2　曾工作于道格拉斯·斯蒂芬、理查德·罗杰斯、和诺曼·福斯特的建筑事务所，现在在伦敦、米兰、柏林和上海设于有办公室，代表作有上海西岸美术馆、柏林新博物馆等。——译注

1　1995 年起任 Givenchy 的设计师，1997 年起接管“克里斯汀·迪奥”的首席设计师之位至 2011 年。

4　曾工作于时尚杂志 Vogue，1996 年在伦敦正式发表其首个时装系列。

应用。该行业的用人主体大多不在伦敦。美国跨国公司趋于主导此领域，但一些英国公司在利基市场[1]中表现颇佳，这包括商业行业软件中的 Autonomy 公司[2]和 Sage 公司[3]。

- 广播电视　该部门涵盖所有公共服务、商业、有线电视、卫星电视和广播，包括节目的制作和传播。BBC 占据了英国市场的主要份额，但很多独立制作公司创造出了成功销售海外的节目模式。《谁想成为百万富翁？》（*Who Wants To Be A Millionaire*）就是由独立制作公司 Celador 开发制作，并已经在超过 100 个国家播出。

DCMS 对创意产业的定义和产业清单引起极大的争议。比如有人认为，几乎所有新的产品都有创意元素和知识产权蕴藏其中。将少数几个产业分离出来，并给它们贴上“创意”的标签，依此来看甚为武断。

对清单还有更为具体的批评。将电脑软件作为子行业列入其中，也经常受到质疑。虽然它的用人单位在英国为数众多，但更多是由传统商务软件和顾问组成，而非像电脑游戏开发或交互媒体这样的创意元素。DCMS 清单上出现古董贸易同样备受争议，理由是其中并没有新的创造，而仅仅只是对已经存在的创造品进行交易。

虽然针对这样或那样的批评，清单也相应做了微调，但今天 DCMS 所使用的定义本质上仍然沿用 1998 年的。这也经常被其他国家所采用，并基于此发展出他们自己的定义。

在 DCMS 测绘文件中所提出的创意产业理念，迅速被英国中央政府和其各城市、地区和地方政府接受，这部分有赖于 DCMS 的地区事务工作组（Regional Issues Working Group）的工作[4]。很多公共机构发起和开展许多倡议和项目，于是“创意”成为了一个新兴经济发展的流行词。例如在过去十年，创意产业一度成为所有英格兰地区的优先发展领域。这种热情与 20 世纪 90 年代末英国创意产业迅猛上升的从业人数相互辉映，为新模式增添了份量。

然而，随着时间的推移，人们日益认识到创意产业不能被孤立地认识。它们有重要的、更具广度的特点，包括：

- 为其他产业增值，尤其是通过设计、广告和品牌；
- 是高技能人群的主要雇主，由此也成为“知识经济”的一部分——即雇用大学以上学历人才的那部分经济；
- 为城镇重建做出贡献；
- 连结并与高等教育合作；
- 通过分享经历让社区和人们聚到一起。

2006 年，英国政府正式采用“创意经济”一词来描述创意产业对社会经济生活的更广泛贡献。本工具包是测绘创意产业本身，因此很多更

1　niche market，指在较大的细分市场中具有相似兴趣或需求的一小群顾客所占有的市场空间。大多数成功的创业型企业一开始并不在大市场开展业务，而是通过识别较大市场中新兴的或未被发现的利基市场而发展业务。

2　是一家为企业提供高端搜索引擎软件的英国科技公司，创立于 1996 年。

3　全球第三大管理软件厂商，成立于 1981 年。

4　DCMS (2000) Creative Industries: The Regional Dimension, The Report of the Regional Issues Working Group, DCMS, London.

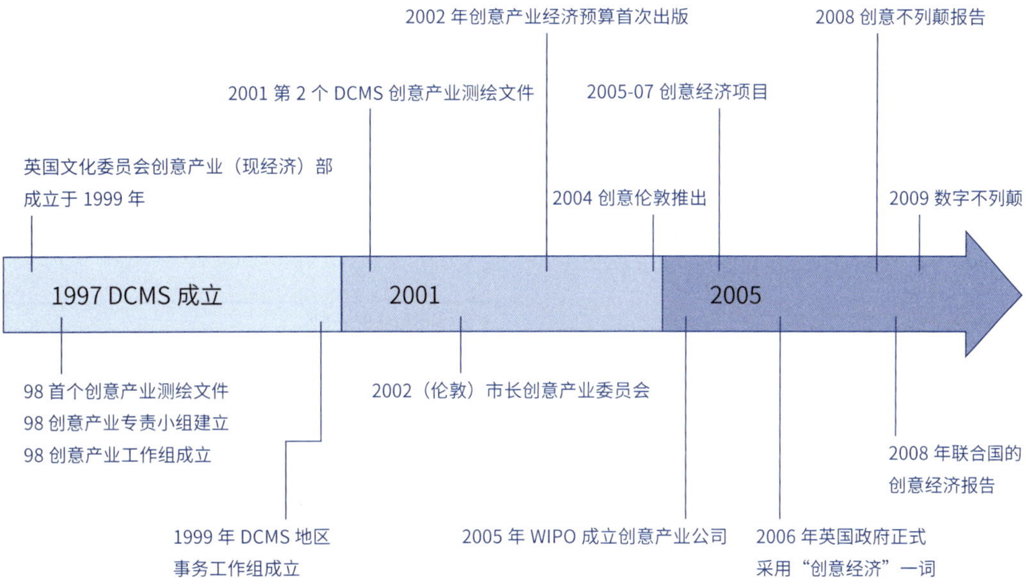

图 7.1 创意产业概念和政策演变的重要事件

广泛的关系和连接不在此列。但不论如何这些联接十分重要，并且当初步测绘任务完成后，很可能是进一步研究的对象。[1]

图 7.1 的时间线展现了自 1997 年以来，英国创意产业概念发展以及转化为实践证据和政策的轨迹。1998 年制作第一份创意产业测绘文件的决定，被证明是意义重大的，这是在国家范畴内评估创意产业的首次系统性尝试，它将注意转向一个与其他任何经济领域都不同的领域——一个科技与历史悠久且复杂的文化遗产的结合体。

尽管测绘文件只是着眼于创意产业，但却波

文化、奥林匹克、媒体和体育部（DCOMS，前 DCMS）

自从 1998 年和 2001 年的测绘文件出版以来，文化部一直持续对创意产业进行研究。自 2002 年以来，已经出台年度创意产业经济预算简报，其中提供了一份对英国创意产业的详细分析，并在线发布。最新数据显示，英国创意产业雇佣超过 110 万人（2008 年），出口额达 16.6 亿英镑，占 GVA 的 6.2%(2007 年)。DCOMS 已积累相当丰富的测绘专业知识，并乐于与其它国家共享。DCOMS 对于鼓励更多国与国之间的精确比较尤其充满兴趣。如果你想要了解更多关于 DCOMS 的工作，或希望探索就发展可比性数据进行合作的想法，英国文化委员会可以为促成这样的讨论提供帮助。

1　关于评估英国创意经济的有趣尝试，参见：Higgs, P., Cunningham, S., and Bakhshi, H. (2009) Beyond the creative industries: mapping the creative economy in the United Kingdom, NESTA, London。

及了整个英国经济领域，从而带来了对创意与社会、经济交叉为一体的重要性的更多认可。它使得对创意行业的认识更为丰富，并且对英国乃至国际政策的形成有所助益。

地区事务工作组的工作有助于激励英国基层政府机构（lower-level tiers of government）很早便采纳了这一观点。2002 年伦敦当任市长，肯・里文斯顿（Ken Livingstone），针对创意产业成立了一个委员会，以评估其价值及其对城市经济的潜在贡献。作为一座世界性都市，伦敦的创意产业异常强大；2001 年在伦敦经济的重要性上仅次于金融领域。委员会推动了创意伦敦的成立，旨在促进城市的创意产业，并利用它们实现市长对旧城区进行改造的雄心，以及加强伦敦的品牌效应。

随着政府战略日益关注对创意产业经济表现的强化。2005—2007 年，DCMS 启动了一项重要研究项目，即创意经济项目。该项目最后在 2008 年形成了一份《创意不列颠》（*Creative Britain*）[1] 的报告，其中提出了一项支持创意领域的项目，项目涉及教育、技术、创新和知识产权。2009 年，《数字不列颠》（*Digital Britain*）[2] 的出版则是更进一步的里程碑，它陈述了国家对数字时代的雄心。《数字不列颠》报告中，一个引人注目的方面是对创意产业的关注：这是数字和创意产业因技术变革而相融合的一个证据。事实上，很多英国的公共机构现在将这两者看作是同一个经济体。

1 DCMS (2008), Creative Britain: New Talents for the New Economy, DCMS/BERR /DIUS , London.

2 Department for Business, Innovation & Skills (2009), Digital Britain, Norwich, TSO.

作为第一个接受创意产业观念的国家，英国的实例是一个非常有益的研究对象。它具有可供借鉴的丰富经验。然而，它并不是唯一接受这一概念的国家。接下来的章节会讨论国际语境中的创意产业。

2.2 国际创意产业

英国在 1998 年制作第一份创意产业测绘文件的决定，结果同样成为了一个重要的国际性里程碑。所包括的定义和产业清单很快受到注意和采纳，尤其在东亚地区。新加坡、韩国和中国大陆、香港、台湾地区，都或多或少地参照英国模式，对其创意产业进行分析。大部分情况下，这种模式为适应当地的需要而有所调整。例如，新加坡创建了一个分类框架（表 7.1），将创意产业分为三大类：艺术与文化、设计以及媒体。

在世界其他地区，尤其是澳大利亚、新西兰和斯堪的纳维亚地区也开始接受这样的观念，尽管有时与英国的表述大不相同。比如，瑞典在谈到包含类似餐饮生意的“体验经济”时，也包括了创意产业。在印度，创意产业的定义还包括了生活方式的产品和服务，像瑜珈和传统印度医学。

创意产业测绘实践现在已经在世界很多地方进行。英国文化委员会也参与到哥伦比亚、爱沙尼亚、印度尼西亚和南非等地的此类工作中。国际机构也已经接受创意产业或创意经济的观念。联合国贸易和发展机构（UNCTAD）便已占先机，成为《2008 联合国创意经济报告》（*UN Creative Economy Report 2008*）[3] 的主要负责机构。

3 United Nations (2008) Creative Economy Report 2008: The Challenge of Assessing the Creative Economy: towards Informed Policy-making, United Nations, Geneva.

表 7.1 新加坡创意产业分类体系

艺术与文化	设计	媒体
• 摄影 • 视觉艺术 • 表演艺术 • 艺术与古董交易、手工艺	• 软件 • 广告 • 建筑 • 室内设计 • 平面设计 • 工业设计 • 时尚	• 出版印刷 • 电视与广播 • 数字传媒 • 电影与音像

表 7.2 WIPO 的创意产业版权模式

核心版权产业	互存版权产业	部分版权产业
• 广告 • 收费协会 • 电影音像 • 音乐 • 表演艺术 • 出版 • 软件 • 广播电视 • 视觉和平面艺术	• 空白记录材料 • 消费电子产品 • 乐器 • 纸张 • 摄影摄像器材	• 建筑 • 服装、鞋类 • 设计 • 时尚 • 日用品 • 玩具

来源：《文化创意经济报告（2008）》p5。

UNCTAD 在报告中指出，“创意经济已成为国际经济和发展议程中一项值得讨论的问题，发达和发展中国家都需要做出明智的政策应对。”[1] UNCTAD 的统计显示它在世界经济中占有很大且不断增长的份额。2008 创意经济报告援引了一些关于创意产业规模的惊人数字。据估计它们占[2]：

- 世界贸易的 3.4%（2005 年）。
- 出口额达 4.24 亿（2005 年）。
- 2000—2005 年间平均每年增长 8.7%。

创意产业对发达国家和发展中国家具有同等重要性。它们对较富裕国家重要，是因为这些国家的成功依靠其劳动力的创造力，并且同样地，他们的竞争力也就依赖于其产品的质量和想象力，而较少依靠价格。相应地，这意味着他们也不太容易在价格战中失利，而价格战导致了很多制造业和服务业工作岗位外包给新兴经济体。

然而，创意产业同样为新兴经济体提供潜在利益。这些国家也常希望避免单纯的价格竞争，并希望发现新竞争优势及文化认同的来源。创意行业以想法和创造力为驱动，因而大量资本或自然资源并非必要前提。对那些拥有丰富文化和本土创意人才群体的国家而言，创意经济提供了一条创造经济价值的道路。联邦基金会（The Commonwealth Foundation）称，对其缺乏发挥规模经济效益能力的较小成员国而言，创意产业提供了比很多其他领域更好的发展前景。[3]

联合国教科文组织、联合国的文化部门，对创意产业这一观念采取了较为审慎之举，但在 2009 年最近一次文化统计框架修订中，已经更多地考虑到了这些创意产业。[4]

其他组织则对创意产业提出了其他模式。可能其中最有趣的是由世界知识产权组织（WIPO）设计的“版权”模式（表 7.2），它将创意产业分为三类：核心版权产业、版权相互依存产业和

1 United Nations (2008) Creative Economy Report 2008: The Challenge of Assessing the Creative Economy: towards Informed Policy-making, United Nations, Geneva.

2 数据来源：同上，p5。

3 同上。

4 Commonwealth Foundation (2008) Putting Culture First: Commonwealth perspectives on culture and development.

部分版权产业。这种模式力图包括所有涉及创造、制造、产品、传播与发行和版权作品的消费产业，与 DCMS 的大相径庭。

这些提议已经帮助政府更多地意识到创意产业和知识产权对全球经济的价值。

3 测绘工具包

创意产业的观念因而显著升温。然而，产业日新月异和错综复杂的本性，对私人投资者和政府而言都提出了挑战，前者可能尚未完全掌握所涉产业的发展方式；后者则需要进一步了解该领域，以便完全释放其创意经济的潜力，并制定合适的政策。在很多地方，关于创意产业的地理位置和规模所知甚少，测绘便是用于解决这一问题的第一步。

应该明确的是，"测绘"远超实际地图的生产，它是对创意产业范畴内（或其中某个特定产业）采集和呈现信息的一整套分析方法的概述。本工具包将描述这些方法，并评估其优势与局限。

然而，测绘研究自身不能被孤立看待。它置身于一系列其他问题的中心——政治的、管理的、实践的——这些问题会影响一个项目的成败。我们确定了七个必须解决的步骤，以保证测绘达到预期结果。

3.1 第一步：为什么要做测绘?

3.1.1 到底为什么要做一次测绘?

一次测绘实践力求评估创意产业对经济（wider economy）的价值，这可能通过评估诸如雇佣情况、创意企业的数量与规模、出口额、增长总值，或劳动力构成（如性别、种族）等方面来得到证实。

有五个主要理由来解释为什么有人可能想进行这样一次任务。

1）提升创意产业的关注度

测绘项目是使创意产业获得关注与认同的首要举措。这个领域不同其他，与传统产业划分相交织，且随着技术发展而迅速变化。就其本身而言，与金融服务业、制造业，或依靠开发自然资源的工业相比，它通常相对不受关注。测绘项目可以提升其通常巨大的经济价值的认知；同时还有助于为创意产业构建通用的参照系。这相应地可以增强其政治影响力，从而使相关诉求得到更认真的对待；它还可以帮助在不同产业中从事创意事业的人们，发现他们的共同点。

2）对这个领域了解更多

——正在发生什么？在哪里?

除了提升关注度，测绘还能洞察创意产业的结构。它们是一个各不相同而又多变的群体。英国及其他国家的证据表明，他们有时在特定地方形成聚落，且每个产业要面对自身的一套问题。测绘项目可以揭示其中一些模式，以及它们是如何变化的。相应地，这对第三层考量很重要，即规划未来增长。

3）规划未来增长

认识你现在处于何处对切合实际的规划是必要条件。创意产业常面临特别的挑战，如找到负担得起的工作空间、获得高网速宽带服务，以及得到技术型劳动力等。测绘会有助于确定创意产业的需求，并对可能解决的途径提出建议。

4）请领导者参与影响创意产业的政策制定

通过提升创意产业的关注度并提供基于其规模、地点的依据，测绘提供一个政策讨论的平台。

它促使政客们严肃对待这个领域，并制定政策以推进创意产业议程。测绘同样可以帮助说服其他具有潜在影响力的群体，如记者或政府公务员，让他们支持创意领域。

5）支持更宏观的政治或经济目标

有时，创意产业的大部分利益并不在其本身，而在于对其他紧迫议程的潜在贡献，比如城区改造，乡村发展或是社会凝聚力。通过测绘使创意产业的贡献更显而易见，有助于政策制定者发现这些产业在别的领域能发挥何等重要作用。相应地，这也会使一些创意产业的需求作为宏观计划的一部分而得到解决。

3.1.2 为谁而做?

一个测绘项目的想法可能有很多来源：如一位高级政府公务员或是一位创意企业家。但如果要推进一个项目提议，那么就必须找到赞助人——他要能对项目在经济和政治上给予保障。英国（以及国际）的经验表明，这个人多半是某个政治家。他或她对创意产业产生兴趣，并想通过测绘使经济价值得到认可和理解，来提升产业关注度。

赞助人需要很早就开始考虑，项目最终是为谁？谁是他或她希望影响的人？追求的目标是否让政府官员或国家统计机构，对创意产业的数据质量关注更多？是否为了说服政客们改变政策？抑或是让创意领域对自己的优势与弱势有更深的认识？这个决定对测绘项目有着深义，诚如之后的步骤所显示的那样。

如果是要说服这样的人群，那么项目就需要有可信度。发起人因而需要对项目可行性给出想法，尤其是信息的可利用性。所有国家都有国家统计机构，有的是作为政府机构的一部分，有时是作为半独立机构。在有的地方，设有地区或城市为基点的“观测台”，收集劳动力市场、商务和就业等信息。如果测绘任务可以将这些统计数据用以反映创意产业的大环境和特点，那么这可能非常有助于使测绘项目显得可信。因此，检查这些机构是否有合理可靠的数据、有效的收集和处理数据的方法，也就十分重要。值得注意的是，即使在有广泛而良好统计服务的国家，某个个人调查可能比机构调查的可靠性差些。必须考虑的因素，有抽样的体量、数据收集的地理位置，以及参照年数的有效性等。在收集统计数据的同时，还不可避免地存在一个时滞，这在创意产业迅速变化的环境中会成为一个问题。

如果可靠数据不可得，就像一些新兴经济体（有时甚至发达国家）的情况那样，那么就需要探索非官方统计数据的适合性。数据可能是由行业协会或产业机构、商业出版物或在线网络、NGO 组织、私营企业或大学等收集。通过把这样的数据调整补充在一起，可能会为测绘任务创造可行的数据集。

要是这些都不能获得，那项目研究者就要编制他们自己的数据；项目发起人需要完全考虑其可行性——会花费多少，以及能够达到多大覆盖面。

可能会出现几乎从任何途径都无法得到数据以运行测绘项目的情况。如果发起人仍然想要提升创意产业的关注度，那么还有其他可供采用的策略。一种选择是举办一系列活动或研讨会，以鼓励理解和辩论。这些可能会牵涉创意产业自身、商务世界更广泛的关注，以及诸如贸易和投资、文化、教育、出口与经济等部门的官员。英国文化委员一直支持很多这样的项目。

越南平阳省

越南的经济近年来增长迅速，创意行业也正在兴起，尤其是在最大的城市，胡志明市（HCMC）。国家网络也已经开始建设，特别是“越艺”（Viet Craft）已经有450名成员。随着经济增长复苏带来的的薪资成本上升，越南开始考虑鼓励企业升级价值链。

越南还刚开始探索创意产业的概念。英国文化委员会最近对平阳省进行了一次考察访问，该省位于胡志明市的北面。省政府将创意产业视为发展的潜在动力。平阳省已经拥有不少公司制作高质量的“创意产品”用以出口——主要是手工艺，但这些产品需要使用进口的设计，还有不少传媒公司。

英国文化委员会顾问代表试图评估该省创意产业的优势与弱势，并测试测绘项目的可能性，特别是在设计和手工艺的子行业。她与商人、创意企业家、高等教育机构和政府官员相谈。同时在胡志明市举行了一次研讨会，以鼓励创意产业的讨论。

此次访问所得到的结论是复杂矛盾的。当地有支持创意产业发展的积极性，但政府官员则对得到的统计数据的质量表示怀疑。同时，在当地大学里，几乎没有相关专业知识的迹象。

因而像这种情况，在这个阶段实行一个全方位的测绘项目还为时尚早，还需要对当地和国家统计的可信性作进一步调查，创意产业专业知识的来源需要被确定，同时还需要评估测绘何种产业有效。在目前情况下，给出一个创意产业的宽泛概述，随后对设计、手工艺和传媒等少数创意产业开展具体工作，可能更有意义。同时，举办针对当地企业兴趣问题的研讨会也提高了人们的认识，如品牌和革新，还有加强创意网络的建设问题。

3.2 第二步：测绘可以解决什么样的政策问题？

测绘项目的出发点很少是出于单纯求知欲，大部分项目的组织者都有想要影响创意产业未来发展的雄心壮志。为此，他们需要理解哪些政策领域，是测绘项目可以在现实层面有希望去影响的。DCMS的创意经济项目（Creative Economy Programme）[1]中有一篇研究报告指出：创意产业测绘或证据收集项目，在三个政策领域影响了英国的政策方针。下述的案例研究，着眼于全国范围内的例子（参见表7-3）。

表 7.3 政策兴趣领域

当地（实体）经济发展	国家产业政策	部分版权产业
· 城市或地区成长	· 革新	· 建筑
· 改造	· 国际竞争	· 文化协作
· 地方和地区聚落发展		· 文化多样性
· 地区经济的多元化		· 文化交流
· 地方构建 / 城市和地区品牌推广		· 文化认同
		· 新文化形式

来源：BOP文化创意产业咨询公司，2006

1） 地方（实体）经济发展

地区和城市一般最感兴趣的是，创意产业对当地经济发展的贡献。创意产业有集中成群落的倾向，通常是在城市中被传统制造业遗弃的区域。创意企业一般规模也很小，牢牢地植根于他们当地社区，并且雇用高技术人才。因此，它们能够有助于改造废弃地区，有助于当地经济的多样化，并可使一个地方为自己“重树品牌”。

1 UNESCO Institute of Statistics (2009), 2009 UNESCO Framework for Cultural Statistics, UNESCO Institute of Statistics, Montreal.

英国的都市改造

在不少英国城市，创意产业聚落对都市经济复兴都做出了贡献。有时这并非事先计划的：艺术家和创意人士迁入城市的某个地区，并且在那里创造了一种新经济。而其他情况下，当地政府会通过提供一些帮助，有时则是指定一个区域作为创意或文化“园区”，有意识地加强本地创意产业。

前者的一个例子就是肖尔迪奇（Shoreditch），伦敦中东部的一个地区，该区在过去的15年一直被创意产业改造。随着20世纪伦敦制造的衰落，肖尔迪奇的传统产业，特别是家具和纺织业几近消失，只留下贫困和经济萎靡。但是，这也留下了厂房空间。整个伦敦拥有大量艺术设计学生及艺术工作者，他们一直在市中心寻找便宜而又灵活的工作空间。20世纪90年代，肖尔迪奇因此开始被艺术家们占领，以白立方（White Cube）画廊在霍克森广场落成为象征的一股风潮，成为像达米恩·赫斯特（Damien Hirst）这样的青年英国艺术家（YBAs）的精神家园。

随着越来越多的艺术家迁入这个地区，肖尔迪奇也获得了更为时尚的形象。这吸引了更多主流创意业务，如广告业、建筑业、摄影业，以及特别是设计业。这一股富裕职业人的浪潮，相应地把酒吧、餐馆和俱乐部吸引到这个地区，使它成为伦敦夜生活的中心之一，拥有了最前卫伦敦风情的声誉，成为市中心士绅化的经典案例。如包括一个高端旅馆和一家重要的新多元艺术馆瑞文顿馆（Rivington Place）。肖尔迪奇上涨的租金和将旧厂房转换成住所的趋势，将那些为区域复兴起作用的艺术家驱赶出去，他们开始向更东面搬迁。

肖尔迪奇聚落很大程度上并未经过规划，但它很快受到区、市政府机构的关注，他们开展了很多测绘项目，并出台政策以支持该地区创意产业的成长。此外，还有一些意想不到的连锁效应：伦敦传统创意产业中心的威斯敏斯特委任了一项测绘研究，以帮助搞清为什么它的某些行业会搬去肖尔迪奇。

创意产业在伦敦是一个巨大而又充满着变化的领域。在英国的其他地方，创意产业占经济的比重则相对较小。此类地区的地方政府也时常会做更多系统的尝试，以鼓励肖尔迪奇模式的创意集群。

例如在曼彻斯特，城市依靠市中心北角区（Northern Quarter district）的创意产业发展。阿弗莱克宫（Affleck' s Palace）作为曼彻斯特某机构的一部分，是一个室内市场。它是扎根于本地的众多小创意零售者波西米亚文化的象征。当市议会清楚看到市中心正在吸引创意产业的时候，他们便积极发挥作用来支持和促进这些产业。经过一次测绘和调查研究，CIDS（创意产业发展服务）成立了，这是一个设于北角为全市创意企业提供支持和信息的组织。扭转城市中心居住人口的长期衰减，便部分归功于创意产业的发展。

伯明翰也正在其市中心南面的格贝思（Digbeth）做类似的尝试。这个区已被市议会确认为该市一个具有潜力的创意产业中心。正如肖尔迪奇和北角，格贝思大片地区被制造业和批发业务遗弃，留下潜在可利用的空间场地。私人开发者已经注意到，并已将该区的一些建筑改造为创意产业所用。其中第一个便是卡仕达工厂（Custard Factory），其前身是一个食物加工厂，现在里面容纳有近250个小型创意企业。它的成功已经被附近曾是旧教堂的费兹利（Fazeley Studio）工作室，以及一所名为邦德（The Bond）的经改造的维多利亚式作坊所复制。

伯明翰市议会正谋求在这些成功之上建立一个创意园区聚落，开始计划升级该地区的宽带连接以创造一个数字中心，并已支持南伯明翰学院在该地区建立一个新校区，提供众多与创意产业相关的课程。随着公共领域的改进，以及这个地区现场音乐的强大声誉，人们期望能在格贝思创造一种“热点”，以吸引新的企业和居民。

2）国家产业政策

在国家层面，政策制定者通常更愿意将创意产业作为一种国际竞争力的来源，以及在创新、科技和知识产权领域国家产业政策讨论的一个关键组成部分。数字革命（有时称为“数字变更”）已将创意产业，特别是媒体业，置于这些问题的第一线，它们的经验可供面临类似挑战的其他经济组织借鉴参考。

《数字不列颠》

英国政府部长们经过多年研究，现已确认创意产业是英国经济的一股特殊力量，并宣布了英国要成为世界创意中心的雄心。这反映在政府机构的重视：科技战略委员会和英国贸易投资（UKTI）都已将创意产业作为他们的优先领域，这种考虑已对形成新的政策和法规产生作用。

《数字不列颠》报告由政府于 2009 年出版，是英国迄今为止紧跟新数字时代做出的最为认真的一次尝试。[1] 时任通迅、科技与广播部部长的斯蒂芬·卡特（Stephen Carter），将它描述为“一个迟到的对创意产业具有重要性的认识”。报告多次提到由其他国家对数字技术及其基础设施规划所造成的挑战，特别是如美国、日本及澳大利亚等国，对宽带基建的大量公共与私人投资。

报告有三大项：提高数字参与性；建立一个新的通信基础设施；以及现代化相关法律法规体系。其中很多建议是关于创意产品及服务的生产和交易、知识产权的作用，以及公共领域与私人领域之间的关系。报告尤其将盗版视为创意产业未来健康发展的主要威胁，并提出解决的相关建议。其中的不少政策建议，随着 2010 年 4 月《数字经济法案》的通过而成为法律。

3）文化政策

第三个关注的领域是文化政策。创意产业扎根于悠久的文化传统，的确，对许多创意产业人士而言，他们工作的文化价值至少是等同于经济价值的。在一个全球化、被链接的世界，许多地方都面临着如何维护地方文化认同而不沦为“活生生的博物馆”的难题。商业文化是确保文化传统生存之道的方法之一，比如可以赋予文化传统新的价值和重要性，或使得它们能够再度创造新形式。

1 BOP Consulting (2006) Creative Economy Programme: the International Perspective

欧洲文化之都项目

欧洲文化之都（或城市）项目（ECoC）是文化被用以改变地方面貌、鼓舞创意产业发展的一个例子。欧洲文化之都是梅莲娜·麦可丽（Melina Mercouri）的智慧结晶，这位曾经是希腊演员的政治家希望提升欧盟的文化形象。尽管项目于 1986 年就已启动，但直到 1990 年格拉斯哥担任主办城市时，这一想法才真正开始产生影响。据一项针对欧洲文化之都举办地的研究显示，“格拉斯哥是一个转折点，城市针对具体的文化、经济、社会设置了多重目标。此后，几乎所有的主办城市都采用了相似的方法。[2] 这些目标包括刺激旅游业，提升城市形象，振兴城市和增加创意产业及岗位的数量。”

欧洲文化之都项目，是格拉斯哥长达 25 年利用文化建立自我身份之努力的一部分。虽然格拉斯哥曾是维多利亚时期重要的贸易中心之一，且被认为是大英帝国的第二城市，但到 20 世纪七八十年代，它失去了多数的制造业基础，甚至还得到了贫困和暴力的名声。用一位市政官员的话来说，它被认为是“英国最糟糕的角落”。[3] 在 80 年代，市议会决定在城市改造工作中赋予文化和创意一个重要的角色。

从格拉斯哥的“万里好”(Miles Better) 宣传活动开始，强调了城市的文化资产，包括当时刚刚揭幕的巴勒珍藏馆（Burrell Collection）和作为主办城市的 1988 年国际园艺博览会。1990 年，作为欧洲文化之都的主办城市，格拉斯哥登上了国际舞台并取得了重要的进展。不仅改进了城市形象和各种类型的商业吸引力，还帮助提升了文化活动的关注度。研究报告发现，“20 世纪 90 年代期间，包括音乐制作、电影制作、图书出版和设计贸易等在内的文化和创意产业，都有显著的就业提升”[4]，创意产业因而成为了新的城市文化身份的一部分，帮助取代了旧的形象。1999 年，格拉斯哥成为英国建筑和设计之城，并在最近被联合国教科文组织宣布为音乐之城。2014 年，格拉斯哥将主办英联邦运动会。

2 Department for Business, Innovation & Skills (2009), Digital Britain, Norwich, TSO.

3 Palmer/Rae Associates (2004), European Cities and Capitals of Culture, European Commission, Brussels, p47.

4 BOP Consulting (2009) Creative Clusters Conference Report 2009, Creative Clusters.

格拉斯哥借助自己的艺术节、活动和重建的文化设施保持着这一势头。如今，格拉斯哥在文化和体育方面的人均花销高于任何其他的英国城市。在过去的 25 年间，各种项目涵盖了圣蒙戈宗教生活、艺术博物馆（St Mungo Museum of Religious Life and Art）及复兴商业城区等范围。管理格拉斯哥艺术和博物馆的官员指出，城市的经济发展部门并非只关注经济利益，而认为“生活质量”项目也能给城市带来重要的间接利益[1]。

2008 年，由欧洲城市每年轮流担任的欧洲文化之都的荣誉回到英国，来到利物浦。这座城市素来拥有强大且多样的文化，其中一部分源自大西洋港口的地理优势。利物浦对英国乃至世界文化生活的贡献，包括披头士乐队、默西诗人，以及如阿兰・布利斯代尔（Alan Bleasdale）、威利・罗素（Willy Russell）等剧作家。除此之外，尽管利物浦是英国较贫困的城市之一，有一系列社会问题和麻烦的政治历史，但在最近十年间，利物浦的经济呈现局部复苏，同时，也可见到在摆脱 20 世纪八九十年代政治争议的影响上所做出的努力。欧洲文化之都的利物浦年（至少在一定程度上），有一次利用文化力量使外界更加了解这些变化并取得更广泛利益的尝试，比如促进文化参与和旅游。

利物浦授权一支研究小组来测绘该项目在五年内的影响力。尽管评估其长期影响还为时过早，但短期结果是很乐观的。因为欧洲文化之都，利物浦在 2008 年获得了 1,000 万额外的游客，估计经济影响超过 7.5 亿英镑[2]。当年，旅游行业内的商业非常繁荣。而截至 2009 年初，近一半受访的艺术代表认为，利物浦实现了成为世界级城市的愿望。在参与问卷调查的创意产业企业中，近四分之三认为欧洲文化之都的长远影响对他们的商业有益；而媒体报道则表现出这座城市超乎以往的积极形象。

对格拉斯哥和利物浦而言，创意产业不只意味着经济效益，它们的文化和声誉影响力至少同样重要。这些产业帮助重建这两座城市在英国其他地区乃至世界眼中的形象。

1 Rose, C. (2009) Arts Professional, 'The Art of Politics' 21 Sept.

2 Palmer/Rae Associates (2004), Op. cit., p167.

3.3 第三步：如何定义创意产业？

在决定一个测绘项目可以帮助达成特定的经济或政治目标后，下一步就要聚焦于过程的实践性。工具包的下面几个部分（第三步到第五步）就会涉及这点。但实际上，他们互有重叠之处：一个领域的决定会对其他领域产生意义。这些实践步骤中的第一步就是认同创意产业的定义，搞清楚什么属于而什么不属于创意产业，有助于厘清工作范围。

正如我们所看到的，目前还没有对于创意产业的标准定义——大多数国家会根据自己的需要来调整这个概念。在大多数的测绘项目中，所选择的定义反映了各个国家产业、文化和社会发展的具体特点，这可以在与国内外专家商榷后制定。非正规行业的规模、国内城乡差距等都是可能要考虑的问题——更多商业化的创意产业倾向于扎根在大城市。

值得注意的是，随着时间的推移，哪些产业应当被涵盖在其中，已经逐步形成了共识。例如表 7.4 所示，许多创意产业在英国、德国、西班牙和法国四个国家的列表中都出现了。

然而，为产业绘制一个清单只是这个处理过程的开始，清单必须被“翻译”成一个可以与测绘数据来源相匹配的结构。

以英国为例，对标准工业分类法（SIC）代码数据（相当于英国的国际标准工业法）的分析，支持着所有重要创意产业策略。创意产业的清单被转换成一组详细的标准工业分类法代码，被用以分析官方调查的数据，比如年度业务咨询或劳动力调查。

然而，出于历史原因，标准工业分类法代码在一些创意产业还未发展成现在的形式前就已经

表 7.4 四国比对；创意 / 文化产业的定义

	英国	德国	西班牙	法国
使用的术语	创意产业	文化和创意产业	创意产业	文化行业
建筑	×	×		×
视听（电影、电视、广播）	×	×	×	×
表演艺术	×	×	×	×
图书馆			×	×
设计	×	×		
艺术市场 / 视觉艺术	×	×	×	×
出版	×	×	×	×
时尚	×			
软件 / 多媒体	×	×		
博物馆 / 文化遗产			×	×
音乐	×	×	×	×
手工艺	×			
广告	×	×		

来源：改编自 Holzl,K. (2006) Creative Industries in Europe and Austria: Definition and Potential 以及 Sondermann, M.et al (2009） Culture and Creative Industries in Germany.

确立了且很少更新——这些代码常常无法很好地反映创意产业。因此，英国研究者必须考虑加权某些代码，让它们融合创意和“非创意”的活动。

举一个例子，1992 年和 2003 年的标准工业分类法代码，包括一项“74.20：建筑和工程活动和相关技术顾问”，这覆盖了很广的范围，包括机械、矿业和核能工程、建造和工料测量、科技写作和绘画，还有建筑及其相关职业。因此，必须找到一些方法，将创意产业和“非创意”产业区分开。

DCMS 的方法（从研究中发展而来），是给年度创意产业经济预测所需的标准工业分类法代码赋予标准权重。DCMS 使用的这些产业、标准工业分类法代码和权重请参见本文附录。

如果地理单元很小，数据的稳健性将会提出进一步的挑战。据文化、媒体和体育部的统计，英国的创意产业通常约占就业的 3%~4%。在城市和地区层面上，则可以转换成相对较小的创意企业绝对数。确保可靠结果的一个方法，是根据一些基本原则，将创意产业归入更广的类别。

比如，2004 年，DCMS 提出了一个地区层面可以使用的“DCMS 证据工作包”（表 7.5）。根据创意产业的性质和最终产出，创意产业被集合成四个“领域”：图书和出版、视听、表演、视觉艺术和设计。

尽管这种分类法简单易懂，且在英国常用于

图 7.2 创意企业模型框架

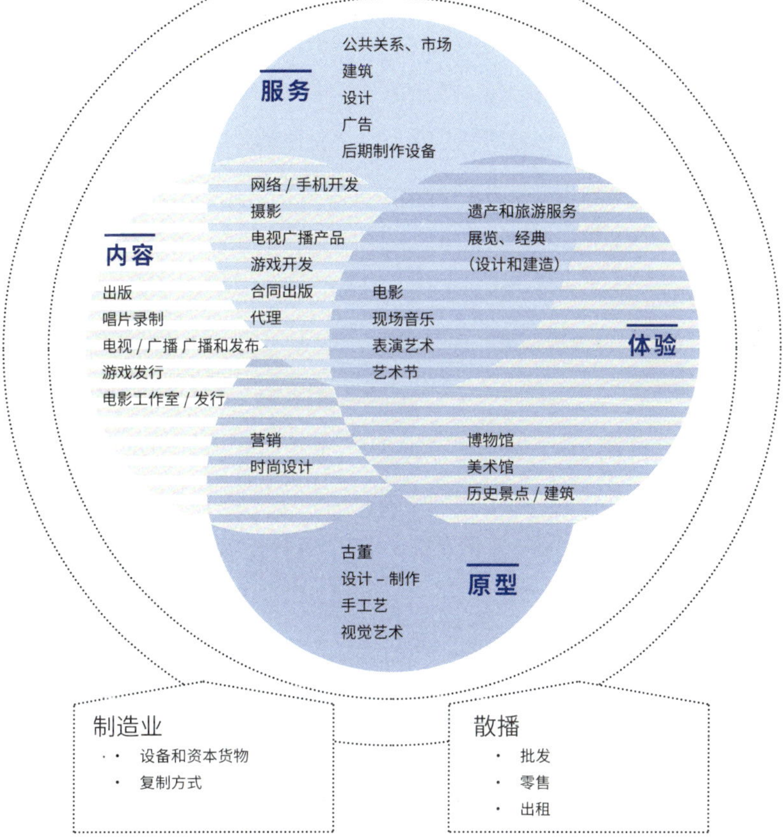

表 7.5 DCMS 证据工具包（DET）创意产业领域

视听（AV）	视听（AV）
· 电视和广播	· 出版（图书、杂志、报纸）
· 电影和录像	· 文学
· 摄影	· 印刷
· 广告	
· 音乐	
· 交互数字媒体（游戏、网络、手机等）	
· 电脑软件	
表演（P）	**视觉艺术和设计（VA）**
· 戏剧	· 设计（包括时尚设计）
· 舞蹈	· 建筑
· 马戏	· 美术
· 狂欢节	· 手工艺
· 木偶戏	· 艺术和古董

次国家级层面，但这并不是解读创意领域的唯一方法。还有一些其他方法也被提出。其中一个是创意企业模型法（NESTA 2006）[1]。这一方法根据企业共有的商业模式和供应链，将创意产业集合成四个圈。这四个圈——创意内容、创意服务、创意原型、创意体验——试图引起对实业相同之处的关注，比如建筑师和广告代理：本质上都是向其他企业，而不是顾客，销售技术和时间（而不是一个最终的产品）（图 7.2）。

1　Impacts '08 (2010) Creating an impact: Liverpool's experience as European Capital of Culture, Impacts '08, Liverpool.

3.4 第四步：谁负责，谁执行？

一个测绘项目的想法可能有诸多来源：例如一个高级公务员，或是一个创意创业家。然而，一个项目提案若想得到推进，首先要找到一个赞助人——一个可以为项目保证经济、政治支持的人。英国（和国际）的经验显示，这个人很可能是一位政治家，他或她会对创意产业感兴趣，并希望通过使这些产业的经济价值被认可和理解，从而提升创意产业的声望。

然而，推进这个想法需要一些具体行动。谁来运行这个项目，谁来执行具体的工作，这些都必须做决定。当然，项目赞助者并不一定需要操作实质性的研究工作。

实际上，测绘项目中有三个特殊的角色。有时候，这些角色由三个人或机构来担任；而有时候，一个人可以兼任两个（或更多）角色：

- 项目赞助者可能是政治家或有着良好政治关系的人，会给项目带来高层次的影响力并支持项目，保证经济和政治支持，使测绘得以进行。他或她可能通过测绘来发展政策与活动，通常是在政府层面。
- 反过来，赞助者也会认可一个项目领导来管理这个项目，这个人通常可能是政府官员或公务员。他会全面负责招募和管理项目团队，草拟具体的预算，监督研究和最终文件的生成。领导必须了解执行项目相关的政治、文化和经济背景，确保项目成果达到赞助者和领域的需求。
- 项目领导或需要找到一个主任研究员来领导团队，负责定量研究和定性研究。测绘创意产业基本上是一个经济分析练习，所以团队里有一名经济学者或经济地理学者是有必要的。这些人通常来自学界，尽管私营企业的研究员或咨询师也具备所需技能。在实践中，项目领导可能可以请经济学者或当地大学的文化系学者担任该项目的研究伙伴。

这三个角色，在测绘过程中会经常讨论项目进程，并对完成项目带来帮助。

3.5 第五步：应该采用哪种研究方法？

根据项目特殊情况的不同，采用的研究方法也会有所不同，尤其是现有数据的可靠性。测绘任务的建构，有六个基本组成部分。它们并非互相排斥的，一个项目中可能包括了几个部分。

在这些部分中，研究者可以用一系列定量和定性研究工具，包括统计分析、问卷、采访、焦点小组和网上调查等。虽然定量方法常被认为是最强有力的，比如，随着时间的变化，它们可被用来建立比较创意领域和其余经济领域，但它们不能提供创意产业的全面图景；定性研究可以提供更多细节和细微差别，帮助阐释一些统计数据。测绘任务有可能会混合使用这两组工具。

这六个部分分别是：文献综述、官方数据统计分析、产业针对性研究、非官方数据分析、公司名录和个案研究。

1） 文献综述

在开展一项新的研究前，了解一下已有的研究往往是非常有用的。检索一下早先完成的研究或相邻领域的研究，可以为测绘项目提供一些有用的背景信息，也可以从其他项目的经验中获取一些引导。同时，也可以避免重复并明确，当前项目可能会涉及的关于创意产业的知识空白。文献综述，几乎总是研究主体部分的先导。

2) 官方数据统计分析

这一方法可以为地方的创意产业提供最全面的概观，同时也是进行国家间有意义比较的唯一方法。在成本方面，这也是唯一一个可以对创意产业进行全国性评估的方法，除非所涉及的国家很小。

与其他方法相比，官方统计可以用来评估创意产业对就业、企业数量、出口或增加值总额的贡献。对于创意产业数据的获取途径，有一系列国际性的分类系统。其中包括国际标准工业分类法（ISIC）[1]、产品总分类法（CPC）[2]和国际标准职业分类法(ISCO)[3]。《2008 联合国创意经济报告》深入探讨了这些统计资料的使用。

使用到的数据，可能是适应于创意领域的标准官方数据，在英国就是如此。但在一些情况下，比如在加拿大，可能使用的数据则是专门从创意或文化领域收集来的数据。

3) 针对性研究

有时候，项目的资助者对特定的子经济领域特别感兴趣，或许是因为地方经济在该领域尤其发达，也可能这些产业有着政治重要性：广播电视业往往就属于第二种情况。在这样的情况下，就很有可能要对个别产业发放问卷。

1 International Standard Industrial Classification of All Economic Activities，联合国经济和社会事务统计局所制定，它把国民经济划分为10个门类，对每个门类再划分大类、中类、小类。——译注

2 Central Product Classification，是联合国统计署制定的产品分类国际标准，是一部涵盖货物和服务的完整产品分类，目的是对作为任何经济体生产成果的货物和服务进行分类。——译注

3 International Standard Classification of Occupations，是国际劳工组织（ILO）为给各国提供统一准则而制定的职业分类标准。1958年颁布初版。——译注

这一选择可能包括少许对官方或其他数据的统计分析，因为项目团队需要整体评估子领域的规模，但很有可能用一系列定性研究方法增补，比如企业采访。这些方法，能帮助研究者深入地探索子领域的问题。以英国为例，作为子领域的数字媒体就是产业针对性测绘的对象，因为它有着特殊的经济重要性，并快速变化着。

西米德兰兹郡

英国的西米德兰兹郡将银屏、影像和声音产业（包括电视、电影、视频和电脑游戏）确定为一个优先领域。2007 年，一个测绘研究[32]发现这是一个有活力的领域，在业务构成和高水平创新方面有着显著的增长。这一地区的电脑游戏业尤其发达。总体而言，产业群在西米德兰兹郡至少提供了 15,000 个工作岗位。

4) 非官方数据分析

在许多国家，官方统计并不详细或可靠，因而不是一个测绘项目的明智选择。如果这样，就必须考虑其他方法。其中一个可能性是从其他来源中汇编统计数据。在许多国家，私营企业出于市场营销或其他目的，建立公司的数据库。贸易协会和行业机构下，同样也会有成员登记名录可供使用。贸易报纸和杂志也是信息来源。研究可能由大学、工会或非政府组织展开，并可供利用。互联网不断拓展，因此，创意工作者、企业的在线社交网络和职业网络，也可能是有用的信息来源。

4 BOP Consulting(2007), Screen, Image and Sound Cluster-Impact Study, Advantage West Midlands.

南非豪登省

2008 年，英国文化委员会参与资助了一项在南非豪登省的创意产业映射项目。来自豪登省政府、当地一家具备创意产业研究经验的咨询公司，以及南非金山大学（University of the Witwatersrand）的学者组成了研究团队。

团队成员为创意产业明确了一个反映该省情况的工作定义。主要聚焦于 10 个行业：视觉艺术、表演艺术、文化旅游和遗产、多媒体、音乐、工艺品、平面媒体和出版、视听、设计和时尚。

整个流程以一场为期两天的研讨会开始，目的是提高对测绘项目可能会遇到的一些问题的认识。团队认为，南非的官方数据不足以支撑测绘项目。反之，他们决定利用一系列非官方来源创建一个定制数据组。尽管这一方法被认为将无法覆盖当地所有的创意企业，但却可以用来评估在业人口的总量。同时，还有利于进入当地的相当大的非正式行业。

为了扩大项目，研究小组还对大量的创意从业者进行采访，其中电话采访了 540 位，面对面采访了 190 位。研究发现，当地有 11,320 个创意公司，雇有员工 182,000 人。文化旅游和遗产以及设计是拥有最多员工的两个子领域。

南非豪登省测绘项目所用数据来源有[33]：

- 子领域：国家艺术文化部财政资助数据库、豪登省艺术和文化委员会财政补助金。
- 视觉艺术：南非视觉艺术网（VANSA）成员名单、2007 年南非艺术咨询指南。
- 表演艺术：南非表演艺术网（PANSA）成员名单、南非戏剧管理。
- 文化旅游和遗产：南非博物馆在线 (www.museums.org.za)、豪登省旅游局 (www.gauteng.net)、南非遗产资源代理。
- 多媒体：南非动画（www.AnimationSA.org）。
- 音乐：迷笛信托书（Midi trust Book）、南非巡回乐队协会、技术生产服务协会。
- 工艺品：南非陶瓷成员名单、工艺品杂志（*Craftwise Magazine*）。
- 视听：全国广播公司协会成员名单、全国社区广播论坛（www.ncrf.org.za）、豪登省电影委员会（www.gautengfilmdirectory.org.za）。
- 平面媒体和出版：发行统计局成员名单、南非出版协会（PASA）成员名单。
- 设计：南非设计教育者论坛成员名单（www.BizCommunity.co.za）
- 时尚：南非桑勒姆时装周数据库（www.ifashion.co.za）

1 AMERU(Wits University) and CAJ(2008) Gauteng's Creative Industries: An Analysis, Gauteng Department of Sports, Arts, Culture and Recreation,Johannesburg, p182.

5） 公司名录

如果没有可靠的非官方数据可用，那研究团队就需要进行初步调研。在这种情况下，测绘最好能从试着创建当地的创意企业名录开始。研究员可以利用一系列来源，包括他们自己的行业知识和关系，来帮助汇编一个清单。这些接下来可以被用在“滚雪球”式的调查中，研究者可以请已知的企业再提供一些他们知道的其他创意企业的信息，以此类推，就会再获得其他企业的信息。这个调查也可以在网上进行。这一方法，也可以用于官方统计数据不容易覆盖到的非正式行业。

这一方法的一个优势，是可以由创意领域自己发起。

罗马尼亚雅西

2005 年，罗马尼亚城市雅西，被英国文化委员会资助的东南欧跨国项目认定为潜在的“创意城市”。该地区举行了会议和讨论会，商定了继续发展这一想法的行动计划，创建一个单独的城市创意企业名录被认为是最适用于雅西测绘项目的方法。项目历时数月，当地企业、机构和英国文化委员会中心也参与其中。

该项目旨在向潜在合作伙伴展示创意领域的经济价值，为未来的合作奠定基础。同时，雅西希望在了解创意产业作用方面成为罗马尼亚其他城市的先驱者。组织该名录的团队自此已能够从国际投资者处获得资助，从而在该城市设立创意产业发展机构。

6） 个案研究

在某些情况下，预算限制或缺少政治支持会限制项目的规模。这种情况下的一种选择是在创意产业概述中补充一系列个案研究，选择一小部分项目或创意领域机构，并对它们的经济和社会影响进行详细分析。这种方法可以提供有关机构的有用信息，说服政策制定者考虑文化的经济价值。

圣保罗

尽管圣保罗是一个巨大的、快速增长的、复杂的经济体的贸易首都，其创意产业至今仍没有被认为是一个独立的经济实体。但目前，有个进行中的项目正试图纠正这一点。由一位经济学者领导的小组，前往伦敦展开了一次初步研究旅行，讨论关于测绘的问题，并在英国方法的基础上开展了统计测绘。此外，还补充了关于该城市两个创意产业活动的影响力评估：圣保罗时尚周（实际上是一个发展时尚和纺织产业技能的大型年度项目的开端）；一个基于音乐的社区中心——将当地的业余音乐人培训成半专业或完全专业的音乐人。研究团队旨在完成关于这两个机构影响力的详细个案研究。

团队希望通过这个项目，鼓励更多圣保罗的政治家看见创意产业的价值。这是一种很强烈的意识，因此，这个测绘项目仅仅是提升创意产业对圣保罗生活贡献的的开始。

3.6 第六步：项目发现如何与核心受众和政策议题联系起来?

完成了研究阶段并不代表项目就大功告成，必须考虑如何最好地提升对项目的认识和讨论，以及项目如何被传达。考虑所传达的信息是很必要的——报告该如何以当地的方式讲述创意产业的故事?

有一些调查结果的呈现方式，可以使它们更容易被理解并对此采取行动。其中一部分就是报告（如果它作为测绘过程的实际结果）的陈述方式。一份写作上乘、设计夺目，可以醒目地呈现数据的报告，往往比一份不具备这些特质的报告能吸引更多的注意。必须全面开发更广泛的传播调查结果的机会，比如将结果发布到网络上，举行新闻发布会、研讨会或其他活动。

除此之外，研究者还需要思考如何将他们的发现与他们希望影响的宽泛政策议题（见第二步）相连接，有七个特别值得关注的方面。

1） 叙述故事

测绘需要通过已收集证据，讲出一个关于创意产业的清晰故事。这可以是根据目标受众定制的。比如，一个试图影响国家统计局或国家财政部的公务员的报告，要比一个试图说服市长的报告来得更严谨、技术化。因此，项目领导需要谨慎考虑项目报告的形式和内容，以及团队的写作风格和展示技巧。研究还需要有前瞻性，比如提出未来行动的计划或与政策的联系。

2） 与创意产业接洽

在很多地方，创意产业并不认为他们是一个协调一致的群体。即使测绘任务主要旨在影响政府官员，他可能因此将创意产业纳入对该领域前景的辩论中。这可以通过一些围绕报告启动开展的推广活动，探讨报告中所提出问题的研讨会、讲习班，或是拓展讨论的在线论坛来完成。

3） 与政策链接

测绘研究是为创意产业设立良好政策的证据基础，因此，研究团队可能需要根据研究结果，提出一些这些方面的建议或行动方针。第二步提出了三个创意产业可做出贡献的宏观政策议程 。国际上的证据显示，这些议题下常会有一些特定的政策建议，这就提供了测绘项目的介入方式。

4） 地方经济开发

可能的政策建议包括：

- 工作空间：创意企业家从建立关系网的机会中受益极大，进而开发设想和寻找产品买家。允许小型创意公司与其他类似企业分享空间，可以鼓励这样的机会。老的工业建筑经常为改建成这样的设施提供房屋场址，如多伦多的里士满（Richmond）401，原是一个有历史意义的印刷厂（建于 1899 年），现已被改造成可供 150 名艺术家和小型创意公司办公的工作空间。它集合了公共空间（包括一个屋顶花园）、教育设施和办公空间。
- 教育和技能培训机构：创意产业经常雇用一些高级技术人员，但许多创意公司的小规模限制了可以用来提高这些技能的时间和钱。这个行业快速变化的本质为紧跟最新技术带来了更多的挑战。在这样的情况下，高等教育机构的作用就尤其重要了。为了实现在 2007 年前使电子游戏业跻身世界前三的目标，2000 年，韩国文化旅游部在首尔开设了游戏机构，为国内电子游戏业培养专业人才。

5） 全国产业政策

可能的政策建议包括：

- 知识产权保护：技术的快速变化和互联网的不断增长，使知识产权法的相关问题迫在眉睫。如何在不打击新形式合作的积极性的前提下，最好地保护创作者的权利？
- 生产指标：试图通过限制进口来支持国内工业，因而保障了当地生产者的国内市场份额（尽管国际贸易规则会影响这些约束）。同样地，他们能够为公司提供开发竞争产品所需的临界数量。中国在发展本国动画电影的过程中，设置了非国产作品进口指标。

6） 文化政策

可能的政策建议包括：

- 促进出口：许多创意公司的小规模限制了它们进军国际市场的能力，但创意、文化产品却是一个国家形象最具特色的部分，比如牙买加音乐秀。许多国家在国际舞台上通过品牌推广和展示，来推销它们的创意产品和文化。苏格兰每年在纽约成功举办“花格子呢周”（Tartan Week），以新时尚设计和表演艺术、威士忌等一系列苏格兰制造的产品为特色。
- 目标投资：一些国家为特定产业，或在少数情况下为整个创意产业，提供贷款或帮助，通常旨在保护文化敏感产业。这一方法旨在保护一个国家文化的多样性。法国国家电影中心（CNC）对电影的票房收入征收 50% 的税，作为独立制片人后续电影作品的创作基金，从而为电影人建立一个获得进一步资助的经济平台。

7） 设计和评估政策建议

类似上述的建议需要谨慎计划，并以可靠的证据为基础。因此，在测绘研究中，研究者必须谨慎考虑选项并将其纳入到工作中，比如，在采访中和商业人士探讨他们的可能需求。这样做的话，测绘项目便可以对什么采取行动以及如何采取行动提供指导。理想上，创意领域本身需要通过贸易协会等关系网，被包括到后续的政策设计中。

政策提议应如何被评估，也是必须考虑的问题。在过去几年里，英国付出了相当大的努力来开发评估政策方针的经济、社会和文化影响力的方法，这得到了如下信念的支撑：即只有在过程中收集证据，才能评估和传达政策的真正价值，并获取经验。

3.7 第七步：如何维持势头？

那么，测绘工作结束后，报告已经完成并向关键受众解释了研究结果。如何维持势头，避免测绘项目成为“一次性”的，并尘封于书架上？

秘诀是坚持不懈。提升创意产业的形象需要时间。即使在英国，这一术语已被使用了十多年，但仍常常有国营部门的行政人员和私营部门的商业人员不熟悉它。政策要取得变化，可能是一个要花费许多年的过程，而测绘项目仅仅是这一过程的开始。出于这种考虑，有五个建议：

1） 目光长远

英国的经验告诉我们，像创意产业这样的新概念需要一段时间才能被接受。它可能在某些领域遭遇质疑，政策制定者也可能在任何给定时间有其他当务之急，资助者和研究者需要有长远的眼光。

2） 持续收集信息并广泛发布

收集的数据越多，描绘的图景就越精确。某些地方的创意产业群，以及不同城市和不同地区的产业群，都会有不同的产业组成。更好地了解这种差别，可以向政策制定者提供更有说服性的案例。

研究者需要努力地在尽可能的地方发布他们的研究，这样可以帮助他们提升工作的知晓度，也可以使其他研究者吸取他们的经验。也可为这些工作建立公共智库，伦敦城市大学就设立了伦敦文化创意产业研究（RCCIL）数据库，免费提供关于城市创意产业的测绘和其他调查报告的总结。

3） 确保对创意产业的报道

庆祝创意产业的成功是维持人们对其兴趣的一个重要部分。可以通过许多方式完成，从艺术节到颁奖典礼，再到主办国际文化活动。

4） 参与国际创意经济鉴定

创意经济的价值已获得从联合国到（英）联邦等国际机构的认可，还有许多公共机构——当然尤其是英国文化委员会——以及可以接入的非正式（和在线）沟通网络，研究者可以利用这些广泛的国际关系来获取支持和建议。

5） 使行业参与

利用贸易协会、创意企业孵化器等关系和中间机构，确保创意领域都参与到测绘过程中。他们可以帮助“直觉检验”研究结果，提供有趣的案例研究。如果没有适当的中介或代理机构，那测绘项目则可以作为建立这些的第一步，以便持续提升创意产业的关注度。

4 接下来去哪？

我们希望这个工具包为测绘项目的目的、挑战和机会提供一些有用的概述。然而，这只是一个指南，任何考虑这一练习的人都应当进行更深入的阅读并向相关机构咨询专门的知识。因此，工具包的这一部分包含了创意产业、经济相关的建议阅读清单，以及提供专业知识的机构清单。

4.1 阅读书目

- DCMS《创意产业经济评估》(Creative Industries Economic Estimates)，2002 年起每年出版，可在网站上获取 www.culture.gov.uk

* 这份评估报告详细分析了英国创意产业的经济表现，数据最早追溯到 1997 年。

- DCMS《1998 年创意产业测绘档案》(Creative Industries Mapping Document 1998)；《2001 年创意产业测绘档案》(Creative Industries Mapping Document 2001)

* 这两个研究提供了关于英国创意产业的第一个详细指南，并形成了关于英国乃至国际创意产业的后续讨论。

- Evans, Graeme and Gertler, Meric (2006), Strategies for Creative Spaces, London Development Agency/ Governments of the city of Toronto and the province of Ontario

* 这是对欧洲和南美洲六个城市的广泛研究，旨在明确促进城市创意产业成长和发展的策略。

- Florida, Richard (2002), The Rise of the Creative Class, Basic Books, New York

* 作者对“创意”的用法与 DCMS 不同，他所指的是那些拥有决定做什么和怎么做的自主权工人。然而，他的著作在关于创意经济所扮演角色的问题上混杂着争议，这尤其影响了关于创意城市的讨论。

- Howkins, John (2001), The Creative Economy, Penguin, London

* 该书是早期一项有影响力的关于创意经济的研究，引起了人们对知识产权不断增长的经济重要性的关注。

- KEA European Affairs (2006), The Economy of Culture in Europe, European Commission

* 这是首篇代表欧洲委员会开展的关于欧洲范围内的创意经济研究。

- Landry, Charles (2000) The Creative City: A Toolkit for Urban Innovators, London, Earthscan

* 该书探寻了创意在城市创新和复兴中的角色。

- Ministry of Culture–Republic of Colombia (2007), Guide to Producing Regional Mappings of the Creative Industries, Ministry of Culture, Bogotá

* 这是一份从哥伦比亚的经验出发，关于开展区域文化产业测绘的详细指南。

- UNESCO Institute of Statistics (2009), 2009 UNESCO Framework for Cultural Statistics, UNESCO Institute of Statistics, Montreal

* 联合国教科文组织的文化统计框架修订本——开始于 1986 年，反映了文化和创意领域不断改变的本质。

- United Nations (2008), Creative Economy Report 2008: The Challenge of Assessing the Creative Economy: towards informed Policy-making, United Nations, Geneva

* 超过 300 页的对全球创意经济的释义、统计、分析——可能是目前为止最详细的全球层面的研究。

4.2 入选机构

下面列出一些英国乃至全球的创意产业、经济相关的官方或非官方机构的链接。

1） 英国机构

- 英国文化委员会创意经济机构
  www.creativeeconomy.org.uk
- 联邦秘书处
  www.thecommonwealth.org
- 文化媒体和体育部（DCMS）
  www.culture.gov.uk
- 国家科学、科技和艺术基金（NESTA）
  www.nesta.org.uk
- 英国贸易投资部
  www.uktradeinvest.gov.uk

2） 国际机构

- 联合国贸易与发展会议（UNCTAD）
  www.unctad.org
- 联合国教科文组织（UNESCO）
  www.unesco.org
- 联合国知识产权组织（WIPO）
  www.wipo.int

5 附录

5.1 英国文化委员会创意经济机构

英国文化委员会是英国的一个为文化关系和教育机会而设的国际组织，在全球 110 个国家设有代理处。英国文化委员会用英国的创意和教育机会连接世界人民，在英国与其他国家间建立持久的关系。创意经济机构成立于 1999 年，是艺术部门的一部分，主要负责与英国创意领域合作，并致力于开发项目以分享英国发展创意经济的经验，扩散其在教育、社会融合、经济复兴和国际交往中的影响力。

创意和文化经济项目通过下列五个主要方面运作。

1） 政策与测绘

有效的政策制定对可持续的、有竞争力的创意经济发展是至关重要的。创意经济赖以发展的结构基础，是在政府的一系列介入下形成的，从知识产权规则到税收制度、教育政策等。这也是文化关系发生的框架。

通过这一方面，英国文化委员会尝试推广作为全球或地区现象创意经济的讨论，并分享适当的政策方针和观点。

目前包括的方针有：

- 国际问题研讨会：一个围绕特定政策问题（知识产权、教育等）展开的国际研讨会项目，一年在多个地方开展讨论。2010 年，在英国、中国、哥伦比亚、印度、波兰和南非举行了一系列探讨版权现状和未来的研讨会。
- 测绘：一个增强测绘方法重要性意识的项目，旨在提升对不同创意领域政策需求的了解。这一项目提供英国和国际专家的咨询支持。

表 7.6 创意产业标准工业分类码

子领域	标准工业分类码	描述	代码所占比例
广告	74.40	广告	所有
建筑	74.20	建筑和工程活动及相关技术咨询	25%
艺术与古董	52.48	在专卖店的其他零售额	5%
	52.50	店铺二手物品零售额	5%
工艺品	大多数企业规模太小，未被商业问卷选中		
设计	本领域无匹配编码		
时尚设计	9 个编码	服装制造	0.5%
	74.87	未在其他领域被归类的其他商业活动	2.5%
录像、电影和摄影	22.32	录像带复制品	25%
	74.81	摄影活动	25%
	92.11	电影和录像生产	所有
	92.12	电影和录像发行	所有
	92.13	电影放映	所有
音乐和视觉、表演艺术	22.14	录音出版	所有
	22.31	录音复制品	25%
	92.31	艺术、文学创作和翻译	所有
	92.32	艺术设施运行	所有
	92.34	其他娱乐活动在其他领域未归类	50%
	92.72	其他消遣活动在其他领域未归类	25%
	22.11	图书出版	所有
出版	22.12	报纸出版	所有
	22.13	期刊出版	所有
	22.15	其他出版	25%
	92.40	新闻通讯社活动	所有
软件、电脑游戏和电子出版	22.33	电脑媒体复制品	25%
	72.21	软件出版	所有
	72.22	其他软件咨询或供应	所有
广播电视	92.20	广播电视活动	所有

- 工具包：全球创意经济相关问题的发展和资源发布。

2） 技能与基础设施

技能与基础设施是促进创意经济增长和可持续性的要素，活动项目包括：

- 媒体培训：培养新闻记者的技能和理解力，使他们可以更好地报道创意经济和企业。
- 基础建设：协助中介机构的发展，旨在为创意企业提供定制的信息和支持。
- 商业技能：提供培训年轻创意企业主的项目，旨在发展他们的商业和专业技能。

3） 创意企业家和关系网

创意企业家是创意经济的关键人物：连接艺术家和消费者之间的空隙，推进社会经济、文化的发展。这一方面的项目旨在提升创意企业家的知晓度，赞美他们的成就，认可他们在创意领域政策制定中的重要性。这一系列方针包括：

- 青年创意企业家（YCE）俱乐部和关系网：主要通过青年创意企业家奖励计划的选拔过程，发展当地、区域创意企业家和文化领导人俱乐部。俱乐部和关系网的活动包括研讨会、对话政策制定者、大师班、社交活动等，来分享信息、讨论迫切问题和商业机会。
- 国际青年创意企业家（IYCE）奖励计划：一个年度的奖励项目，鼓励来自新兴经济体的青年创意企业家团队前往伦敦学习，参与大型的交易活动，并争夺冠军。目前有超过50 个国家参与了这一项目。
- 英国青年创意企业家（UKYCE）奖励计划：一个面向英国青年创意企业家的年度奖励项目。参赛选手团队前往新兴经济体进行海外访问，学习他们的产业，并在英国评审团面前争夺冠军。迄今为止，阿根廷、波兰、印度、印度尼西亚、南非、中国、土耳其都接待过奖项团队。

4） 领导力和文化关系

作为一个文化关系代理机构，英国文化委员会力求使新一代文化领导者与全世界的关键利益相关者接洽，并参与到解决全球文化问题共同战略的讨论和发展中去，这旨在重申文化行业在处理全球性问题时的作用。这一项目也会包含非艺术广泛领域（科学、教育、体育等）的实践者们，从而建立跨行业合作。

5） 洞察与智慧

收集及讨论关于创意经济问题平台的发展，受到了英国文化委员会创意经济活动和关系网所产生的信息与交互的激励。

更多关于此类活动的信息，请访问 www.creativeconomy.org.uk。

08

创意产业对伯明翰有多重要

BOP 文化创意产业咨询公司 [1]

引言

这项研究受创意伯明翰合作伙伴董事会（Creative Birmingham Partnership Board）委托，旨在回顾和更新前些年收集的伯明翰创意和文化领域规模和特点的统计数据。研究集中在英国国家统计局提供的官方数据的评估上，并采用文化传媒体育部门设计的数据工具包作为测量方式，来进一步分析次国家级层面的创意领域规模。尽管报告是在 2009 年委托执行的，但最后能收集到的数据是 2007 年的。此外，报告中的数据并不全面——那些规模太小而不需要缴税的企业不包含其中。在创意和文化领域，许多企业由自由职业者运营或作为非常小的商业来经营，这意味着当中可能有很大比例的经济活动被官方数据所遗漏。

项目还包括了伯明翰创意商业的采访和焦点小组，为数据分析结果添上细节；报告利用数据和与商业对话做出一些建议。

除了撰写主报告，BOP 文化创意产业咨询公司还撰写了一个较短的总结版本作为独立文档，下面就是这篇完整的短篇总结。

摘要

本文是创意伯明翰合作伙伴董事会于 2009 年授权 BOP 文化创意产业咨询公司进行调查的总结报告 [2]。报告的重要信息是：创意产业代表了伯明翰多个关键问题——经济、文化、地方建构等的汇集。一个成功的创意领域，更容易显现一个城市的野心。同时，以“连接”的视角看待问题，将有助于促进地方议会、伯明翰策略伙伴网络和商业支持机构等对创意领域繁荣的帮助。

我们希望，这份完整的报告在承认该领域面临挑战的同时，也论证伯明翰持续支持创意产业的意义。

1　本报告由伯明翰合作伙伴董事会委托BOP文化创意产业咨询公司执行撰写（由伯明翰市议会资助），发表于2010年1月。——译注

2　BOP Consulting (2010) *Why the Creative Industries Matter to Birmingham: an analysis of the city's creative economy.*

1 简介

城市的创造性决定了它们的生与死。

——查尔斯·里德比特

（Charles Leadbeater）[1]

当前的经济不景气为伯明翰带来了挑战。伯明翰的两大经济支柱——制造业和金融服务，受到了严重的打击，而公共支出在接下来的几年内也面临着艰难的紧缩。在这样的经济气候中，政策制定者能否智慧地利用所掌控的资源是非常重要的。

本文为持续发展伯明翰正在建立的创意经济提供有力根据。虽然直到最近，伯明翰才开始对创意产业表现出真正的兴趣，但已经取得一些进展。伯明翰有许多不同的创意和文化机构，从伯明翰皇家芭蕾舞团、伯明翰交响乐团等高知名度的表演艺术公司，到像 Maverick 这样的老牌媒体公司，以及 Clusta 和 Substrakt 等这些屡获殊荣的设计公司，创意产业在这座城市的就业和商业领份额中，已占据了重要的比例。参与此领域的公共机构彼此间已建立牢固的工作关系，这预示着将来良好的合作。调查过程中，与我们进行交流的创意企业对他们接下来的前景持乐观的态度，而伯明翰的城市形象也被认为有明显提升。这意味着他们为伯明翰的成功扮演了重要角色（如营销伯明翰），付出的努力终于开花结果。

然而，还有许多工作有待完成：现在伯明翰市议会需要利用自己的影响力，来确保为商业提供支持的机构持续关注创意产业，这样才能保证良好的开端不会付诸东流；而创意产业也可给自身开拓更广的经济范围，让整个城市经济和文化利益得以持续。在大选后，区域和地方的统治结构带来许多不确定性的情况下，这些目标特别重要。

2 研究发现：经济影响

我们发现，近些年来，创意产业[2]已经成为伯明翰经济的重要部分。

- 他们提供了 20,000 个工作岗位——占伯明翰劳动力总数的四分之一。
- 3,450 个创意产业相关的企业占城市企业总数量的 10%。2003 年以来，企业的数量增长了近 20%。
- 创意产业雇用的人员比建筑、制造、销售、汽车维修等行业多，与法律、会计和管理咨询等职业的总和相近。
- 该城市 93% 的创意公司是微小企业，雇员人数一般是 10 人或以下。
- 创意产业带来超过 660 万英镑的毛附加值。

对雇员数量的更深入分析，揭示了伯明翰的增长主要集中在视听、视觉艺术和设计领域的微小企业。总体而言，微小企业占所有创意公司的 93%，并提供了创意产业内三分之一的工作。伯明翰的创意产业主导了区域内的经济角色，意味着该产业是中西部地区竞争力的核心部分。然

1 Blackaby, A. (2009) 'Create or die, business guru Charles Leadbeater tells Birmingham bosses', Birmingham Post, 21 Sept.

2 广告、建筑、艺术与古董、手工艺、设计、时尚设计、电影与视频、摄影、音乐和视觉表演艺术、出版、软件和电脑游戏、电子出版、广播电视。

而，BOP文化创意产业咨询公司的调查，显示了伯明翰创意产业也面临着不小的压力。这是互联网和数字革命影响下的商业模式转型带来的业界（实际上是全球性的）趋势，但也反映了伯明翰自身的问题。我们的分析说明：尽管这座城市是各种不同创意产业的发源地（回应“伯明翰市，千行百业”），城市的表现已属良好。但是，与英国其他核心城市相比，并不出色。

3 更广的影响

除了经济影响外，创意产业还有其他延伸的影响。设计、广告和品牌推广对几乎所有产品和服务业而言都越发重要。这意味着，创意产业是其他经济领域中公司创新的核心来源：国家科技艺术慈善基金发现了创意服务支出与产品创新之间的积极联系，而其他调查也显示，创意产业是供应链的重要创新“发射器”，任何创新政策都需要考虑到创意产业的更广泛的影响。

创意产业对伯明翰在文化和场地打造方面的目标有着很大的贡献。理查德・弗罗里达[1]及其他学者认为，在现代知识经济中，场地吸引对内投资成为一个越来越重要的因素，因为公司需要设立令员工感到舒服和获得启发的工作场所，对创意产业而言这样的环境是其重要的一部分。

建立创意产业在伯明翰的影响力是“大城市规划”[2]的明确目标。伯明翰市中心有不少创意产业的族群，它们设立在诸如Custard工厂和Fazeley工作室这样的建筑中。然而，有时候还有一些创意的“岛屿”。城市的一些部分，比如Digbeth，缺少“软件”方面的基础建设——酒吧、咖啡馆和交通枢纽，这些设施可以让创意工作者在他们的邻里社区产生更大的影响，就像在“珠宝地区”（Jewellery Quarter）发生的情况一样。规划、设计、重建和艺术需要更多地“结合”起来，以促成事情的发生。Custard工厂附近没有自动提款机，被认为是被想法上的一个败笔——如果人们晚上在Digbeth地区找乐，却发现他们必须到市中心去取现金，再回来的可能性就很小了。

我们在采访中获取的意见表明，尽管伯明翰确实取得了一些进步，但其城市形象相对还很弱，而这对市民或访客来说都是一个问题。伯明翰的创意和文化产业在本地的影响力较低，但这的确是有些冤枉的：一个在利物浦出生和长大的受访者说，伯明翰的活动比利物浦丰富得多。让市民们更加意识到伯明翰的优势可以帮助改善他们对城市的负面看法，这也是作为改变伯明翰在英国甚至更大范围内的形象的基础。就像里德比特在他的报纸采访中所说的：“真正重要的是得有一个与众不同的故事，讲述你从哪里来，你特别擅长什么……为了创造持续性的改变，你需要与你的文化根源建立联系。”

1 Richard Florida，美国著名学者，著有《创意经济》《创意阶层的崛起》《你属哪座城？》《重启：后危机时代如何再现繁荣》等，是华盛顿、多伦多、匹兹堡和欧洲等地的“创意阶层组织”的创始人。——译注

2 这是一个关于伯明翰的20年城市中心的总体规划，以鼓励和支持伯明翰能进阶为世界级城市为愿景而制定，涵盖了：创建150万平方米的新建筑空间、创造超过50,000个新工作岗位、每年实现21亿英镑的经济创收、提供65,000平方米的新公共空间及改造公共空间、提供28公里的步行道和自行车道等多项内容。——译注

4 建议：商业

我们的建议主要分为两部分，其中之一来自经济分析；另一个来自对伯明翰形象的考虑。我们首先来看一下经济数据。

由于公共部门组织的财政约束被延长，因此未来的资金流需要更多的协调与综合，且集中于相对强势的领域。

- 我们的数据结果表明，微小企业，特别是在视听、视觉艺术和设计领域，成绩最突出。他们表现不俗，至少在信贷危机和经济衰退之前是这样的；同时，他们非常合适于互联网驱动潮流中，商业项目与伙伴的合作。创意产业商业支持服务（BSCI）的计划，经常帮助此类规模和类型的公司。这表明了对微小商业的支持，始终是伯明翰优先考虑的事。
- 然而，这不是唯一的选项。伯明翰合作伙伴可能有两方面需要着重考虑。这些都是风险较高的策略，但或许是支持整个创意产业广泛策略的重要部分。
- 合作伙伴或许希望针对更有活力的微小商业，将其扶植成未来成功的中小企业。此方面的详细政策和建议不属于报告的范围，但这一领域内积极的、取得过成功的项目，一般都聚焦在指导、商业战略协助、评估财政情况、鼓励和资助创新活动等领域。
- 相关部门也许应该更多地关注如何吸引对内创意投资。由于伯明翰大多数的创意公司都是土生土长的且规模都很小，因此也许只有城市外的公司所产生的影响力，才能刺激并推动本地创意产业达到新高度。采用的方式，也许是吸引更大或更小、但有更高知名度的组织为催化剂，比如电视 4 频道的公共创新（4iP）基金，就将第一个调试中心设立在伯明翰。

5 建议：身份认同和地点

在我们关于城市形象的讨论中，引发了许多思考。过去几年，城市和地区进行了许多研究，提出了很多倡议。但是，现在市议会及其合作伙伴和创意产业，需要更加紧密地合作，以实现他们共有的雄心壮志，来改变城市的影响力和市中心部分区域的再生。在这方面，议会可以依靠那些公共部门组织间已经存在的牢固关系，如中西部电影协会、中西部艺术协会、商业联盟、学习技能协会、中西部发展协会和各所大学。这样的合作需求来自各方面——其中大量工作是比较平凡的：比如拓展网络和设立合适的支援结构。

伯明翰市议会及其合作伙伴，需要采用一个更有战略性的视角，并与创意产业合作，清晰地阐释这座城市代表什么的信息，这需要反映城市的独特优势。伯明翰是一座年轻的、种族多元化的城市，文化上倾向于提供更传统的艺术形式，经常以商务旅客为目标。在采访和焦点小组中可以强烈感觉到，伯明翰没有很好地营销自己，也没有充分利用已有的资产，使更多的服务留给创意产业本身。

发展城市的“结合”感——包括处理理事会、艺术部门、规划与重建之间已经存在的缺口——会帮助城市提升对市民的吸引力，而这样的场所营造工作有大量“内在”利益。伯明翰人口的技能低于国家标准，尽管学生数量（尤其是东部的伯明翰城市大学）的增长为这问题提供了一些契机，但是，要留住毕业生是一个关键问题。对这样的人群而言，创意产业是城市吸引力的一个重要部分。因此，这可以成为城市留住和吸引外来人员的平台。从其他城市获取的证据，指出了跨部门和多机构持续合作支持长远规划的重要性。

在这个更具战略性的层面，伯明翰需要聚焦于尝试和优化一些事情，这促使我们建议委员会及其合作伙伴，可以聚焦在创意产业的两个方面：

- 艺术节与文化活动。这是展示城市丰富的且日益多元化的居民和文化生活，并提升艺术活动知名度的方法。伯明翰市议会最近委托执行了 2008—2012 年艺术节策略，但这也可以让创意产业更多地参与决定支持哪个活动并参与活动的交付，以便更精确地反映城市创意基层的创意实力。

  作为提升伯明翰在其他城市知名度的可行案例，委员会或许会考虑在伦敦（或其他大城市）举行“伯明翰最佳活动周”的可能性。这可能会涉及大型文化机构和创意产业举行的一系列相关的音乐会、表演、展览等，以展示伯明翰的创意作品。
- Digben 地区及东部：该地区被推广为市中心区域外的一个创意枢纽——见证了近期的“数字区域”规划[1]。然而，在旁观者看来它有些破旧、缺乏魅力。如果 Digbeth 无法发挥其全部潜力，那东部地区的雄心壮志也很难实现。公共机构需要与那些已在社区内形成影响力的创意产业共同商议，如何改进该区域的基础设施来连接创意活动，并创建一个“热闹”的友邻社区。对 Digbeth 提出的建议包括数字、音乐和青年枢纽——理事会及其合作伙伴需要决定是否推进这些想法，以及以什么样的速度来推进。

6 数据分析结果概要

BOP 文化创意产业咨询公司，执行了 2003—2007 年间的年度商务咨询数据分析，他们采用了文化传媒体育部门的数据工具包（Data Evidence Toolkit），这是业界能够参照且运用较多的方法。它将创意产业分为四个种类或“领域”：视听、图书与出版、表演、视觉艺术与设计，每个领域又包含了如下的几个方面（表 8.1）。

表 8.1 创意产业的四个领域及方面

视听 (AV)	图书与出版 (BP)
· 广播与电视 · 电影与视频 · 摄影 · 广告 · 音乐 · 交互数字媒体（游戏、网页、手机等） · 电脑软件	· 出版（图书、杂志、报纸） · 文学 · 印刷
表演 (P)	**视觉艺术与设计 (VA)**
· 戏剧 · 舞蹈 · 马戏 · 嘉年华 · 木偶戏	· 设计 · 建筑 · 艺术 · 手工艺 · 艺术与古董

1

1） 创意商业

商业数量在过去 5 年增长了 20% 左右，达到了 3,450 个（图 8.1）。

这些增长主要发生在两个领域：视听、视觉艺术和设计。2007 年，这 3,450 个经营单位占城市 34,750 个经营单位的 10%。

2）创意产业的就业情况

就业图表中数字变化比较大（图 8.2）。总体而言，在过去五年里，就业人数在 2004 年达到高峰后，缓慢下降至 20,000 人。视听是最大的领域，2007 年占到城市近一半（49.4%）的创意岗位。

3）微型商业

更深入分析显示，尽管总体就业数量有细微的下降，微型商业（雇用员工人数在 1 ～ 10 人的范围内）的就业情况却在过去五年内增长了 12%，其中以视听、视觉艺术和设计领域尤其明显。相反，小型和中型的商业（雇用员工在 11 ～ 199 人之内）却在工作数量上有了下滑（表 8.2，图 8.3）。

微型企业占所有公司中的 93%，并为业界提供了 1/3 的就业数量。

4）广泛比较

在过去五年里，创意产业占据了城市总就业的 4%。值得注意的是，根据《年度商业咨询》的结果，城市经济的总就业数在 2005 年达到顶峰，随后开始下滑（表 8.3）。

因此，创意产业是一个重要的雇主，就像表 8.4 中所显示的。2007 年，创意产业雇用的员工超过了制造业和汽车行业，并明显追赶着法律、会计、审计和咨询行业的数字。

5）伯明翰本地的创意商业

伯明翰的许多创意商业分散在市区的各处（图 8.4 中灰色阴影部分）。然而，有一大部分集中在市中心的区域。

伯明翰是中西部地区的创意产业中心，突出的优势在于广播和电视活动、报纸印刷、艺术场地运营和广告领域。然而，当与英国其他核心城市（大多数是区域中心城市）比较的时候，其表现并不特别引人注意。尽管伯明翰比除利兹外的其他地方城市有着更多的就业机会，但百分比份额仍属于中等。伯明翰创意产业的面貌，与其他城市大致相同。

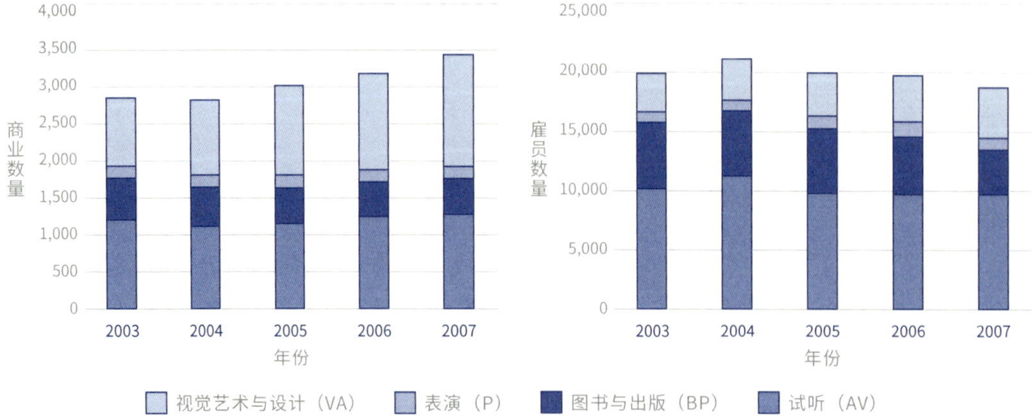

表 8.2 创意产业领域内微型商业的就业人数（2003—2007）

年份	2003	2004	2005	2006	2007	百分比变化
视听	2,210	2,110	2,090	2,400	2,430	10.0%
图书与出版	1,380	1,420	1,380	1,200	1,220	-11.6%
表演	370	260	360	390	330	-10.8%
视觉艺术和设计	1,670	1,870	2,060	2,190	2,340	40.1%
总计	**5,630**	**5,660**	**5,890**	**6,180**	**6,320**	**12.3%**

来源：ONS ABI/BOP 文化创意产业咨询公司（2009）

表 8.3 创意产业在伯明翰就业中所占的份额（2003—2007）

年份	2003	2004	2005	2006	2007
DET 创意产业岗位（个）	19,920	21,150	20,010	19,770	18,720
所有岗位（个）	488,262	492,107	496,150	482,178	479,821
百分比总数	**4.1%**	**4.3%**	**4.0%**	**4.1%**	**3.9%**

来源：ONS ABI/BOP 文化创意产业咨询公司（2009）

表 8.4 伯明翰部分经济次领域中的就业情况（2003—2007）

年份	2003	2004	2005	2006	2007
酒店、饭店、酒吧和餐饮	22,320	29,380	27,160	35,220	34,240
法律、会计、审计和咨询	15,800	16,660	17,540	18,230	20,230
创意产业	19,920	21,150	20,010	19,770	18,720
建筑	18,490	16,780	18,760	17,250	17,660
机动车辆的制造、销售和维修	22,760	20,520	20,530	15,420	14,800
金融中介	15,550	16,080	14,770	14,640	13,110
房地产活动	6,070	6,420	6,850	5,690	6,610

来源：ONS ABI/BOP 文化创意产业咨询公司（2009）

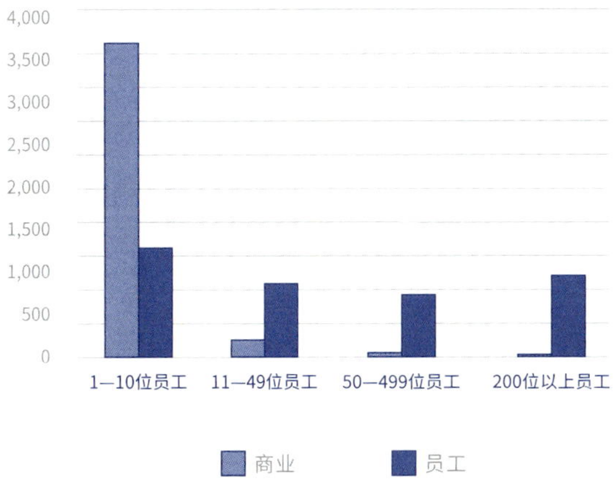

图 8.1（左）
每年的创意商业经营单位数量（2003—2007）
图 8.2（中）
创意产业每年的就业人数（2003—2007）
图 8.3（右）
根据企业规模统计的创意商业和就业数量份额（2007）

来源：ONS ABI/BOP 文化创意产业咨询公司（2009）

6）对比城市

我们还选择了三座城市来进行对比：格拉斯哥、多特蒙德和费城。每座城市都采用其不同的方法，以反映他们在创意产业和自身文化上的雄心壮志（尽管三个城市都在重建策略中重视了他们的历史）。格拉斯哥非常强调文化的角色和重建潜力；多特蒙德将创意产业视为高科技中心的筹码；费城则视历史为创新和吸引年轻专业人才的刺激点。然而，三个城市都认为，创意产业和文化在他们未来的后工业化中可以扮演重要的角色。的确，很难想象一座大城市认识不到创意产业在未来经济中的重要性。因此，即使不为其他原因，伯明翰需要继续保持对创意产业的浓厚兴趣。

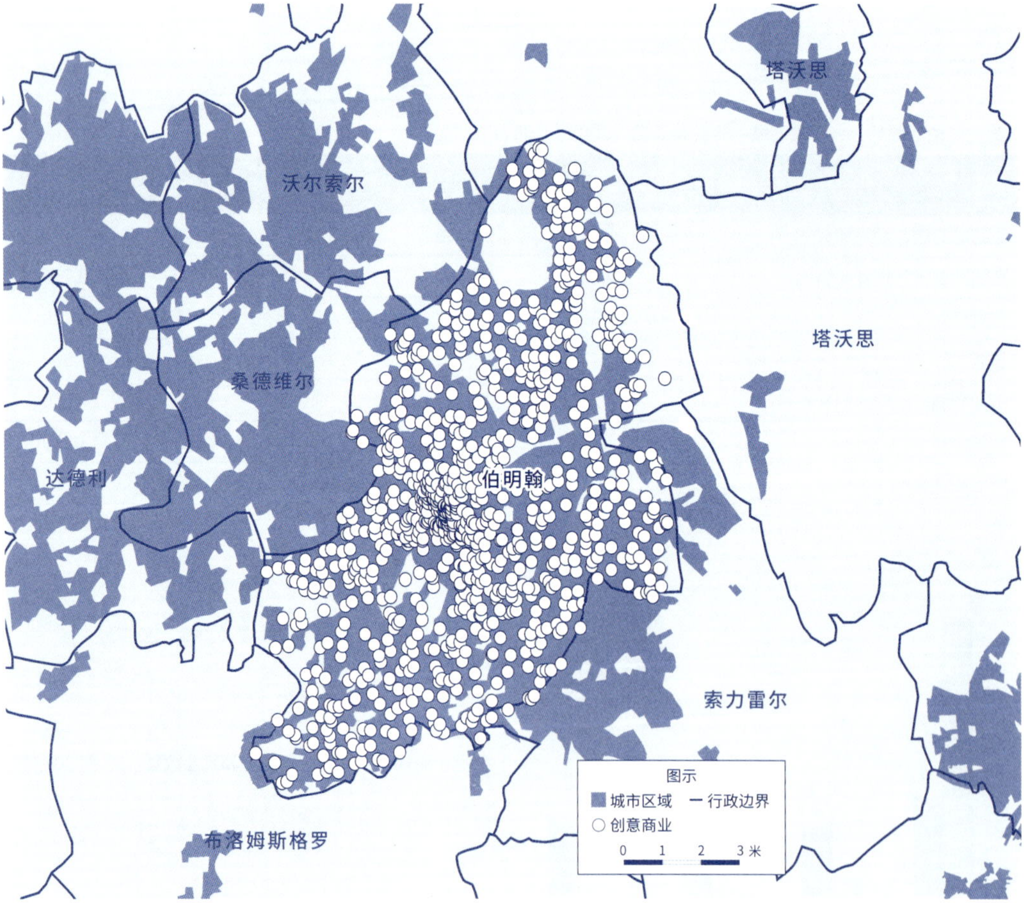

图 8.4 创意商业在伯明翰当地的分布位置（2009）
来源：BOP 文化创意产业咨询公司（2009）

09

创意苏格兰的经济贡献研究

DC 研究机构 [1]

引言

如有关伯明翰的报告一样，本报告对苏格兰政府统计进行二次分析，对创意和文化领域进行足迹分析。与伯明翰报告不同的是，本报告选择使用的定义与文化传媒体育部门的定义在许多方面都存在区别。这一决定反映了“苏格兰的艺术特性，以及其在文化和创意上的不懈努力”。目前，苏格兰政府将创意产业作为首要产业，因此拥有坚实的证据基础，以确认苏格兰经济的鲜明特征对苏格兰政府来说是重要的。

调查考察了该领域更广泛的经济贡献，包括其间接的、诱发型的影响，以及旅游影响。考察还尝试估算了一些“更难统计的”该领域就业情况，比如在高等教育或继续教育领域、地方当局中的相关职位，以及在创意领域以外的创意职业，比如在制造业公司从事设计工作的人。

以下摘录是完整报告的执行摘要。

1　本报告由创意苏格兰和苏格兰企业协会委托DC研究机构（DC Research，www.dcresearch.co.uk）、cogentsi和Pirnie公司执行撰写，发表于2012年6月。

1 简介

该研究由创意苏格兰和苏格兰企业协会委托执行，目的是获取一份整体的艺术与创意产业（A&CI）在苏格兰经济中的贡献。研究建立在那些公开的官方统计基础上，并希望研究是透明的，且在将来能被复制。在这样的情况下，该研究从新的统计分类系统[1]中采用了改进的测绘方法。这些研究在把握苏格兰艺术特性的前提下，能对苏格兰艺术与创意产业进行更精确的评估和分类，了解它在文化和创意上的不懈努力，以及不同地理区域中的产业结构。

研究的最后部分列举了 16 个产业，以建立属于苏格兰的产业清单，这是利用了对苏格兰和英国全国产业和职业数据的分析，对苏格兰政府增长区域定义的分析，对国际比较的分析，对学界和政策评论的分析等。同时，作为研究方法的一部分，它还在当地经过鉴定的议题中以及业界咨询活动中提出的问题里有所反映。

16 个产业与 DCMS 使用的 13 个传统产业形成对比，这些主要的调整包括：对一些产业进行更为合适的分割和重新安排；将一些在文化传媒体育部门定义范围外的，但在苏格兰却被认为是艺术和创意产业一部分的产业（或产业的一部分）加入列表；保留了一些近期被 DCMS 剔除的类别；修改了 DCMS 对一些特定产业的权重划分（比如被定义为创意的产业所占的比重），使它们更符合当下的苏格兰。

1　最显著的是，该方法也可以在新的统计分类系统（如SIC 2007）基础上开发改进，这是对1992年以来的标准产业分类（Standard Industrial Classification，SIC）系统的第一次重大修改，也使艺术和创意产业的精确评估和分类成为可能。

该研究也提出了一些额外的、广泛的经济影响，包括艺术与文化领域间接的、诱发型的和旅游影响。研究还尝试估算一些更难统计的领域的就业情况，包括高等教育或继续教育领域、地方当局中的员工，以及在创意领域以外的创意职业，比如在制造业公司从事设计工作的人。

然而，要精确量度艺术与创意产业里的自营就业、个体经营者和项目职位的规模依然存在挑战，这些活动在艺术与创意产业中比在其他领域中更普遍。

2 艺术与创意产业的直接贡献

采用苏格兰对艺术与创意产业的定义，显示 2010 年苏格兰这一领域的直接就业量达到 84,400 人。软件和电子印刷是就业数量最大的产业，其后是写作、出版和文物领域。

按照惯例统计，艺术与创意产业的毛附加值达 32 亿英镑。毛附加值最多的产业是软件和电子印刷（940 万英镑），其后是传统出版业和写作（820 万英镑），接下来是时尚和纺织产业（350 万英镑）、建筑业（250 万英镑）、广告业（230 万英镑）以及设计产业（160 万英镑），这些都被认为是属于创意产业的商业范围。

测算毛附加值的传统方法，没有能够捕捉艺术与创意产业内某些领域的全部影响，尤其是文物和广播领域，将文物、广播电视和其他产业一起纳入这个范围进行总增长值统计，使得统计结果从 32 亿英镑增长至近 37 亿英镑（表 9.1）。

以上测算所得的结果，比利用 DCMS 的《创意产业经济评估》（*Creative Industries Econo-*

表 9.1 16 个领域的关键数据：苏格兰艺术与创意产业直接就业和总增长值结果（2010）

文化领域	苏格兰艺术与创意产业	直接就业（全面的）	毛附加值（百万英镑）	调整后的毛附加值（百万英镑）
视觉艺术	广告	3,600	230	230
	建筑	6,100	250	250
	视觉艺术	800	30	30
	手工艺	2,300	80	80
	时尚与纺织	7,000	280	280
	设计	4,700	160	160
表演	表演艺术	4,700	90	90
视听	音乐	400	10	10
	摄影	900	30	30
	电影录像	3,500	120	120
	电脑游戏	200	0	0
	广播电视	3,500	50	400
图书和出版	写作与出版	16,400	810	810
文物	文物	10,700	120	250
数码产业	软件 / 电子出版	19,100	940	940
文化教育	文化教育	400	10	10
苏格兰艺术与创意产业汇总		**84,400**	**3,220**	**3,690**

mic Estimates，*CIEC*，2011）对文化产业标准定义的结果高。本摘要最后有一表格，显示了两个数据集之间的对比，这些差异主要是因为：软件和电子出版（与近期苏格兰政府增长领域用户咨询[1]结果符合）领域保留了一些类别；纺织业纳入时尚和纺织类别；博物馆、美术馆和历史遗址纳入了文物产业；新加入了创意教育类（新近被认定的工业分类符号，包含在艺术、戏剧和音乐方面的非正式教育）。

本研究第一次利用官方统计，捕捉手工艺领域的经济贡献，这是通过寻找合适评估手工艺活动的经济统计，评估（通过对地方一级的数据进行分析）哪些元素属于制造业并将其排除。然而，据近年的一些其他调查估算[2]，手工艺领域的就业结果仍然较低，有可能反映了该领域内个体经营者和自由职业者的高数量。

同样，近期对电子游戏业的研究与其他相关研究所得的就业人数不符（比本研究所得的

1　保留软件和电子印刷业反映了被政府经济策略称为“创意产业（包括数字）”的增长领域以及用户咨询近期提出的关于继续包含商业软件业的建议。

2　参见本书《变化时代的手工艺的经济影响研究》一文。

高[1]），造成差异的主要原因，被认为和这些商业如何根据工业分类中汇报其商业活动有关——部分与电脑游戏有关的公司被划分到软件和电子出版领域；而其他一些非游戏类的商业则可能被归入母公司符号下的经济统计。

该研究还首次对音乐、视觉和表演艺术领域进行拆分，尽管对音乐领域的预估被认为是一种低估。有些音乐活动被继续分在表演艺术类目下，近半数的音乐家被划入非创意产业（如娱乐产业）。

3 理解经济表现

从地理上来说，格拉斯哥和爱丁堡两者相加后，占苏格兰艺术与创意产业（SACI）就业总人数的40%。控制人口数量后，爱丁堡、格拉斯哥、阿伯丁和邓迪，都表现出了比艺术与创意产业平均就业密度[2]更高的结果。然而，其他区域也表现出比平均就业密度更高的结果，包括苏格兰边境、奥克尼和设得兰群岛。

该研究采用DCMS的CIEE的定义，比对苏格兰和英国其他地区。以就业而言，（2010年英国总计为593,000人）伦敦和东南部的主导地位十分明显，这些区域相加起来，占到全英所有创意产业就业人数的一半有余。

鉴于伦敦是英国人口最多的城市，考虑全英各地区创意产业就业密度是很有意义的。苏格兰的就业密度排名第四，仅次于伦敦、东南地区和约克郡；后者在出版领域有着非常显著的活跃度。

随着时间的推移，苏格兰艺术与创意产业经济的表现，出现了周期性波动。早期的艺术与创意产业经济表现下滑（2007—2008年），主要源自写作和出版、软件产业的趋势。近期，广告和建筑业也导致了艺术与创意产业表现不佳，主要是因为公共开支下降以及公共和私人领域的投资项目，受全英经济不景气的打击。

2010年，艺术与创意产业商业营业额估计有63亿英镑，分布在艺术与创意产业的各个方面，与毛附加值的走势相似。同样，如果将文物和广播产业的会计实务与其他产业增值一起计算，则会增至72亿英镑。

根据可以获取的最近数据（2008年），苏格兰艺术与创意产业共有约12,000家商业单位正在运营，其中1/3是软件产业，包括许多微小企业。对比起英国，苏格兰艺术与创意产业的企业相对较少，而它们的规模则通常大于英国其他地区的相关企业。关于商业单位的密度[3]，按照比例来看，爱丁堡的艺术与创意企业比其他地区更多，在郊区的明显较少。

4 更广泛的经济贡献

研究显示，苏格兰艺术与创意产业生成了额外的30.6亿营业额的间接影响，如与产业相关的供应链效果。该供应链相对聚焦在苏格兰地区，产业内的许多企业更倾向于在本领域内购置本地的商业或交通服务。更为广泛的影响，将在完整报告的第五部分进行讨论。

1　该研究由TIGA委托，并由游戏投资咨询公司（GIC）执行，认定2010年共有593个岗位。

2　就业密度指当地社区每千人中的就业数量。

3　商业企业密度，指地方每千人中的商业企业数量。

表 9.2 苏格兰艺术与创意产业直接、间接和诱导效应总结

	直接效应（调整后）	间接效应	诱导效应	总计
营业额（百万英镑）不含税等	7,200	3,060	2,220	12,480
毛附加价值（百万英镑）	3,700	1,346	1,254	6,300
就业岗位（个）	84,400	19,200	26,100	129,700

苏格兰艺术与创意产业还生成了诱导效应，如这些产业直接或间接雇员的开支总计约有 22.2 亿英镑的营业额。同样，贡献最大的领域是写作和出版、软件与电子出版、广播电视。就毛附加值而言，苏格兰艺术与创意产业间接生成了额外的 13.5 亿英镑，以及通过诱导效应生成了 12.5 亿英镑的毛附加值。总体而言，苏格兰艺术与创意产业的直接、间接和诱导效应总计达到近 130,000 个工作岗位，63 亿毛附加值，以及 12.5 亿营业额（表 9.2）。

一项对艺术与创意产业和旅游业之间关系进行的评估显示，艺术与创意产业对吸引游客有着直接和间接的影响，其中影响力最大的是来自文物和表演艺术领域。旅游业花费中有过 10 亿英镑，归功于艺术与创意产业带来的过夜游客，他们使毛附加值增加到 280 万英镑。

研究还深入考察了苏格兰艺术与创意产业的有关就业影响。在艺术与创意产业内，创意相关的职业非常分散；劳动力被雇用在多种职位。调查显示，苏格兰艺术与创意产业有近 6,500 名雇工业主，他们提供了 8% 的就业机会，即 84,400 个工作岗位。这 6,500 名工人雇主相当于全国雇工业主的 4.5%（比在总体经济中的比例高许多），这意味着艺术和创意产业是企业家的摇篮。

然而，传统分类还是没能捕捉那些个体营业者和小型企业的数据，而许多艺术与创意产业的自由职业者“组合式的生活方式”的数据也未被充分获取。估计有 52,000 名左右的员工在苏格兰从事创意相关的工作，其中 21,000 份工作在之前确认的 84,400 个工作岗位之外。这些额外的工作是艺术与创意产业之外与创意相关的工作（比如在非艺术与创意产业内从事图形设计），以及那些虽然是艺术与创意产业工作相关，但却因为他们的工作不需要作薪俸税或增值税登记（如艺术与创意产业内的个体经营者和自由职业者），而未被计算在内的岗位。

对高等教育和继续教育就业评估数据说明：从事与艺术创意产业相关工作的，前者大约有 2,300 个岗位，后者大约有 1,800 个岗位；相似的，通过对地方性艺术与创意产业相关就业的评估，估算有超过 1,500 名全职员工在相关岗位上工作。2009—2010 年，地方当局在当地艺术与创意产业相关服务上的开支，估计有 130 万英镑（表 9.3）。

表 9.3 苏格兰艺术与创意产业经济贡献研究：直接就业数据（2010），与 DCMS 的数据比对

DCMS（CIEE 2011）	CIEE 就业岗位（个）	苏格兰艺术与创意产业	SACI 就业岗位（个）	差异原因
广告	约 3,600	广告	约 3,600	使用了相同的定义
建筑	约 4,700	建筑	约 6,100	定义拓展到 SIC 对建筑的定义之外，包含了“城市规划和景观建筑活动”“工业进程和生产的工程设计活动”（部分）以及高比例的以苏格兰投入产出表为基础的“专门设计活动”
艺术与古董	约 600	视觉艺术	约 800	“音乐和视觉表演艺术”领域分为三个独立领域，而古董包含在手工艺中（详情如下）。据苏格兰就业和自主就业数据显示，“艺术创造”占 50% 比重
手工艺	0	手工艺	约 2,300	手工艺未包含在 DCMS 及广泛的 SIC 行业代码中。苏格兰定义的手工艺包括了家具和木工艺的 SIC 行业代码、珠宝、陶器、玻璃、纺织类的手工艺品和古董市场
时尚设计	约 100	时尚与纺织	约 7,000	包括了 DCMS 定义的时尚设计；还包括了时尚和纺织的 SIC 行业代码定义的苏格兰时尚与纺织业；一些大规模的纺织与时尚，也被涵盖进去了。但未包含大规模生产日常产品的企业
设计	约 1,700	设计	约 4,700	增加了部分的“工业进程和生产工程设计活动”，以苏格兰投入产出表的评估为基础
音乐、设计和表演艺术	约 6,200	表演艺术	约 4,700	“音乐、视觉和表演艺术”领域分为三个独立领域
		音乐	约 400	“音乐、视觉和表演艺术”领域分为三个独立领域

（续表）

DCMS（CIEE 2011）	CIEE 就业岗位（个）	苏格兰艺术与创意产业	SACI 就业岗位（个）	差异原因
电影、视频和摄影	约 3,400	摄影	约 900	DCMS 的电影视频和摄影领域被独立出来；同时，“胶片加工业”也成为一种创意产业，而不是机械产业
		电影与视频	约 3,500	DCMS 的电影视频和摄影领域被独立出来；同时，“电影、电视和其他戏剧表演”的部分行业被纳入；“电影、视频和电视节目后期制作活动”也部分被纳入（从广播电视中划分出来）
数字和娱乐媒体	约 200	电脑游戏	约 200	使用同样的 SIC 定义（尽管认识到其他领域的估算在范围上比 DCMS 的 CIEE 和 SACI 中规定的要大）
广播电视	约 3,600	广播电视	约 3,500	“电影、电视和其他戏剧表演”的部分被纳入；“电影、视频和电视节目后期制作活动”的部分也被包括进来（从电影、视频中划分出来）
出版	约 9,500	写作与出版	约 16,400	“艺术创造”的部分被包含进来，“翻译活动”也包含其中；印刷的定义比文化传媒体育部门的定义更广，这建立在苏格兰职业数据的评估上
		文物	约 10,700	未包含在 DCMS 的 CIEE 内
软件和电子出版	约 600	软件和电子出版	约 19,100	软件 / 电子印刷的定义包括了一些被文化传媒体育部门排除在外（曾一度被包含在内）的方面。因此，这包括了“其他软件出版”“商业和国内软件发展”“电脑咨询活动”；软件和电子出版的滞留也反映了政府经济策略定义的增长趋于；“创意产业（包括数字）”和近期的关于关键区域的用户咨询继续包括商业软件
		文化教育	约 400	未包含在 DCMS 的 CIEE 内
总计	**约 34,200**		**约 84,400**	

10

创意集群和创新：让创意崭露头角

卡罗琳·查潘(Caroline Chapain)，菲尔·库克(Phil Cooke)，丽莎·德普里斯(Lisa De Propris)，斯图尔特·麦克尼尔(Stewart MacNeill)，胡安·马特奥斯-加西亚(Juan Mateos-Garcia)[1]

引言

这篇来自国家科学、技艺和艺术基金（NESTA）的研究报告，旨在确认英国经济中的创意群——高密度的创意产业城镇，并评估它们在企业数量和就业方面的经济影响。报告使用了“创意产业”的两个定义，一个是文化传媒体育部门的定义，另一个是《经济学前沿》（*Frontier Economics*）的定义，并将两者与英国国家统计办公室的商业和就业数据二级分析相结合。本报告还检查了创意产业在当地和区域创新系统中扮演的角色，使用了一些统计技巧，比如协同定位分析。

1　本报告由国家科学、技术和艺术基金（NESTA，www.nesta.org.uk）、伯明翰大学与卡迪夫大学联合委托执行撰写，发布于2010年11月。

摘要

长期以来，人们一直认为，产业集群通过让企业获得熟练的员工和共享服务而使其受益，并让他们有机会捕捉有价值的知识溢出（spillover）。创意企业也同样如此，好莱坞即是典型例证；英国本土也有一大批蓬勃发展的创意集群，从苏荷区（Soho）的后期制作，到邓迪区（Dundee）的电子游戏。

本报告以前所未有的雄心，致力于绘制英国的创意集群地图，标明他们的位置，哪些行业塑造了他们，以及他们在被嵌入的创新体系中发挥的作用。

因为创意集群关涉创意产业，它能为地方经济政策的一种新方法提供理据：它超越“城市品牌”的基本原理，并承认创意集群作为当地创新体系活跃参与者的巨大潜力。

该研究显示，伦敦是英国创意产业的心脏，在几乎所有的创意行业，尤其是在每个行业的产业价值链最具内在创意性的层面，居于统领地位。地图绘制中所采用的高清地理细节，使我们能够确定分布在英国九个创意热点地区。它们是巴斯、布莱顿、布里斯托、剑桥、吉尔福德、爱丁堡、曼彻斯特、牛津和威科姆 - 斯劳。

NESTA 正在促使这个独具特色的数据集能够通过网上平台在线访问。该网站将使用户以高度的地理分辨率观察创意产业的聚集状况，并将作为国家和地方层面制定政策的一种基准而逐年更新。分析也表明英国各地不同的城市有不同的专业化特征：南部城市普遍展现出更具多样性的创意专业化，而北部和中部地区的城市（曼彻斯特除外）有类似的创意特征。这可能反映出对于北部城市共同的结构性挑战，但它也可以说明：经济发展的一种“我也是”的方式，减损了城市的竞争力。

研究也表明，创意产业比其他许多高创新性的行业，例如专业化、商业化的服务更具创新性。此外，创意产业缔造了遍布全国的数量惊人的创新企业。

该研究分析了创意行业和其他创新型产业如高科技制造业和知识密集型服务（Knowledge Intensive Business Services，KIBS）之间的协同选址。它在几个案例中，以统计数据显示了协同选址的强健形态：广告和软件公司通常都在靠近高科技制造企业及知识密集型服务业的附近；音乐、电影、出版和广播电视行业也是同样；其他提供内容和文化经验的创意行业，表现出与知识密集型服务业之间较弱的、但仍重要的协同选址形态。

这些研究结果表明，创意行业和经济结构中其他一些创新企业之间存在着互补性，这些互补性可以通过产业价值链之间的联系和共享的基础设施得以实现；它们也可以是知识溢出的结果——当创意企业与它们的商业伙伴分享新思路，或者当创意专业人士带着有益的想法、技术以及工作方式进入其他行业；在其他情况下，创意企业的存在能产生一种“城市嗡鸣”（urban buzz），吸引技术工人并促进协作。

该报告通过对创意集群四个详细的案例研究，细致地检视其中的一些问题，所采用的商业调查涉及以下地方企业和利益相关者：

- 威科姆 - 斯劳的软件公司；
- 伦敦苏荷区的电影制作、后期制作和视觉效果；
- 卡迪夫的媒体制作（包括广播电视和数字媒体）；
- 曼彻斯特的广告业。

这些案例研究，展示了数字化是如何推动创意产业的创新。为能获益于这次数字革命，大多数公司大力投资于内部研究与发展（Research and Development，R&D），投入大批员工从事技术密集型活动。

案例研究也表明，仅仅创意集聚（agglomeration）的存在是不足以看到集群的益处的；另一个关键因素是集群内公司之间、与合作者、商业伙伴和别处创新资源（无论是在英国还是海外）之间的连通性；与可充当客户的，能提供新的、意想不到的理念和知识的其他行业公司之间的连通性，这三个层次的连通性由一张稠密的非正式互动网络支撑。

NESTA 将把详细的数据集发布在网上，并会逐年更新，从而为力求了解和支持他们的创意产业提供一种有力的资源。我们也会发布开展四个详细案例研究的调查工具，这样，若一些区域诉求更深入的分析——例如，确定他们网络中的“薄弱环节”从而采取有针对性的举措——可以很容易地复制我们的做法。

如果对一个地区真正的创新优势能有更好的了解，就能更容易地创造提高增长的合适条件，避免在考虑欠佳的干预措施上花冤枉钱。有此认识的地方，经济发展的决策者应做到以下几点。

(1) 催化潜在的集群，而非试图从头开始创建新的

从零起步创建新的集群是出了名的困难；确定是否有任何“隐藏”在本区域或地方的潜在集群，能通过网络协同受益，这样的做法高明得多。增强这类集群的知名度，也可以帮助有创造性的毕业生在当地求职。

(2) 思考哪些行业协同运营为妥

本报告中协同选址的调查结果显示出，某些创意行业之间彼此有独特的一些重要协同效应。同样的情况发生在创意行业、知识密集型服务业和高科技制造业之间。地方决策者应利用这些互补性，避免对不同行业的特殊需求不加区别地对待，而对潜在创意集群采取“一刀切”策略。

(3) 大学应推动技术密集型不断增强的创意产业

一个有些狭隘的观点是：从更强调创新的角度，把大学主要视为创意人才的提供者，这一观点亟待补充。比如说，技术密集型创意产业可以充分利用当地高校的公共研究基地来提高自身；大学应当是当地的知识中枢，让创意企业可以在此共享信息并建立更强大的关系网。

(4) 帮助清除合作障碍

因为他们彼此知道对方，地方创意企业可能会执着于保护他们有价值的想法或客户投资组合，因而害怕泄露敏感信息而警惕互相合作。当地方机关策划促进关系网络和知识共享的措施时，他们需要考虑到这一点。NESTA 的“连接项目”（Connect Programme）发现了一个“气闸”（airlock）模型——一个中立的组织可作为中间人帮助建立合作所需的信任；一些把不同公司的专业人才汇集到一起以提升技能的培训会议，也可以作为建立关系网络的场地，一石二鸟。

(5) 造桥也造塔

虽然投资标志性的公共建筑物，是一种对当地公共利益承诺的方式，它们是昂贵的。在许多情况下，为具有潜在合作性企业和行业搭建联系会便宜得多，在少支出的同时产生更持久的影响。决策者应保证创意产业这两种类型公共投资之间的适当平衡。

英国首相最近公布了伦敦东部科技城的一套举措，计划在旧街和肖尔迪奇区建立充满活力的高科技数字媒体集群，这一步是正确的。与其试图创建一个新的集群，不如给东伦敦科技城提供恰当的基础设施（实体的和数字的）、深化与全球性公司和伦敦世界级高校之间的合作，将一个有机的、已具竞争力的集群发展至更高阶段。

这仅仅是第一步。英国各地其他处于萌芽阶段的创意集群，可以通过正确的政策干预，成为高增长的创新型创意产业的国际枢纽。这份报告已经确定他们的所在位置，并提出支持他们的方式。

1 简介

1.1 创新的地理维度

产业集群是同行业公司或产业价值链上相关行业（既协作又彼此竞争，并与其他地方参与者相关联）的公司或大学的地理性集中。自从迈克尔·波特（Michael Porter）[1] 1990 年引介以来，产业集群的概念在创新和制定支持创新政策的分析中，发挥了举足轻重的作用。[2]

企业的地理性接近可带来共同利益，提升当地的竞争力，促进经济增长。产业集群可以成为集聚经济的源泉，几个产业集群存在于同一个地方，也能带来其他好处，他们被称为“城市化经济体”（Urbanisation Economies）[3]。这时，思想和知识跨越不同行业，产生意想不到的、更激进的创新结果。[4]

1.2 决策者们对集群呈现出新兴趣

随着经济衰退，集群在政策辩论中得到了新的青睐。面对不断增强的全球竞争和紧张的公共资金，他们吸引了渴望尽快自我持续性增长的决策者；培育高科技集群也被视为重新平衡远离建筑和金融服务业经济的一种方式。在美国，不断有声音呼吁联邦政府在催化产业集群方面发挥更积极的作用[5]，而欧盟委员会目前也在制定一项支持欧洲集群的战略。[6]

在英国，大学和科学部大臣、国会议员戴维德·威利茨用他的第一次演讲，陈述了他对集群创新源泉的信念[7]：关键的政策变化是正在进行中的区域发展框架的整体改造，英格兰撤销了各个地区发展局（Regional Development Agencies，RDAs），创立了“地方企业伙伴”，这些新的举措，被认为更能准确地反映国家的经济地理。这些新的机构将以推动私营行业的成长为目标，集结地方政府、企业、大学和当地社区，在培育集群方面发挥至关重要的作用。这些集群，将成为英国未来竞争力和繁荣发展的依托。

1.3 迄今未从创新的视角研究创意集群

调查表明，创意企业比其他大多行业更倾向于彼此接近的选址。[8] 但是迄今为止，对创意集群为当地创新做出的直接贡献鲜有分析。

1　被誉为“竞争战略之父”，他的课已成为哈佛商学院学院的必修课之一，其经典著作《竞争战略》《竞争优势》《国家竞争优势》被称为竞争三部曲。——译注

2　Porter, M. (1990) 'Thecompetitive advantage of nations.' London: Macmillan.

3　经济学家 Richard C. Koo 将经济发展划分为三个阶段：城市化经济体（urbanizing economies）、成熟经济体（maturing economies）和被追赶的经济体（pursued economies）。——译注

4　Jacobs, J. (1972) 'TheEconomy of Cities.' London:Cape; also Feldman, M.A.and Audretsch, D. (1999) Innovation in cities: Science baseddiversity, specializationand localized competition. 'European Economic Review.' 43, pp.409-429.

5　Mills, K., Reynolds, E. andReamer, A. (2008) 'Clustersand Competitiveness: A NewFederal Role for StimulatingRegional Economies.' Washington, DC: BrookingsInstitution.

6　European Commission: (2008) 'Towards world-classclusters in the EuropeanUnion: Implementing thebroad-based innovationstrategy.' Brussels: EuropeanCommission.

7　Willetts, D. (2010) 'Scienceto drive economic growth.' Speech given at the RoyalInstitution, 9 July 2010.

8　Freeman, A. (2010) 'London's creative workforce: 2009update.' GLA EconomicsWorking Paper Series, 40.London: GLA Economics.

地方层面支持创意产业的政策，往往把他们看成城市再生和打造品牌的驱动器，这和理查德·佛罗里达（Richard Florida）在其书中关于“创意城市”和“创意阶层”的主要阐释是一致的。[1]根据这种观点，创意产业作为文化设施和服务的供应商，使城市能够吸引知识工人和他们具有创新精神的雇主所构成的“创意阶层”。在此意义上，它们间接地影响了所在地的创新潜力。虽然有些政策更为广泛地关注创意产业对当地经济增长的驱动，并为它们提供业务支持（包括捐款和贷款、培训、关系网络和市场营销），但把它们作为一种创新之源鲜有重视。[2]

不过，产业创新毕许多创意企业的核心要务与积极力量，[3]一些创意行业，如广告、设计和软件，能为其他行业的创新进程提供关键的投入和技术；[4]创意企业面对不确定的、始终变化的市场，发展出的组织实践、技术配置和工作方式，可以卓有成效地应用于其他领域。[5]事实上，戴维德·威利茨（David Willetts）就用了邓迪区电子游戏开发的例子，说明了集群对创新的重要性。

1 Florida, R. (2004) 'The Rise of the Creative Class.' London: Basic Books; 亦可参见Flew, T. (2010) Toward aCultural Economic Geographyof Creative Industriesand Urban Development:Introduction to the SpecialIssue on Creative Industriesand Urban Development. 'The Information Society.' 26, pp.85-91.

2 Evans, G. (2009) CreativeCities, Creative Space andUrban Policies. 'UrbanStudies.' 46, pp.1003-1040.

3 Stoneman, P. (2009) 'SoftInnovation.' London: NESTA.

4 NESTA (2009) 'The Innovation Index.' London: NESTA; Higgs, P., Cunningham, S. and Bakhshi, H. (2008) 'Beyond the Creative Industries.' London: NESTA; Bakhshi, H., McVittie, E. and Simmie, J. (2008) 'Creating Innovation.' London: NESTA.

5 Potts, J. and Morrison, K. (2008) 'Nudging Innovation.' London: NESTA; Oakley, K., Sperry, B. and Pratt, A. (2008) 'The Art of Innovation.' London: NESTA.

1.4 “创意集群和创新”课题

本研究采用创意集群的概念，来考察创意产业在地方和区域创新体系中发挥的作用，由此探讨我们对地方和区域创意创新的动力机制理解的偏差。这项研究还为地方、区域和全英国范围内，制定增加创意产业对创新和经济增长贡献的相关政策，建立了一个坚实而细致入微的实证基础（evidence base）。

1.5 报告结构

第 1 节，为本报告的简介。

第 2 节，为发表于 2009 年 8 月的中期报告《创意地理学》（*Geography of Creativity*）中的主要调查结果，我们在该报告中利用经济地理学技术，测绘了英国各地创意集群的地图。

第 3 节，我们借鉴最新一期的英国创新调查（UKIS 2006），观察全国性和区域性创意产业的创新绩效。分析表明，创意产业总体而言具有跨维度的高度创新性，这印证了它们在所处的创新体系中发挥了重要作用。

第 4 节，着重考察创意集群潜在的溢出效应。具有高度创新性的创意企业，可以成为区域经济其余部分创意溢出的源泉。我们判别了哪些机制可能发生溢出，并通过分析创意产业、高技术制造企业和知识密集型服务业的协同选址所及通勤区域（Travel to Work Area，TTWA）[1]的程度，用统计学的方法探究我们的假设。

第 5 节，通过威科姆 - 斯劳、苏荷、卡迪夫和曼彻斯特四个创意集群的深度案例研究，进一步探讨地方层面的创意产业和创新之间的因果性联系。

第 6 节，讨论该课题的研究结果，并提出它们的政策影响。

2 让创意崭露头角

2.1 英国创意产业的首次地理学研究

尽管有越来越多的研究机构考察研究英国各地特定城市的创意集群，但尚未出现对英国创意活动地理分布的系统性关照。2009 年 8 月出版的《创意地理学》，意在填补这一空缺。[2]

2.1.1 测绘采用了创意产业的两种定义

首先，用于评估创意产业经济表现的官方定义由文化、媒体和体育部（DCMS）在 1998 年提出。[3] 这个定义包括九个创意行业——广告，建筑，艺术与古董，时尚设计，视频、电影和摄影，音乐和表演艺术，出版，软件、电脑游戏和电子出版，广播电视。

每个行业的企业（和员工）的运营，由四位数级的标准分类代码（SIC-4）标识。DCMS 的定义也对一些代码采用调整系数，因为不是它们中所有的活动可以被认为是创意产业的一部分。例如，SIC-4 编码的“纺织品”类企业中，有 5% 左右被认为是创意行业中时尚设计的一部分。[4]

其次，智库前沿经济学（Frontier Economics）新近为文化、媒体和体育部开发了另一种试验性的定义。[5] 这个定义把每个创意性行业（包括设计）内的企业，分为一个“创意价值链”的不同阶段（或层次），开始于较“内在”的创意活动（例如出版行业的“写作”），结束于补充性投入的生产制造（以出版业为例，纸的制造和书籍装订）以及销售。

与 DCMS 的官方定义相反，前沿经济学的分类法是把企业和员工归入以 5 位 SIC 代码重新编排的行业（与其内部层级）。这些 SIC-5 代码足够细致，被认为不需要采用调整系数来区分它们采集（capture）的“创意”和“非创意”活动。

2.1.2 从区域到微地理的变焦

为整个大不列颠的创意产业绘图的工作通过三个地理层次展开：大区、小区和更细致的地理状况。[6]

- 区域层面分析的重点是区域和国家政府办公室（Government Office Regions and Na-

1 “通勤区”是构成“当地劳动力市场”的一个地理单元。它们是更具精细纹理（finely grained）的地理而非“区域”（region）。“通勤区”指的是，常住经济活动人口（theresident economically activepopulation）中，至少有 75%实际上是在该地区工作；此外，工作在该地区的人至少有 75% 实际生活在本地区。

2 英国和海外集群研究的深度文献述评可参见De Propris, L., Chapain,C., Cooke, P., MacNeill, S. and Mateos-Garcia, J. (2009) 'The Geography of Creativity.' London: NESTA.

3 Department for Culture Media and Sport (1998) 'Creative Industries Mapping Document 1998.' London: DCMS.

4 在《创意地理学》中，这些调整系数被用于地方层面，而文化、媒体和体育部的创意产业统计是在国家层面计算的。

5 Frontier Economics(2007) 'Creative industry performance. A statistical analysis for the DCMS.' London: Frontier Economics.

6 可得数据标准化的缺乏，意味着北爱尔兰不得不被排除在分析之外。

定义创意集群

《创意地理学》回顾了创意集群的文献和其他相关的概念，如“文化季”和“创意城市”。自迈克尔·波特（Michael Porter 1990）以来，这些文献表明地理集聚是集群存在的一个必要但不充分的前提，地理邻近的公司还需要有竞争者或合作者，并被纳入包括大学和支持机构在内的社会性和体制性（institutional）的生态系统。这是在原先文化、媒体和体育部（DCMS 2008）对创意集群的定义中已经确认的，该定义也强调了政策对培育它们所能发挥的作用。

这种对创意集聚公司层面的产业分析，与理查德·佛罗里达的著作，以及英国的克利夫顿和库克（Clifton and Cooke 2007）关注“创意专业人士”而非公司在某地点的地域集中，截然不同。

德·普洛普利斯（De Propris 2008）对创意集群的定义综合了这些著作的取向，构成本课题的基础。据她的观点，创意集群是汇集下列事物的场所：

- 一个“创意人”的社群，彼此分享对新颖事物的兴趣，但不必是同一主题。
- 一个催化场所，让人、关系、思想和才能可彼此碰撞出火花。
- 一个提供多样性、激励因素和表达自由（freedom of expression）的环境。
- 一个培育个体独特性和身份的稠密、开放、不断变化的人际网络。

出于计量的考虑，《创意地理学》采用的数据是位于某个特定区域内公司的数字。集群的关系性、社会性和体制性的面向——这些因地而异的面向将在本报告第五节的深度案例研究中得以检视。

来源：Porter, M. (1990) 'The competitive advantage of nations.' London: Macmillan; DCMS (2008) 'Creative Britain: New Talents for the New Economy.' London: DCMS; Clifton, N. and Cooke, P. (2007) 'The 'Creative Class'in the UK: An Initial Analysis.' Centre for Advanced Studies: Regional Industrial Studies Research Report 43.

Cardiff: Centre for Advanced Studies; De Propris, L. and Hypponen, L. (2008) Creative Clusters and Governance: The Dominance of the Hollywood Film Cluster. In: Cooke, P. and Lazzeretti, L. (Eds) 'Creative Cities, Cultural Clusters and Local Development.' Cheltenham: Edward Elgar. pp.340-371.

tions），这在大不列颠（Great Britain）有 11 个。

- 中间层次的分析调查捕捉当地劳动力市场的 243 个通勤区域。
- 以最高级分辨率的微观层面分析，主要关注中间层超输出区（Middle Layer Super Output Areas, MSOAs），它们是基于单位人口数的微型区域。在整个英格兰和威尔士，有 7,193 个中间层超输出区。[1]

2.1.3 采用最新数据

我们借助两个指标来识别每一个地理级的创意集群的情况——一个特定行业的创意企业的绝对数量和该行业的区位商（Location Quotient，LQ）。区位商是经济地理学中对集聚的一种标准量化指标，衡量某一地区的某行业较之全国平均值的专业化（specialisation）程度。区位商大于 1，表明该行业对当地经济比它对全英国经济更为重要（表 10.1）。

2.2 测绘的发现

2.2.1 区域层面：创意伦敦、创意西南

区域分析同时使用文化、媒体和体育部的官方定义和前沿经济学对创意产业的定义，证实了

1　数据可用性的问题意味着我们的分析不包括北爱尔兰。中间层超的数据分析不适用于苏格兰，因此，我们对区域和通勤区的分析涵盖英格兰、威尔士和苏格兰，中间层超输出区层面的分析仅限英格兰和威尔士。

表 10.1 创意行业和地区企业集聚的评测（区位商，LQ），根据 DCMS 的定义（2007）

行业	东北	西北	约克郡与亨伯	东米德兰兹	西米德兰兹	东部	伦敦	东南	西南	威尔士	苏格兰
广告	0.69	1.18	0.74	0.72	0.76	0.91	1.77	1.06	0.80	0.42	0.55
建筑	1.39	1.07	0.86	0.93	0.97	1.04	0.81	1.06	0.96	0.75	1.42
艺术与古董	1.09	1.05	1.09	0.98	1.03	0.97	0.82	0.95	1.15	1.10	1.08
时尚设计	0.64	1.15	0.77	2.73	0.98	0.55	1.73	0.39	0.55	0.48	0.76
视频、电影与摄影	0.55	0.57	0.56	0.49	0.50	0.71	2.68	0.94	0.77	0.55	0.69
音乐与视觉、表演艺术	0.55	0.62	0.59	0.59	0.55	0.82	2.36	1.00	0.88	0.73	0.60
出版	0.51	0.62	0.65	0.70	0.66	1.06	1.82	1.13	1.07	0.64	0.75
软件、电脑游戏和电子出版	0.71	0.97	0.64	0.73	0.81	1.09	1.31	1.41	0.87	0.52	0.75
广播电视	0.38	0.53	0.36	0.30	0.43	0.56	3.05	0.90	0.74	0.96	0.56
创意产业总体	0.91	0.94	0.79	0.82	0.84	0.97	1.37	1.09	0.95	0.75	0.94

来源：英国国家统计局年度业务咨询（ONS/ABI）

创意活动在伦敦和略逊一筹的英格兰东南地区的高度集中（表 10.1）；创意产业中最具内在创意性的阶层（根据前沿经济学的定义）尤其是如此（表 10.2）。

这表明了在英国存在一种创意性的“劳动力区域分工”，“核心”创意活动集聚于伦敦，其他地区将辅助性投入（例如原料和生产技术）注入创意过程。

2.2.2 通勤区层面：英国各地的创意枢纽

考察区域产业集聚的一个主要限制是其庞大的规模，可能遮蔽特定地区实际存在的产业集中。事实上，我们在更为离散的通勤区地域级别的分析所揭示的几个创意聚集区，除伦敦以外，在区域层面并不可见（表 10.3）。

大多数的创意聚集区都同时涵盖多个创意行业。他们有巴斯、布里斯托、爱丁堡，曼彻斯特，布莱顿，牛津、剑桥，威科姆 - 斯劳以及吉尔福德。其他一些专事某个创意行业的地点也得到确认。

2.2.3 中间层超输出区层面：创意活动团体的广泛散布

采用最高级的地域分辨率（中间层超输出区）能测绘出一幅有大量“创意团体”——包括散布在全英国的核心创意活动在内的更为复杂的图景。[1]

1 为防止这个结果仅能反映创意产业数字的随机变化对集群指标的相对较大的影响，我们给建立中间层超输出区创意集群的指标设定了一个高阈值。

表 10.2 根据创意行业、阶层和地区企业集聚的评测（区位商），根据前沿经济学的定义（2008）

行业	东北	西北	约克郡与亨伯	东米德兰兹	西米德兰兹	东部	伦敦	东南	西南	威尔士	苏格兰	大不列颠
广告	0.73	1.04	0.76	0.71	0.79	0.93	1.75	1.08	0.83	0.45	0.58	1.00
L1- 广告策划宣传活动	0.70	0.95	0.79	0.68	0.74	0.97	1.77	1.11	0.900	0.45	0.54	1.00
L5- 其他广告活动	0.80	1.21	0.72	0.78	0.90	0.85	1.71	1.02	0.70	0.43	0.66	1.00
建筑	1.00	0.99	1.04	1.06	1.00	1.17	0.75	1.05	1.10	1.00	1.03	1.00
L1- 建筑设计与城市规划	0.83	0.78	0.85	0.76	0.80	0.88	1.49	0.96	1.00	0.76	1.30	1.00
L2- 工程咨询与设计	1.45	1.15	0.81	0.95	0.97	1.01	0.73	1.05	0.94	0.71	1.60	1.00
L3- 科学调查（如地质调查）、施工、不动产	0.96	0.93	1.04	1.04	0.95	1.19	0.83	1.04	1.16	1.10	0.90	1.00
L4- 建筑材料的销售	0.96	1.02	1.10	1.12	1.07	1.20	0.63	1.06	1.09	0.98	1.00	1.00
艺术、古董与工艺活动	0.83	0.91	1.14	1.09	1.38	0.95	1.06	0.88	1.03	0.85	0.77	1.00
L2- 展览、展销会、古董	0.61	0.55	0.78	0.80	0.87	0.84	1.78	1.03	1.07	0.65	0.88	1.00
L3- 珠宝制造、金属制品、陶器	0.98	1.00	1.28	1.28	1.75	0.98	0.60	0.82	1.06	1.06	0.80	1.00
L4- 工艺品的批发销售	0.68	0.95	1.09	0.92	1.06	0.97	1.43	0.91	0.96	0.61	0.65	1.00
时尚设计	0.97	1.11	1.05	1.19	0.94	0.82	1.33	0.79	0.85	0.86	0.93	1.00
L1- 时尚、室内和平面设计	0.74	0.70	0.82	0.89	0.74	0.95	1.83	1.07	0.84	0.54	0.66	1.00
L3- 服装制造	0.66	1.13	0.77	2.67	1.10	0.53	1.70	0.39	0.54	0.54	0.74	1.00
L4- 纺织面料制造	0.47	1.48	1.19	1.65	0.78	0.71	1.71	0.54	0.57	0.49	0.63	1.00
L5- 服装零售	1.26	1.13	1.12	0.95	1.04	0.85	0.97	0.84	0.98	1.13	1.16	1.00
视频、电影与摄影	0.67	0.65	0.68	0.57	0.58	0.78	2.34	0.97	0.80	0.60	0.70	1.00
L1- 专业摄影、电影和纪录片制作、后期制作	0.49	0.57	0.52	0.46	0.45	0.69	2.76	0.97	0.77	0.54	0.58	1.00
L2- 人像写真	0.69	0.86	0.91	0.68	0.68	0.94	1.90	0.98	0.69	0.63	0.80	1.00
L3- 电影发行、摄影与电影生产	1.08	0.79	1.02	0.83	0.87	1.00	1.43	0.99	0.88	0.67	0.94	1.00
L5- 电影院	0.95	0.92	0.90	0.55	0.79	0.76	1.40	0.83	1.26	1.38	1.19	1.00
音乐与视觉、表演艺术	0.55	0.6	0.59	0.57	0.55	0.83	2.35	1.02	0.88	0.74	0.57	1.00
L1- 现场剧表演、艺术阐释	0.40	0.47	0.48	0.43	0.45	0.79	2.70	1.06	0.85	0.59	0.47	1.00
L2- 选角、剧院和音乐厅、音乐发行	0.56	0.58	0.45	0.59	0.58	0.71	2.65	0.90	0.76	0.63	0.65	1.00
L3- 乐器销售、录音	0.68	0.74	0.82	0.71	0.64	0.95	2.08	0.99	0.79	0.63	0.53	1.00
L4- 唱片批发销售	0.59	0.51	0.59	0.64	0.52	1.40	2.44	1.05	0.49	0.21	0.37	1.00
L5- 其他娱乐活动	1.25	1.18	0.92	1.10	0.99	0.88	0.57	0.91	1.28	1.83	1.15	1.00
出版	0.81	1.01	0.80	0.93	0.99	1.03	1.20	1.10	0.97	0.88	0.74	1.00
L1- 新闻与新闻集团	0.54	0.67	0.54	0.76	0.58	1.01	2.19	0.94	0.67	0.59	0.96	1.00
L2- 出版	0.61	0.62	0.66	0.74	0.70	1.00	1.64	1.16	1.16	0.68	0.85	1.00
L3- 书籍装帧、印刷	0.72	0.99	0.76	0.95	1.00	1.06	1.22	1.15	0.98	0.85	0.63	1.00
L4- 纸墨制造	0.62	1.80	1.25	1.21	1.00	1.11	0.57	0.76	0.82	1.13	1.04	1.00
L5- 书籍零售、报刊经销商等	1.34	1.25	1.08	0.91	1.05	0.84	0.94	0.81	0.92	1.12	1.27	1.00

表 10.2（续表）

行业	东北	西北	约克郡与亨伯	东米德兰兹	西米德兰兹	东部	伦敦	东南	西南	威尔士	苏格兰	大不列颠
软件、电脑游戏和电子出版	0.56	0.81	0.7	0.79	0.84	1.13	1.31	1.40	0.93	0.59	0.70	1.00
L1- 电子游戏制作、软件开发和咨询	0.49	0.72	0.63	0.75	0.82	1.16	1.47	1.46	0.83	0.49	0.67	1.00
L2- 其他电脑相关工作	0.58	0.96	0.74	0.79	0.86	1.03	1.14	1.39	1.16	0.70	0.62	1.00
L3- 硬件咨询	0.68	0.75	0.84	0.99	0.80	1.29	1.18	1.38	0.90	0.60	0.59	1.00
L4- 硬件与软件批发	0.66	0.90	1.01	0.94	0.99	1.20	1.08	1.23	0.86	0.62	0.77	1.00
L5- 零售	1.07	1.09	1.08	0.96	0.96	1.05	0.62	1.02	1.16	1.18	1.31	1.00
广播电视	0.72	0.85	0.77	0.83	0.83	0.94	1.63	0.97	0.91	0.98	0.79	1.00
L1- 广播电视制作和播出	0.36	0.64	0.36	0.44	0.44	0.56	2.99	0.90	0.74	0.99	0.56	1.00
L3- 发射器和电视摄像机	0.42	0.98	0.68	1.21	1.21	1.26	0.70	1.50	1.12	1.23	0.70	1.00
L4- 电视和摄像机的　批发销售和生产	0.79	0.93	0.92	1.01	1.01	1.23	1.11	1.13	0.91	0.73	0.73	1.00
L5- 零售	0.97	1.04	1.00	1.02	1.02	1.07	0.92	0.94	1.04	1.07	0.99	1.00
创意产业总体	0.85	0.94	0.91	0.94	0.94	1.07	1.13	1.08	1.00	0.86	0.87	1.00
L1	0.56	0.69	0.63	0.71	0.71	0.98	1.86	1.23	0.84	0.55	0.69	1.00
L2	0.97	0.99	0.76	0.84	0.88	0.98	1.13	1.17	1.02	0.69	1.07	1.00
L3	0.85	0.95	0.93	1.03	1.00	1.11	1.02	1.07	1.06	0.97	0.78	1.00
L4	0.90	1.04	1.10	1.14	1.05	1.16	0.76	1.03	1.04	0.92	0.95	1.00
L5	1.23	1.15	1.08	0.96	1.03	0.89	0.90	0.86	1.01	1.17	1.19	1.00

来源：英国国家统计局跨产业领域业务记录（ONS/ IDBR 2008）

表 10.3 通勤区创意集群概要

行业	DCMS 定义的通勤区层级（公司的绝对数字）	DCMS 定义的通勤区层级（区位商）
广告	位于伦敦和曼彻斯特的公司数目众多	伦敦南部（从圣奥尔本斯到坦布里奇韦尔斯和吉尔福德），一条围绕曼彻斯特、伯明翰与其南部郡县、沃里克郡和伍斯特郡的南部产业带。哈罗盖特、里彭、布莱克浦的集聚高于平均程度
建筑	均匀分布，大批公司位于较大城市	集中于阿伯丁、纽卡斯尔、南安普敦和朴次茅斯等建筑业兴盛的地点
艺术和古董	非常均匀地分布在全国城乡地区	非常均匀地分布在全英国
时尚设计	均匀分布，大批公司位于伦敦、东南地区、伯明翰、曼彻斯特和卡迪夫	中部地区、伦敦北部和曼彻斯特周围
视频、电影和摄影	大批公司位于伦敦、曼彻斯特、布莱顿、布里斯托和格拉斯哥	高度集聚于伦敦及其附近地区（趋近牛津和吉尔福德，以及威科姆 - 斯劳）、布莱顿、布里斯托和巴斯
音乐和视觉、表演艺术	均匀分布，大批公司位于伦敦、曼彻斯特、布里斯托和布莱顿	伦敦、布莱顿、巴斯和英格兰东南地区
出版	众多公司位于伦敦及其附近地区、剑桥、牛津、布里斯托和巴斯、曼彻斯特、格拉斯哥和爱丁堡	密集分布在牛津、巴斯和迈恩黑德。在伦敦、剑桥、彼得伯勒、勒德洛和苏格兰北部地区有显著的专业化
软件、电脑游戏和电子出版	均匀地遍布全国，大批公司位于伦敦及其附近地区、伯明翰、曼彻斯特、米尔顿凯恩斯和布里斯托	集群位于伦敦西部、牛津—剑桥—雷丁三角地带，以及布莱克浦和曼彻斯特之间
广播电视	广播电视大批公司位于伦敦、曼彻斯特、卡迪夫、布里斯托、格拉斯哥，在伦敦西南区业务显著	高强度集群密布于伦敦及其附近地区（威科姆 - 斯劳）、布莱顿、布里斯托、卡迪夫、北威尔士与苏格兰

2.3《创意地理学》——检视集群数据的统计类型

《创意地理学》也使用了相关技术，从统计学上识察创意行业的协同选址、不同城市创意专业化特征异同的重要模式。

2.3.1 创意的协同选址：一些创意行业倾向于建在一起

创意行业协同选址的分析表明：两大类创意产业倾向于建在一起。

- 第一类包括广告、时尚设计和软件、电脑游戏和电子出版。
- 第二类包括音乐和表演艺术、视频、电影和摄影、出版以及广播电视。

这一发现辅证了拥有某些资源（例如专业化的劳动力资源，实体和数字基础设施和市场）的地方，会吸引某些特定创意活动的观点。这也表明一些特定的创意行业（而非其他）之间有协同效应、互补性和知识溢出。

2.3.2 创意专业化：北部的同质性，南部的多样性

我们还通过根据区位商所指示的专业化水平，给每个通勤区内所有创意产业排名次，为大不列颠的每个通勤区做了一个“专业化概要”。这些排名采用等级相关技术进行比较。该分析确认了英格兰北部地区、约克郡和中部地区（曼彻斯特除外），一些城市专业化特征的显著相似之处。相比之下，南部的城市普遍被证明在创意专业化方面更具多样性。

2.4 调查结果的评估

《创意地理学》第一次呈现了一幅丰富、多层次的英国创意活动的地理分布图。尽管伦敦在大多数创意行业，尤其是产业价值链最具内在创意性的环节都居于主导地位，我们也发现了其他“超量创造”“抑或”“低调创造”的地点。

协同选址和专业化的统计分析潜藏着关键性的蕴意。这表明不同类型的创意活动之间可能存在着重要的相互依赖性和互补性。因此，对创意产业“一刀切”的政策，可能不是推动创意集群发展的最有效方式。

北部和中部地区城市创意特征的高度同质性，可有助于解释他们在创意产业发展中滞后的原因。南部城市的专业化似乎反映了具有竞争优势的独特资源（例如，剑桥专注于出版和软件，这两个行业与剑桥强大的科研技术基础联系在一起），而在北部地区的城市（曼彻斯特是个突出例外），焦点和竞争都在同一个创意行业领域。

3 国际层面和地区层面创意产业中的创新

本文的第 2 节介绍的整个英国创意产业的测绘是分析它们在所在地创新动力中扮演角色的第一步；第 3 节，我们提供一个在创意产业中测量创新的某些困难的概况，然后在国家和地区层面，使用《2006 英国创新调查》（*2006 UK Innovation Survey*，UKIS）中的数据考察它。研究的结果支持这个观点：即英国的创意产业在它们所在地的创新动力中，扮演了一个重要的角色。

3.1 在创意产业中测量创新

3.1.1 传统的创新指标不能捕捉创意产业中的很多创新活动

如同服务业一样，[1] 创意产业的创新活动只能不完美地捕捉传统的“硬”指标，例如研发投资或者专利的数量当中。然而，服务业和创意产业的创新产出经常是无形的，“和顾客共同生产的”、同时发生的（生产且同时消费的）、异质的以及易消逝的，因此，它们很难被测量。[2] 它们包括新的组织安排和市场创新，组织间和面向客户的创新，以及美学（或者说软）创新。[3]

3.1.2 组织和服务创新日益被承认

在经济合作与发展组织出版的《奥斯陆手册（第 3 版）》(*Oslo Manual*) 对于“创新”的最新定义中，体现了对于技术密集型或者基于科学的创新以外的形式，更广泛创新的更大兴趣，以及对于西方经济体中服务的重要性的承认。这个定义肯定了创新的非技术方面。[4]

1 Abreu, M., Grinevich, V., Kitson, M. and Savona, M. (2008) 'Taking Services Seriously: How policy can stimulate the 'hidden innovation' in the UK's services economy.' London: NESTA.

2 Nijssen, A.F., Edwin, J., Hillebrand, B., Vermeulen, P.A. and Kemp, R.G. (2006) Exploring product and service innovation similarities and differences. 'International Journal of Research in Marketing.'23(3), pp.241-251.

3 Miles, I. and Green, L. (2008) 'Hidden Innovation in the Creative Industries.' London: NESTA; also Stoneman, P. (2009) 'Soft Innovation.' London: NESTA.

4 "An innovation is the implementation of a new or significantly improved product (good or services), or process, a new marketing method, or a new organisational method in business practices, workplace organisation or external relations." (OECD (2005) 'The Measurement of Scientific and Technological Activities: Oslo Manual 3rd Edition.' Paris: OECD, p.46).

以相似的思路，英国商业、创新及技术部对“组织和营销创新”的定义包含了新知识管理系统、改变工作组织及其管理、改变与其他公司的关系，改变设计与包装，以及改变销售和分销方法。[5]

3.1.3 创意产业中某些创新过程和产出仍然没有被很好地理解

在这些产业里的创新往往都呈现出“美学的”“艺术的”或者“风格上的”元素。[6] 在 NESTA 最近的一份报告中，保罗·斯通曼（Paul Stoneman）把“软创新”定义为“主要影响商品和服务的感官认知和美学吸引力而不是功能性”。因此，这个形式的创新依赖于个人的主观感受，而且难以评价。

3.2 创意产业是创新性的吗？

把这些都考虑进去，我们编辑了《2006 英国创新调查》中的数据，以评估创意产业中的创新水平。《2006 英国创新调查》包含了服务和“有形商品”的创新数据、更宽泛的创新标准——例如组织变迁——以及知识产权的使用情况等，后者反映了创意产业中关键性的服务和软创新的某些方面。

5 DIUS (2008) 'Innovation modes and productivity in the UK.' London: DIUS.

6 Schweizer, T.S. (2003) Managing Interactions between Technological and Stylistic Innovation in the Media Industries. 'Technology Analysis and Strategic Management.' 15(1), pp.19-41; also Handke, C. (2006) 'Measuring Innovation in Media Industries.'; lso Stoneman, P. (2009) 'Soft Innovation.' London: NESTA; also Castañer, X. and Campos, L. (2002) The Determinants of Artistic Innovation: Bringing in the Role of Organizations. 'Journal of Cultural Economics.' Vol.26, pp.29-52.

《2006 英国创新调查》

由商业、创新和技术部所承担的《2006 英国创新调查》的问卷发给了有 10 名或更多雇员的 28,000 家公司，并收到了 53% 的回应（14,870 家公司）。调查询问了这些公司从 2004 到 2006 年的创新活动。这份调查样本以公司规模和产业领域［基于 2003 年的标准产业分类（SIC）］，以及英国国家和地区政府办公室（DIUS，2008）来分层。《英国创新调查》样本对于该地理层次以下的分析并不适用。

样本框架并没有覆盖用来测量根据官方文化、传媒和体育部定义的创意产业所有的标准产业分类代码。但是，在最后的两个版本（DIUS，2006&2008）里，人们已经对这些产业增加了关注。调查包括了以下创意产业部门：广告，建筑，艺术和古董，时装设计，大多数的出版（除新闻通讯社活动外）以及大部分的录像、电影和摄影，软件、电脑游戏和电子出版。然而，这份调查不包括广播和电视公司，以及所有艺术和文字创造公司、艺术设施运营公司，这些公司是音乐、视觉和表演艺术产业领域的一部分。

《英国创新调查》是泛欧倡议的一部分，遵循测量由《奥斯陆手册》(OECD，2005)定义的创新一般指导原则，它提供的相关信息有：

- 产品创新——指公司引进了一个新的或改进的产品，包括有形的商品以及服务。在仅对企业来说的新产品和对市场来说也是新产品之间，做出了区分。
- 过程创新——指这个公司在生产商品或服务的过程中引进了重大创新，同样，也将企业的新业务流程和那些产业的新行业流程区别开来。
- 与创新相关的花费，诸如研发投资、买入资本商品和软件，以及设计活动等。
- 与管理相关的变化——有时被称为“更广义的创新”，这些是“在企业的组织或功能方面的战略性变化，目的是通过增长效率或改进服务来提升竞争力”。（DIUS，2008:7）
- 对知识产权的使用——诸如专利、版权、商标、保密协定和其他非正式方法。

来源：OECD (2005) 'The Measurement of Scientific and Technological Activities: Oslo Manual 3rd Edition.' Paris: OECD; DIUS (2008) 'Persistence and change in UK innovation: 2002-2006.' London: BIS.

当时的贸易和产业部在英国的一个创新研究中，使用了来自过去的《英国创新调查》的数据，这个研究包括一个英国创意产业的创新活动在总体层次上的概览，[1]它的研究结果支持了这样的观点：即创意产业比经济体的其他部分整体来看更加创新。英国文化、传媒及体育部（DCMS）使用了同样的数据，来显示他们提供的创新活动的层次，甚至高于被认为高度创新的产业领域，例如基于工程的制造业或者知识密集型服务业（KIBS）。[2]

我们的分析使用更新的《英国创新调查》数据，部分地更新了上述这些研究，将创意产业分解为包含在《2006 英国创新调查》中的那些具体产业领域。沿着阿布鲁等人（Abreu et al. 2008）的思路，我们考察了产品创新（可以是有形商品，也可以是服务），以及过程创新。[3]

我们也试着通过一个综合指标来反映“软性的”或美学的创新产出（可能和创意产业特别相关），这个指标测量一个公司是否在 2004 到 2006 年间使用了正式（包括专利、商标、版权或者设计登记）或者非正式（保密协议、秘密、领先时间优势或设计的复杂性）知识产权保护方法，我们把这个指标称为“知识产出指数”。[4]

这些保护方法应用于商品、服务、过程和创

1 DTI (2006) 'Innovation in the UK: Indicators and Insights.' DTI Occasional Paper No.6. London: DTI.

2 Wilkinson, A. (2007) 'An Assessment of Productivity Indicators for the Creative Industries.' London: DCMS.

3 Abreu, M., Grinevich, V., Kitson, M. and Savona, M. (2008) 'Taking Services Seriously: How policy can stimulate the 'hidden innovation' in the UK's services economy.' London: NESTA.

4 Stoneman, P. (2009) 'Soft Innovation.' London: NESTA.

表 10.4 以产业领域来分的创新活动和产出——所有公司在每个产业领域的百分比（2004—2006）

产业领域	有形产品（商品）创新	服务产品创新	过程创新	产品或过程中的创新	知识产出指数
广告业创新	NA*	26%	NA*	26%	65%
建筑业	11%	28%	17%	32%	61%
艺术与古董业	11%	20%	10%	23%	33%
时装设计业	31%	NA*	NA*	32%	57%
电影、录像和摄影业	10%	18%	9%	20%	45%
出版业	30%	19%	14%	35%	62%
软件业	38%	55%	26%	59%	81%
总体创意产业	17%	30%	16%	34%	57%
基于工程的制造业	32%	14%	21%	39%	63%
其他制造业	32%	14%	23%	40%	59%
零售与分销业	13%	18%	8%	21%	34%
知识密集型服务业	9%	26%	18%	31%	53%
其他服务业	6%	16%	6%	18%	27%
所有产业	**14%**	**18%**	**12%**	**26%**	**41%**

来源：英国国家统计办公室

*NA 表示由于潜在的泄露事项不能公开数据的单元格

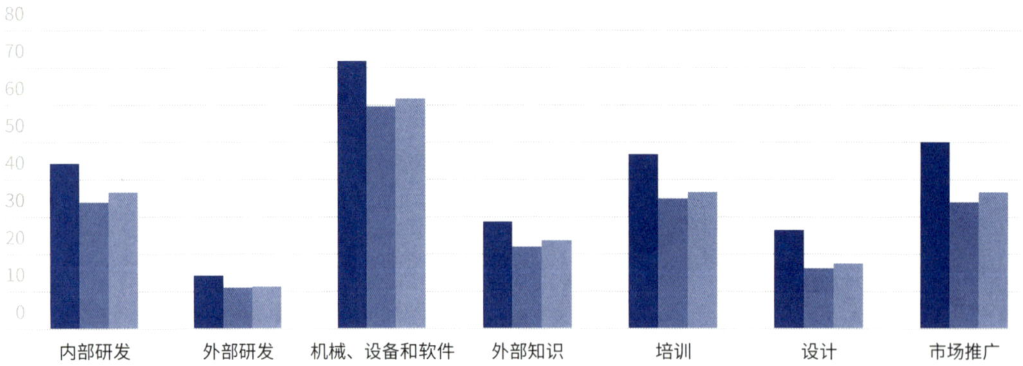

来源：英国国家统计办公室

图 10.1 英国创意企业和其他产业领域与创新相关的活动

新活动的其他无形产出。对于不同的经济产业部门采用的知识产权方法不做任何假设。通过包含非正式保护方法，这个指标考虑了某些创意产业公司在“形式化”创新产出时面临的困难。[1]

创意产业展示了高水平的创新。表 10.4 和图 10.1 确认了创意产业整体上展现了创新水平在所有指标上高于全国平均值。在内部研发的使用和市场上推出新产品的程度上，差异特别明显。

这并不意味着创意产业是英国经济中最具创新性的产业领域。“基于工程的制造业”和“其他制造业”，倾向于在它们的产品和过程中更经常地创新。看起来，创意产业的创新很像知识密集型服务企业，特别是在服务提供创新的重要性方面。[2]

但是在具体的创意产业领域，创新表现有明显的差异。如表 10.4 显示的，最具创新性的创意产业领域是软件、电脑游戏和电子出版，从 2004 年到 2006 年，在这些行业里，几乎 60% 的公司在产品或过程方面有创新。在这个产业领域里的公司，也强烈地依赖于知识产权措施。

在其他创意产业领域，如广告业、出版业、建筑和时装设计业里，有很多创新公司。与之相对比，电影业、录像和摄影业以及艺术和古董公司，在多数变量上显示出低于全国平均值的创新表现。

具体的创意产业领域，通常在新的“有形商品”和“生产过程”方面的创新性低于制造业，而在服务方面的创新性高于制造业，这反映了创意产业的整体面貌。这个差异对广告、建筑和软件业来说特别明显，这些行业经常给其他产业领域的公司提供商业服务。

3.3 地区层面的创意产业创新

创意产业被显示处于国家层面创新的前沿，在某些地区它们可能更直接地对创新做出贡献，在其他地区则不那么直接。就创意集群对创新影响的分析来说，这是一个重要的问题。我们已经使用《2006 英国创新调查》数据对创意公司的地区创新活动，进行分析来考察这个议题，我们的研究结果呈现在表 10.5—表 10.7，以及图 10.2 中。[3]

3.3.1 创意产业直接对地区创新做出贡献

表 10.5 和表 10.6 显示创意产业通常在创新表现方面领先于地区经济体的其他部分，无论它们位于什么地点（有一个显著的例外是伦敦，在下文讨论）。与其他产业领域的差异在于：创意

1　一个关于下列分析的警示说明是：不同的创意和工业产业领域，在创新过程和产出中有性质上的差异——在这个意义上，《英国创新调查》所指示的不同创新活动比率可能和这些差异相关，正如它们与被研究的产业领域的实际创新水平同样相关。但是，这些比较在创新研究文献中是标准的。见 Smith, K. (2006) Measuring Innovation. In: Fagerberg, J., Mowery, D. and Nelson, R. (Eds) 'The Oxford Handbook of Innovation.' Oxford: Oxford University Press。

2　这些比较结果，看起来可能与上文提到的那些英国文化、传媒和体育部（DCMS 2007）的研究相冲突。然而，请注意表10.4具体地聚焦于引进新产品和过程，以及使用知识产权措施。这与“创新主动性”相反，后者是一个更宽泛的指标，它也考虑到了进行中或者被放弃的创新活动，以及不同领域的创新花费，两者都被考虑进了英国文化、传媒和体育部的研究。

3　我们再一次建议在诠释这些结果时保持谨慎，因为不同地点创意产业领域的分解，可解释跨地区创新表现的差异。例如，那些软件、电脑游戏和电子出版公司（被显示为最具创新性的创意企业）占大多数的地区，比那些艺术和古董公司（根据《英国创新调查》的数据，其创新性较低）主导的地区，呈现出更高的创新水平。因此，上面讨论的结果反映了不同地区创意公司和非创意公司之间的差异，也反映了跨地区创意产业部门内创新的差异。

表 10.5 地区层面的创新表现：创意产业和其他产业领域（2004—2006）

地区	创意产品创新（公司新产品）	其他产业领域的产品创新（公司新产品）	创意产品创新（市场新产品）	其他产业部门的产品创新（市场新产品）	创意过程创新（公司新产品）	其他产业领域过程创新（公司新产品）	创意过程创新（行业新产品）	其他产业领域过程创新（行业新产品）
东北部	33%	21%	15%	6%	16%	11%	NA*	4%
西北部	37%	21%	NA*	7%	15%	11%	NA*	3%
约克郡和亨伯河地区	32%	19%	17%	6%	16%	11%	NA*	2%
东中部地区	36%	23%	15%	7%	15%	11%	NA*	3%
西中部地区	34%	22%	15%	8%	21%	13%	NA*	3%
东部	36%	25%	17%	8%	19%	12%	10%	3%
伦敦	19%	20%	11%	6%	7%	11%	4%	3%
东南部	40%	20%	16%	8%	19%	11%	8%	3%
西南部	33%	24%	15%	7%	15%	11%	5%	2%
威尔士	34%	21%	12%	7%	11%	12%	NA*	3%
苏格兰	30%	19%	10%	6%	20%	11%	NA*	3%
平均值	**33%**	**21%**	**14%**	**7%**	**16%**	**11%**	**7%**	**3%**

来源：英国国家统计办公室

*NA 表示由于潜在的泄露事项不能公开数据的单元格

表 10.6 地区层面的创新表现：创意产业和其他产业领域（2004—2006）

地区	创意产业广义创新	其他产业领域的广义创新	创意产业的创新协作	其他产业领域的创新协作	区域外创意产业的创新协作	地区外其他产业领域的创新协作	创意产业的知识产权指数	所有产业领域的知识产权指数	所有产业领域的版权使用
东北部	64%	29%	23%	10%	83%	78%	61%	36%	7%
西北部	48%	29%	10%	11%	NA*	74%	61%	44%	8%
约克郡和亨伯河地区	56%	28%	12%	11%	NA*	85%	53%	40%	6%
东中部地区	44%	29%	20%	13%	73%	86%	49%	44%	9%
西中部地区	51%	27%	14%	12%	76%	82%	59%	45%	9%
东部	46%	34%	22%	13%	88%	90%	57%	47%	11%
伦敦	16%	39%	17%	10%	86%	68%	50%	43%	15%
东南部	32%	36%	17%	12%	84%	84%	66%	47%	13%
西南部	42%	30%	15%	11%	79%	80%	59%	41%	7%
威尔士	59%	26%	14%	9%	NA*	78%	58%	41%	8%
苏格兰	45%	28%	15%	9%	62%	66%	59%	36%	10%
平均值	**46%**	**30%**	**16%**	**11%**	**79%**	**79%**	**57%**	**42%**	**9%**

来源：英国国家统计办公室

*NA 表示由于潜在的泄露事项不能公开数据的单元格

表 10.7 地区层面的创新表现：创意产业和其他产业领域（2004—2006）

地区	创意产业	基于工程的制造业	其他制造业	零售和分销业	知识密集型服务业	其他服务业	所有产业	在地区经济中创意产业的份额
东北部	37%	35%	45%	18%	31%	18%	24%	12%
西北部	37%	38%	37%	27%	30%	14%	26%	12%
约克郡和亨伯河地区	36%	39%	33%	19%	31%	20%	24%	10%
东中部地区	38%	38%	48%	25%	32%	16%	28%	11%
西中部地区	39%	40%	47%	20%	35%	16%	27%	11%
东部	38%	47%	44%	25%	36%	23%	30%	12%
伦敦	19%	33%	41%	19%	30%	18%	22%	18%
东南部	43%	44%	38%	19%	30%	18%	27%	14%
西南部	35%	41%	38%	25%	36%	21%	28%	12%
威尔士	34%	41%	40%	17%	31%	18%	25%	10%
苏格兰	37%	38%	40%	18%	31%	18%	24%	12%
英国	**34%**	**39%**	**40%**	**21%**	**31%**	**18%**	**26%**	**13%**

来源：英国国家统计办公室

*NA 表示由于潜在的泄露事项不能公开数据的单元格

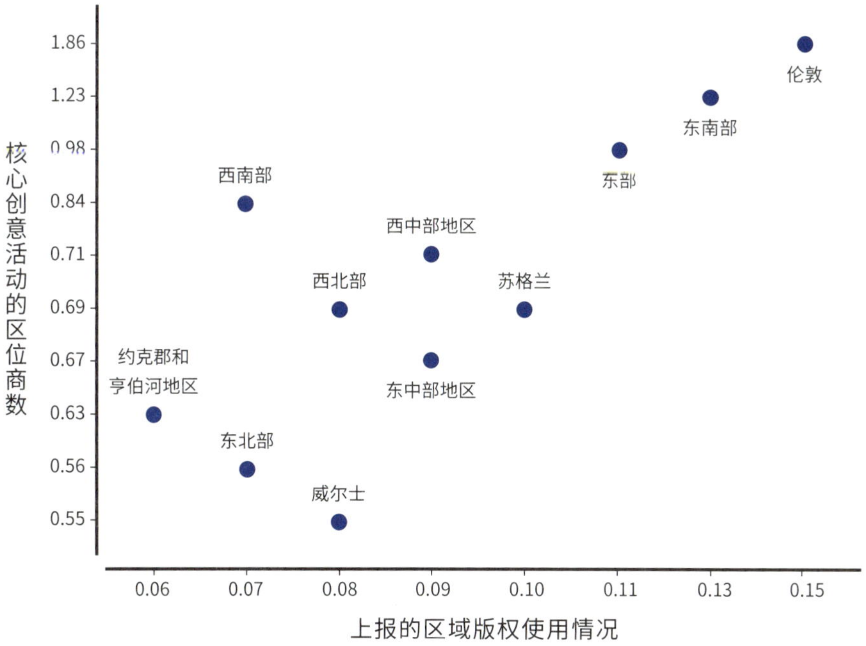

图 10.2 核心创意活动的区位商数和上报版权使用报告的产业领域中的公司份额对于保护创新同样重要或非常重要

公司在几乎所有地区，将新产品引入市场的可能性，都是其他产业领域企业的两倍。

这并不意味着创意产业是地区层面最具创新性的产业领域。表 10.7 显示了基于工程的制造公司，更有可能在除了东北地区以外的所有地区引入新产品。类似的事情也发生于其他制造企业（包括食品、木材、造纸、化学、橡胶、金属、非矿物金属制品和家具制造），东南部、约克郡与亨伯河地区是仅有的例外。

在所有这些测量标准上，创意产业清晰地表现出比零售和分销业、知识密集型服务业以及服务业更有创新性，伦敦又是唯一的例外。

3.3.2 创意产业在地区创新者中的比重超过了它们在地区经济中的比重

表 10.7 利用年度业务咨询（ABI）和《2006 英国创新调查》的数据，估计了地区创意产业创新者人群在产品或过程中的比重。它显示除伦敦以外地区经济中的比重，创意产业创新者的比例大于人们的期望。例如，虽然创意产业只占东南部所有公司的 14%，但它们构成了产品和过程中所有创新的 22.5%。

3.3.3 伦敦为什么是一个离群值?

在本文第 2 节中，我们说明了在英国，伦敦的创意产业密集度最高——在某些产业领域里，甚至占压倒性优势。而且，那些位于首都的公司专精于价值链上最具创造性的阶段。然而，我们的分析也表明，这些创意公司的创造性小于伦敦经济体的其它部分，以及其他地区的创意公司，[1] 这看起来是普遍的状况。

一个潜在的解释是：伦敦创意产业专精内容创新——也就是，“美学的”或“软性”的创新——不能很好地对应传统的创新测量标准，例如引入新“产品”“服务”或“过程”。从图 10.2 可以看到，伦敦看起来专精于这种内容创新的形式。这表明，如同前沿经济学咨询机构关于创意产业定义中“创造性层级 L1”中所反映的：在一个地区里，使用版权措施来保护创新的倾向，与这个地区从事本质上更具创造性活动的公司密集度高低，是正相关的——而伦敦在最顶端。[2]

4 创造性溢出效应与协同选址

上述报告的创意产业的高度创新支持了这样的观点：除了它们的创新活动对地区创新过程做出直接贡献以外，还能通过产生有益于所在地更广泛经济的溢出效应，做出间接贡献。

本节回顾了现有的研究，这些研究阐明了溢出效应可能通过什么机制来发生；报告还呈现了创意公司和其他高度创新的产业领域，诸如高技术制造和知识密集型服务业中的公司之间的协同定位模式统计分析的结果。这些模式可能暗示但并不能证明——溢出效应确实发生了。

4.1 创造性溢出效应的情况

4.1.1 创新能在其他产业领域产生有益的溢出效应

人们通常承认，诸如研发等创新领域活动是

1　伦敦公司的低水平创新表现更一般地被其他地方被强调。Robson, S. and Kenchatt, M. (2010) 'First findings from the UK Innovation Survey 2009.'

2　对于“前沿经济学”咨询机构定义的描述见第2节，而包含在“第一层级的”产业活动列表，见附录Z。

溢出效应的重要来源，其益处遍布整个经济体。[1]当一个公司或产业的知识活动为另一个公司带来经济利益，而这利益前者不能完全捕获时，这些溢出效应发生了。对政策来说，确定它们的存在和规模是重要的：它们的出现是一个市场失败的例子，这可能会证明引入措施来支持产生它们活动是合理的（如果显示干预的益处大于成本），例如对研发的税务减免，以及在科学基础的公共投资。否则，它们的发生会达不到社会最优的效果。

4.1.2 创意产业溢出效应的类型学

如我们在第 3 节中所指出的，将创意产业视为创新力量的考虑只是一个新的发展，并且在很大程度上是 NESTA 过去研究的反映。仅有少数研究开始从创新角度考察创意产业，这意味着，关于它们活动产生的潜在溢出效应的分析并不多。我们现在利用一个新兴的文献机构，这些文献机构调查了“创造性溢出效应”可以通过什么机制发生。通过这样做，我们增加和拓展了 2007 年由“前沿经济学”咨询机构，为英国文化、传媒与体育部开发的创意产业溢出效应的类型学。[2]

- 知识溢出效应发生了，但由创意企业开发的新观念和新技术被应用于别处，并取得了成果，却没有得到报酬：例如，使用最初由数字媒体公司开发的社交网络功能来管理商务沟通。在某些情况下，这些溢出效应由企业间的互动来调节的，例如，与不同产业部门的客户合作的设计公司，引导知识越过其设计简况说明在公司间流动，于是产生了意想不到的新颖性。[3] NESTA 的研究表明，那些在创造性投入上花费高出平均值一倍的公司，推出对公司或市场来说的新产品的概率，比平均值要高 25%。[4]

澳大利亚经济学家贾森·波茨（Jason Potts）认为，很多创意企业使用开放和协作的模型来组织他们的生产性和创新性活动，这些模型更适合于高度动态的竞争环境，而且这些模型可以推广到与他们有业务往来的其他产业领域——他把这称为创造性之“创新推动”。[5]

知识溢出效应也能体现在劳动力流动中。创意专业人士，如设计师、广告人或软件开发者等，也可能会被创意产业以外的人群所雇用，带给他们新的技术、想法和工作方法。或者，他们可能在另一个产业领域里成立分支公司，例如苹果的史蒂夫·乔布斯和史蒂夫·沃兹尼亚克（Steve Wozniak），

1 Griliches, Z. (1992) The Search for R&D Spillovers. 'Scandinavian Journal of Economics.' 94 Supplement, pp.29-47.

2 Frontier Economics (2007) 'Creative Industry Spillovers: understanding their impact on the wider economy.' London: Frontier Economics.

3 Hargadon, A. and Sutton, R. (1997) Technology Brokering and Innovation in a Product Development Firm. 'Administrative Science Quarterly.' 42, pp.716-749; also Sunley P., Pinch, P., Reimer, S. and Macmillen, J. (2008) Innovation in a creative production system: the case of design. 'Journal of Economic Geography.' 8, pp.675-698.

4 Bakhshi, H., McVittie, E. and Simmie, J. (2008) 'Creating Innovation.' London: NESTA; also Sunley P., Pinch, P., Reimer, S. and Macmillen, J. (2008) Innovation in a creative production system: the case of design. 'Journal of Economic Geography.' 8, pp.675-698.

5 Potts, J. and Morrison, K. (2008) 'Nudging Innovation.' London: NESTA.

在一个视频游戏开发公司阿塔里（Atari）[1]工作时相遇。[2]NESTA 研究显示，创意和艺术专业人士有一套技术，能够在雇用他们的组织里引发创新。[3]

除了这些“创造性推动”知识溢出效应以外，在另一些例子里，创造性企业可以通过其复杂的需求所包含的知识，使其供应商更具创新性（创新研究者把这称为“需求拉动”效应）。[4]为响应视频游戏开发者对图像逼真需求而开发新的电计算机芯片和服务器技术，就是一个例子。

关于用户创新的文献显示：一些有高级需求的“领先使用者”在某些情况下开发了新技术来解决这些需求，接着，专门的供应商改进并在市场上商业化这些技术。最近，NESTA 对全英国经济的一项用户创新研究显示，调查中被明确地视为创意领域的产业（软件和其他的创造性活动，包括建筑、广告和摄影等），呈现了相对高水平的用户创新，这可能溢出到它们的供应商那里。50% 的软件公司和 25% 的从事其他创造性活动的公司报告说，他们从事用户者创新。[5]

- 产品溢出效应发生了，当创造性的商品和服务增加了对其他部门互补品的需求，或者被调整为适应其他市场的需要：在线音乐的广泛可用性增加了 iPods 的吸引力，或者一部迪士尼电影通过销售商品和玩具产生了额外的收入。
- 网络溢出效应发生了，当一个创意企业在一个特定地点出现，就能使本地其他公司受益。佛罗里达的“创意城市”指出一个繁荣的文化环境如何吸引知识工人，然后这些只是工人被被其他本地企业所雇用（或者实际上高质量的当地人才库吸引的公司引进外国投资）。[6]迈克尔・斯托珀（Michael Storper）和托尼·维纳布尔斯（Tony Venables）主张，创意产业也创造了一种更有利于当地协作和创新的“城市轰动效应”。[7]

4.2 创意公司和其他产业领域之间的协同定位

4.2.1 位置、位置、位置

上文描述的知识和网络溢出效应的很多机制——诸如商业关系和协作、跨产业的劳动力流动等，更有可能发生在地点靠近的公司之间。

经济地理文献也表明，有利于创新的专业知识是非常难以“编纂”成为容易理解的指令和信

1 一家游戏开发商，创立于1972年，创办人为布什内尔及达布尼。1974年，苹果教主乔布斯加入雅达利，负责开发电子游戏。2011年，雅达利将公司历年多款著名游戏综合成Atari's Greatest Hits应用程序，正式进军手机游戏市场。——译注

2 Kent, S. (2001) 'The Ultimate History of Video Games.' New York: Prima Publishing.

3 Oakley, K., Sperry, B. and Pratt, A. (2008) 'The Art of Innovation.' London: NESTA.

4 Markusen, A., Gilmore, S., Johnson, A., Levi, T. and Martinez, A. (2006)'Crossover: How Artists Build Careers across Commercial, Nonprofit and Community Work.'

5 Flowers, S., von Hippel, E., deJong, J. and Sinkowicz, T. (2010) 'Measuring User Innovation in the UK.' London: NESTA.

6 Florida, R. (2004) 'The Rise of the Creative Class.' London: Basic Books.

7 Storper, M. and Venables, T. (2004) Buzz: face-to-face contacts and the urban economy. 'Journal of Economic Geography.' 4(4), pp.351-370.

息的。为了在各方之间有效地沟通，他们之间需要一定程度的信任——这种信任更容易通过“在现场”面对面的互动中产生。[1]

所有这一切都给知识向远处的完美传输制造了障碍，使其“在地理上具有黏性”。这意味着知识溢出效应往往随着距离的增加而“退化”，对创新来说，地理和位置至关重要。这也意味着：溢出效应的存在，能把从中受益的公司更加推近溢出效应的来源——就如同某公司在一个研究实验室附近的某个地方设立子公司一样。从这个意义上来说，在同一地点的公司的临近位置，可以用他们之间的溢出效应来解释。

4.2.2 在本地经济中建立创意溢出效应的第一步

在这里，我们考虑调查创意产业和另外两个创新产业——高科技制造业和知识密集型服务业之间协同定位模式的统计分析结果。

这种的模式的存在，可能意味着强有力的价值链互联（在这些产业领域的公司位于同一地点，因为他们经常进行贸易）和互利的知识溢出效应（通过公司间的交易、劳动力流动和非正式人际网络来调节，当公司地点靠近时，这些活动更容易发生）。我们之所以关注高技术制造和知识密集型服务业，是因为这些产业被认为代表着高水平的创新。

然而，同处一地不意味着因果关系：创意公司和这些其他产业领域之间的近距离，不说明创造性溢出效应的存在。确实可能有从其他产业领域向创意产业的反向溢出效应；或者可能有其他与溢出效应无关的潜在因素，来加强协同定位——比如大学的存在或者能将很多公司吸引到一个特定地点的研究基础设施的存在。

因此，下面的研究结果应被视为暗示，而非证明创造性溢出效应。因果关系的方向，以及其他环境和基础设施因素，在创造性和创新的本地动力学中的角色，将在第 5 节呈现的案例分析中进行探讨。

4.2.3 协同定位分析的数据和方法论

我们的协同定位研究，使用了由英国文化、传媒和体育部（DCMS）旨在为测绘创意产业而确定的 9 个创意产业领域的区位商数，以及包含在 AeA 和 EFILW 的高技术制造和知识密集型服务业定义里的产业。[2] 区位商数使用英国国家统计办公室数据在 TTWA 层次上（反映本地劳动力市场）进行计算。

被比较的每个产业领域之间的部分相关系数值，显示了它们高度集中于同一地点（在这种情况下系数的符号是正的）或者相反位置（在这种情况下系数的符号是负的）的可能性。例如，一个正的相关系数 1 意味着每当我们发现“大量”的某个产业领域，就会出现另一个同等量的产业领域。当它们在统计上重要的时候——即当在数据中发现重要的潜在模式时，结果才能被看成可靠的。

作为“工业总量”，TTWA 里公司的总数被

1 Iammarino, S. and McCann, P. (2006) The structure and evolution of industrial clusters: Transactions, technology and knowledge spillovers. 'Research Policy.' 35(7), pp.1018-1036.

2 AeA (2002) 'High-Tech Industry Definition.' 也可参考 EFILW (2005) 'Sector Futures: The knowledge intensive business services sector.' 在AeA定义中使用的SIC – 92与SIC – 2003相关，当前的英国国家统计办公室数据是根据后者分类的。在英国文化、传媒和体育部定义中的标准产业代码从这些定义中删除了，以避免谬误的相关性。

用来控制每一个被考虑的地点，这样就减弱了能够解释在更加勤勉的区域里，几个产业领域同时密集存在的"城市化效应"。虽然区位商数被计算的方式（反映一个产业领域在本地经济中的比重相对于它们的国家重要性）应该在原则上减少这个效应的严重性，通过引进工业总量这个额外的控制手段，我们试图减少在其他因素上的相关性上近似的效应——例如，能使同处一地的公司都受益的更好的基础设施，或者大型的消费市场。

4.2.4 很多创意产业领域、高技术制造和知识密集型服务业的协同定位

表 10.8 呈现了英国文化、传媒和体育部在 9 个创意产业领域、高技术制造与知识密集型服务公司之间，总体水平上的协同定位分析。

广告业，时装设计业，软件、电脑游戏，电子出版业与知识密集型服务业协同定位性很大也很密集（相关系数超过 0.5）。所有这些领域与高技术制造企业协同定位性很大，但不那么密集。

多数其他创意产业领域和知识密集型服务业协同定位，但不和高技术制造业协同定位。它们和知识密集型服务业的协同定位模式中，建筑、录像、电影和摄影业是强的；音乐、表演艺术以及电视广播是弱的。艺术和古董领域呈现了与其他创新产业领域的负面协同定位模式：这个领域往往位于没有知识密集型服务业或高技术制造业的 TTWA 里。

4.2.5 对于协同定位的更详细分析

创意产业领域属于高技术制造业和知识密集型服务业的协同定位模式，更详细的考察结果如表 10.9 所示。[1]

广告业的公司与某些知识密集型服务企业，诸如硬件咨询、会计、咨询业和市场研究者行业等协同定位密切。时装设计公司靠近一些高技术制造商——计算机制造和测量设备，以及基于信息技术的知识密集型服务业活动，诸如硬件咨询、数据处理和数据库的工作。可预见的是，软件、电脑游戏和电子出版业，与信息技术相关的高技术领域以及知识密集型服务业，如商务咨询、控股公司管理、市场调查和人事管理等，呈现了很强的协同定位模式。

其他专注于内容生产和文化体验的创意产业领域，与知识密集型服务业呈现出正向的协同定位模式。有趣的是，在自然科学和社会科学的研发业，也是如此。然而，据观察，广告业、软件业、电脑游戏和电子出版业与知识密集型服务业的协同定位模式，往往要弱一些。

在某些例子中，创意产业领域与高技术制造领域的协同定位模式是负面的。一方面，录像电影和摄影业、音乐和表演艺术业，以及电视广播业确实如此；另一方面，则涉及汽车制造业。

4.2.6 对协同定位结果的解释：什么把这些产业领域聚拢在一起？

协同定位分析表明，诸如广告业、建筑业、软件、电脑游戏和电子出版业这样的创意领域——创意产业和更广大的经济体之间的"界面"——往往和几个知识密集型服务业和高技术制造业协同定位。这是很直观的，可以用各个领域之间的强贸易模式来解释：在其他领域的创新

1　艺术和古董业没有被包含在表中：表10.9显示了这个创意产业领域与大量高技术制造知识密集型服务业亚领域，具有负相关系数。

表 10.8 总体协同定位分析结果

	与此强协同定位	与此协同定位	与此弱协同定位	与此负协同定位
广告业	知识密集型服务业	高技术产业		
建筑业		知识密集型服务业		
艺术与古董业				高技术产业，知识密集型服务业
时装设计业	知识密集型服务业	高技术产业		
电影、录像和摄影业		知识密集型服务业		
音乐和表演艺术业			知识密集型服务业	
出版业		知识密集型服务业		
软件、电脑游戏和电子出版业	知识密集型服务业	高技术产业		
电视广播业			知识密集型服务业	

注：所有结果精确到 1% 的水平。强协同定位反映了相关系数大于 0.5。协同定位的相关系数是 0.2 到 0.5 之间，弱协同定位的相关系数小于 0.2。

表 10.9 详细的协同定位分析结果

	与此强协同定位	与此协同定位	与此弱协同定位	与此负协同定位
广告业	硬件咨询、会计、咨询、控股公司、市场研究	电脑制造、测量仪器、过程设备制造、数据处理、数据库咨询、人事		
建筑业	检验仪器	测量、过程设备制造、硬件咨询、数据库处理、咨询、控股公司	科学研发	
时装设计业	硬件咨询、会计、咨询、市场研究	电脑制造、过程设备制造、阀门制造、电视和广播传输设备、收音机、测量仪器、数据处理、数据库咨询、控股公司、人事	汽车制造	
电影、录像和摄影业		咨询、市场研究、数据库工程、会计	数据处理、科学研发	汽车制造
音乐和表演艺术业		市场研究、会计、咨询	数据库工作、科学研发、社会科学研发	汽车制造、药物制剂、控股公司、检验、人事管理
出版业		科学研发、会计、咨询、市场研究	雷达接收机制造、数据库工程、社会科学研发、会计、咨询	过程设备制造、检验
软件、电脑游戏和电子出版业	电脑制造、测量仪器、硬件咨询、数据处理、咨询、市场研究、人事	阀门制造、电视广播传输器、收音机、电信、会计、检验	飞机制造、科学研发	
电视广播业		科学研发、社会科学研发、咨询、市场研究		汽车制造

注：所有结果精确到 1% 的水平。强协同定位反映了相关系数大于 0.5。协同定位的相关系数是 0.2 到 0.5 之间，弱协同定位的相关系数小于 0.2。

过程中，广告业和软件业提供了有价值的投入。这些互动可能是它们之间积极的溢出效应的载体。[1]

时装设计业和某些知识密集型服务业，以及高技术制造领域的强协同定位可以部分归因于英国文化、传媒和体育部对时装设计业的定义方式，包括一些可以能被期望位于和其他制造企业相似地区的纺织活动（包括高技术纺织业）。英国文化、传媒和体育部的定义还包括未在其他领域被归类的其他商业活动（2003 SIC-4 代码“74.87”），反映了知识密集型服务业和高技术制造商都利用平面设计和其他产品设计活动。这可能会让人担心，这个领域当前通行的定义，在多大程度上能对经济上的重要性或地理位置提供确切的描述。

如我们已经看到的，在这些协同定位模式背后，可能有其他基础设施的因素。例如，好的宽带通路和廉价的办公空间，可能吸引知识密集型服务业、高技术和创意企业到同一个方。专业的人才库的存在可能同样具吸引力。应该指出的是，那些本地的优势仍然吸引——或者增加了竞争力——某些产业领域的集合而不是另一些产业领域，这表明了特定的创意领域、高技术制造和知识密集型服务公司间存在实质性的互补性，并共享资源和基础设施。结果表明，在音乐或电视广播内容产业部门与知识密集型服务业和高技术制造企业之间，溢出效应、价值链和基础设施对同处一地并没有那么大的推动作用。

1 Bakhshi, H., McVittie, E. and Simmie, J. (2008) 'Creating Innovation.' London: NESTA.

5 关于四个集群的故事

《英国创新调查》（UKIS）的 2006 年度区域数据分析表明，创意产业对地区的创新活力具有指导性作用。尽管在前面的部分，我们对同一地区的创意产业和其他创新行业的分析，显示了创意产业的存在与本地区的创意表现有关。然而，这些仍不足以证明两个变量之间存在任何因果关系，特别是，不足以证明创意产业是否在其他经济领域中产生“溢出效应”。

此外，单纯的定量分析难以描绘创意集群的体制环境。然而，这些内容对于决策者来说至关重要。

为此，我们介绍四个英国创意集群的深度案例研究，并对相关结论进行总结。通过比较和对比这些案例（被选中的案例代表了不同种类的集群）的创意汇聚和创新活力，我们旨在得出一些可概括的推断，从而对本报告前面部分进行补充。

5.1 研究案例的选择

前文已述，不同的创意行业往往分布在英国境内的不同地区，创意水平也参差不齐。有些地方的创意产业形成了覆盖若干行业的“枢纽”（hubs），其他地方则专门从事某一个行业。另外，所在地区经济的行业构成和创新表现也存在差异。

在选择研究案例，我们考虑了上述所有因素，也考虑到了每一个“候选人”（按照 TTWA 的定义）的支柱性创意产业的经营和就业增长率。如此一来，就能够涵盖与地区经济可能有关也可能无关的不同构型的创意集群。

我们特别注意到了图 10.3 中的两个变量：

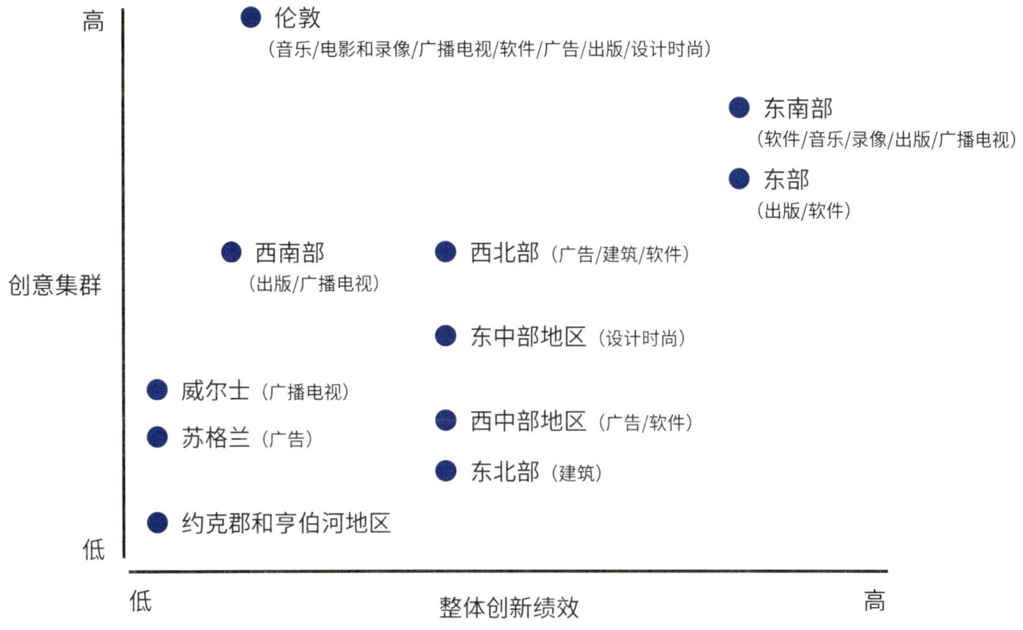

图 10.3 创意集群与作为案例研究选择标准的创新内容

集群的密集程度和其他经济行业的创新表现。

在这些变量的基础之上，我们选择以下创意集群进行深度分析：

- 威科姆 - 斯劳的软件
- 伦敦（苏荷）的电影、后期制作和视觉效果
- 卡迪夫的媒体制作（融合了电视制作和数字媒体）
- 曼彻斯特的广告

这样的选择特别关注到了行业数量较少的集群（卡迪夫和威科姆 - 斯劳），同时也兼顾了以各种创意行业为核心的创意枢纽（伦敦和曼彻斯特）、提供创新业务服务和创意内容的集群（威科姆 - 斯劳和卡迪夫），以及整体创新水平各异的集群（威科姆 - 斯劳和曼彻斯特的较高，伦敦和卡迪夫的较低）。

5.2 研究方法和数据

5.2.1 案例研究框架的制定

本案例研究的设计来自地区创新系统（RIS）的分析框架，专栏：地区创新系统对后者进行了简要的总结。这种方法强调以下内容的重要性：本地私营行业与公共行业艺术家之间的关系；在体制内，公共机构对创新活动的扶持作用。

此外，我们还通过查阅现有的文献，分析了案例集群核心的创意行业利润链、行业结构和创新过程。

地区创新系统

对于创新系统的分析，按照传统，通常针对国家一级的创新系统而进行。因为在国家的层面上，决定了科学的优先领域和高校的日常科研经费（包括研究和教学），以及很多经济和就业的常规框架的设定。

然而，很多国家政策的调节和执行却是区域性的。同样地，也是在区域的层面上，地区的历史发展塑造了特定的体制结构和产业化形态。

事实上，地区之间的经济水平差异，往往比国家之间的更直观——所有地区处于共同的国家创新系统（National Innovation System, NIS）内部，其经济水平的差异一目了然。以欧盟为例，国内的差别并不比国家之间的差别更小（欧洲委员会，2004，2007）。这就意味着，在极大程度上，欧盟的经济发展政策是在地区层面上实施的。

地区创新系统（Regional Innovation Systems, RIS）的框架为这些案例研究提供了支持。这一框架最早由本研究报告的作者之一菲尔·柯克（Phil Cooke 1992, 1993）提出，用于分析公共和私人的组织和机构，在区域范围相互作用以产生创新投入的系统。这一框架以佩鲁（Perroux 1955）的研究为基础，包括他对地区经济增长点的开创性研究，以及考察地区性产业网（比如“第三意大利”产业网和地区“创新环境”）经济地理学方面的系列研究。

RIS 的“地上”(on the ground)方法证明，在硅谷、巴登-符腾堡和艾米利亚罗马涅等成功的地区，可以看到公司与其他创新“代理”（agents）之间强有力的、“地区嵌入式”（locally embedded）的、基于信任的联系所形成的系统。（Braczyk et al., 1998）

那些地理位置相近的创新系统中的参与者，更易于发展信任和协同合作的关系——商机更容易被发觉，隐性知识（“tacit” knowledge）也能更有效地传播。这种知识的地域“黏性”解释了全球一体化背景下仍保有某些地区性专门化的原因。

来源：European Commission (2003) 'Innovation policy: Updating the Union's Approach in the Context of the Lisbon Strategy, COM (2003) 112 Final.' Luxembourg: EC Publications Office; European Commission (2004) 'Third Report on Economic and Social Cohesion.' Luxembourg: EC Publications Office; Cooke, P. (1992) Regional Innovation Systems: Competitive Regulation in the New Europe. 'Geoform.' 23, pp.365-382; Cooke, P. (1993) Regional Innovation Systems: An Evaluation of Six European Case Studies. In: Getimis, P. and Kafkalas, G. (Eds) 'Urban and Regional Development in the New Europe.' Athens: Topos; Braczyk, H., Cooke, P. and Heidenreich, M. (Eds) (1998) 'Regional Innovation Systems.' London: UCL Press; Perroux, F. (1955) Note sur la Notion de Pole de Croissance. 'Economie Applique.' 8, pp.307-320.

5.2.2 每个案例研究都是基于相继的两次问卷调查所取得的数据

第一阶段的调查目标是每个创意集群（按照 TTWA 的地域划分）内部的公司。重要的是，第一次调查是用来鉴别集群内哪些“相关行业”公司之间的相互作用最频繁——也就是那些可能在创新过程中发挥了更大作用的行业，以及更容易从创意的溢出效应中收益的行业。

第二阶段调查的目标正是位于集群周边地区的、属于上述相关行业的公司。

每个案例研究都包含对 92 家公司的调查（卡迪夫是个例外，我们会在后面讨论），第一阶段和第二阶段，调查案例的样本量变化很小。

对四个研究案例公司进行了以下考察：

(1) 创新聚集的动力：第一阶段的调查，解释了该地区何以形成创新聚集的原因。

(2) 创新活动和创新来源：两个阶段的调查都向公司询问了创新表现、活动和投资的内容。

(3) 公司间的关系与合作：两个阶段的调查对以下影响进行了评估：同一地区公司之间的知识共享的不同机制、合作伙伴的地理位置以及信息网络的渠道。

(4) 创意聚集与地区创新活力：第二阶段的调查考察了创意集群与前文提到的“相关行业”公司之间的合作形式。特别关注集群对地区经济中其他行业创新活动所造成的影响。

此外，我们还对当地的创新企业和利益相关者进行了深度采访，这些有助于更精确地描述一些更“软性的”创新活力在当地和所在地区发挥的作用，以及地区政策对创意产业行为的影响。

5.2.3 卡迪夫媒体生产的特殊案例

对卡迪夫媒体生产集群的研究结果，呈现方式与其他案例有些许不同。对此，我们参考了当地利益相关者的建议，他们指出，单独考察电视节目制作公司（第一个研究阶段的目标）而无视其相互作用的数字媒体公司（包含第二个研究阶段的目标），将毫无意义。

卡迪夫应该被看作是节目制作与数字媒体服务紧密结合的媒体生产集群。[1]

5.3 案例研究的结论

表 10.10 标示出了每一个集群所在的地区创新系统的特征；同时总结了上述四个核心地区的重要发现。这一部分的其余内容，将对这些发现进行讨论。

5.3.1 创新数字化

- 所调查的公司正在快速发展数字化

对四个创意行业的综合考察表明，数字化对创意产业具有普遍性的影响——不仅是创意内容转向网络流动，而且在生产、货币化和推广方面都采用了全新的方式（以专栏：四个创意行业的数字化创新为例）。

这些创意产品生产、发布和开发利用过程中的深度变革，正迫使创意行业打造自身的数字化能力。如表 10.11 所示，在我们的案例的集群中，创新企业在内部研发、更新软硬件方面进行了大量投资，同时为需要高技术知识水平的工作设置了大比例的岗位。

此外，创新企业与专业技术供应商建立了业务联系和合作关系。事实上，看起来，一个坚实的数字化基础可以驱动意集群的发展：在过去十年中，曼彻斯特广告集群的崛起与该城市发达的软件行业有着因果关系。

创意产业对技术和数字化服务的强烈需求，为当地数字集群的发展提供了支持：在卡迪夫，电视节目制作公司和数字媒体公司的高度合作已经模糊了两个行业之间的界限。威科姆 - 斯劳软件集群的公司，经常向同地区的广告行业出售他们的服务。

四个创意行业的数字化创新

- 软件：云计算可以让用户通过互联网接入信息、娱乐和软件应用，而不需要把这些储存在他们的电脑中。新的手势界面（以手势或者触屏代替键盘）改变了用户与软件互动的方式。
- 电影：电影内容越来越多地进行线上发布和推销。复杂的渲染技术、动画和 3D 等人工智能技术的发展创造了全新的视觉体验。
- 媒体产品：电视内容通过无数个频道发布，利用各种不同的设备接收，从移动设备到个人电脑。电视设备则越来越多地进行新媒体开发，比如电子游戏和交互式网站。
- 广告：品牌开始寻找新的途径以吸引网民——比如，在 iPad 等便携平台上，或者在网络世界中。复杂的分析技术被用于制定广告目标和更准确地测量广告效果。

1　这就意味着，在卡迪夫的案例中，我们没有媒体生产集群和本地区更大范围之间经济影响的数据。这也意味着，我们只有电视和广播公司对第一阶段内容的反馈（比如，卡迪夫选址的原因）。一旦条件允许，我们将对卡迪夫“媒体生产”这两个分支行业的数据进行单列。

表 10.10 案例研究调查总结

集群	描述	聚集驱动力	集群内部的创新	合作与信息共享	与整体经济的联系
威科姆 - 斯劳的软件	• 南英格兰掌管数家重要的 IT 跨国公司 • 若干世界级的计算领域 • 多样化的客户基础	• 很少的调查对象意识到集群的存在 • 选址取决于离家、客户和供应商近，以及强大的技术基础	• 与国家软件行业相比，创新性落后 • 创新资源大部分来自自身内部，或者客户，通常来自英国本土	• 本地信息对发展创新的作用较小 • 集群内部有低程度的非正式交流——非正式接触的主要资源是互联网	• 与制药公司、咨询公司和广告公司有联系 • 合作专注于创新活动
苏荷的电影	• 强大的电影和视觉公司的集群，覆盖了传播、后期制作和视觉效果 • 伦敦掌管着行业中大部分的扶持机构和专业协会	• 强烈地意识到电影集群的存在 • 集群被作为苏荷影视公司的经济助力 • 离客户和供应商近，商业和社交网络的聚集效应使苏荷成为极具吸引力的公司选址	• 创新程度高，技术密集型公司 • 多元化投资组合的创新资源：内部的，外部的和介于二者之间的(比如自由职业者) • 创新资源既有本土资源也有国际资源	• 交流程度高 • 从当地获取技术信息和市场信息在发展创新过程中发挥了重要作用 • 专业协会会议帮助公司在行业的技术潮流中“与时俱进”	• 与其他行业紧密联系，比如光学仪器、摄影设备、电视和名胜古迹 • 集群是其中一些行业的主要资源。行业内部合作专注于创新、设计和信息共享
卡迪夫的媒体生产	• 三个主要的电视广播公司以卡迪夫为大本营 • IP 所有权驱动发展 • 电视产品和数字媒体之间联系紧密	• 对卡迪夫电视集群并没有强烈的存在感 • 核心位置，熟练的劳动力和距离客户近，比本地电视公司的聚集效应更重要	• 数字媒体公司为电视公司提供创新所需的技术和服务 • 数字媒体市场更加开放，并且关注国际性的创新资源	• 数字媒体的本地信息有助于创新。他们交流活跃。 • 电视产品生产行业之间的合作比较少，由于担心 IP 的问题	• 大多数合作的实例都是在媒体生产集群内部 • 集群通常以旅游业的内容向卡迪夫和威尔士贡献经济收益
曼彻斯特的广告	• 强大的数字和媒体行业 • 当地机关为加强地区创新和地区联系方面打下了坚实基础	• 广告公司清楚地意识到集群的存在和受益 • 核心位置，离其他公司近，具有吸引力的社交网络，客户和供应商的聚集效应	• 大部分的小公司针对不价值链不同环节的细分内容 • 广泛的创新资源与投资组合，既有本地的也有国际性的	• 本地信息和聚集效应有助于集群的创新 • 集群内非正式交流程度高——专业协会会议、培训课程和公共活动发挥了重要作用	• 其他行业对集群的认同感较小——他们依然倾向使用伦敦的广告公司 • 合作专注于产品生产和创新活动

• 创造价值的新机遇

数字化分销，为小型创新企业提供了接触现有受众和创造新受众的新渠道。伴随着内容消费的分销渠道和媒介的多样性，通过创意知识产权（IP）创造收益的机会也增加了。

由此，IP 的所有权空前重要。在卡迪夫媒体生产集群，2003 年的《通信法案》有关独立的电视生产者和传播者之间的交易条款发生变更，使生产公司拥有了 IP 的所有权，同时加强了这些公司开发 IP 的创新积极性。

创意企业还可以通过授权创新技术、工具和平台来创造收益。苏荷的电影后期制作公司投资发展为特定客户提供的可视化和建模技术，然后在后续的项目中对创新成果进行开发利用。

5.3.2 集群发展的不同机制

案例研究表明，创意集群崛起和发展的驱动力有所差异（表 10.12）。威科姆 - 斯劳的软件公司得益于成熟技术的人力资源、邻近西南部的用户以及那里良好的生活体验。尽管该地区拥有众多的软件公司，调查对象们却并不自视为集群的一分子。

卡迪夫的三家大型电视广播公司，把电视制

表 10.11 四个集群的创新活动和投资情况

	威科姆 - 斯劳的软件集群	苏荷的影视集群	卡迪夫的媒体生产集群		曼彻斯特的广告集群
			电视	电子媒体	
创新活动					
内部研发	57%	40%	38%	53%	54%
软件获得	50%	48%	38%	65%	50%
硬件获得	52%	40%	38%	59%	42%
创新投资					
将超过 30% 的投资用于创新公司	29%	38%	27%	24%	26%
需要高水平技术密集型知识的就业岗位占就业总比率超过 30% 的公司	45%	59%	57%	43%	58%
观测总数	42	50	21	50	50

表 10.12 四个集群选址的决定因素

	威科姆 - 斯劳的软件集群	苏荷的影视集群	卡迪夫的媒体生产集群		曼彻斯特的广告集群
			电视	电子媒体	
选址的决定因素（研究第一阶段的调查中列举作为重要因素的公司的比率）					
距离客户近	14%	30%	22%	N/A	12%
距离供应商近	12%	17%	22%	N/A	6%
熟练劳动力资源	14%	11%	19%	N/A	12%
行业内部的聚集效应	5%	19%	11%	N/A	16%
距离社交中心近	7%	15%	11%	N/A	16%

作公司吸引至威尔士的首都。当地的电视公司并不倾向于自视为集群的一分子，这或许是由于他们担心敏感的 IP 被曝光，所以合作不多的缘故。

相比之下，行业的群聚效应以及靠近重要社交枢纽的因素，在曼彻斯特和苏荷的公司的选址方面发挥了更大作用。在这两个案例中，明显感觉到集群提升了公司在行业内的竞争力。事实上，与国内其他的创意同行相比，这些更有“自我认知”、更具主动性的集群是更强有力的创新者。

- 本地联结的力量

案例研究表明，只有彼此间联系紧密的公司才会对集群有归属感（表 10.13）。曼彻斯特和苏荷的公司与当地公司在创新活动中进行合作，并且展开了高层次的非正式沟通网络，包括与其他公司人员进行接触和会面，以及参加专业人士协会。在两个案例中，跨行业的自由职业者作为创意和创新知识的来源，扮演了重要的角色。调查还显示，在卡迪夫的数字媒体和曼彻斯特的广告集群等案例中，培训课程为创意人员提供了交流的空间。

密集的关系网络至关重要，它不仅仅是新知识的来源，也利于集群内部的价值链更加通畅，

表 10.13 创新的外部资源、沟通、地区信息共享

	威科姆 - 斯劳的软件集群	苏荷的影视集群	卡迪夫的媒体生产集群		曼彻斯特的广告集群
			电视	电子媒体	
创新资源					
与其他公司合作	0%	8%	0%	10%	8%
竞争者	5%	6%	4%	0%	8%
自由设计者	5%	14%	4%	8%	10%
非正式沟通					
与商业领域的伙伴接触	19%	60%	42%	47%	58%
与前同行的接触	2%	34%	31%	45%	42%
与其他公司人员的非正式会面	2%	36%	35%	55%	46%
培训课程和培训中与其他公司的接触	2%	4%	19%	37%	26%
专业协会会议	5%	22%	11%	35%	40%
有助于创新的本地因素					
获得市场信息	2%	38%	23%	35%	40%
获得技术信息	21%	36%	19%	49%	40%

表 10.14 创新资源的地理位置

	威科姆 - 斯劳的软件集群	苏荷的影视集群	卡迪夫的媒体生产集群		曼彻斯特的广告集群
			电视	电子媒体	
创新资源的地理位置					
英国其他地方	29%	24%	22%	48%	46%
同一地区的其他地方	27%	36%	35%	67%	28%
相同地点	20%	22%	16%	34%	24%
伦敦	10%	N/A	0%	10%	16%
世界的其他地方	4%	20%	4%	14%	16%

从而提高满足客户的效率和能力。正如苏荷集群的受访者强调指出的，一个发展良好的服务提供的生态系统——从生产设备到律师和自由职业的人力资源——使他们更加灵活高效。地区内部的合作，被认为是保证最终产品质量的关键。

威科姆 - 斯劳的情况则迥然不同。由于缺乏对地区内软件集群的认同感，公司之间甚少合作。他们的非正式沟通程度也低于其他集群。这就意味着市场信息和技术信息并没有实现地区内共享。这样就可以解释，为什么与苏荷和曼彻斯特相比，技术和市场信息对这个集群的公司来说，是扶持创新的次要因素。

卡迪夫是一个特殊案例，体现了合作与适当值之间的权衡。本研究采访的当地利益相关者表示，尽管电视行业的规章制度带动了发展和创新，同时也在积极保护其 IP 的电视公司之间的合作设置阻碍。自由职业者对创新的贡献有限，因为他们往往受制于保密协议（Non-Disclosure Agreements, NDAs），这样就限制了知识在不同的电视公司间扩散。

相比之下，为这些电视公司提供数字平台和技术服务的数字媒体公司，在合作、交流以及对外部创新资源的利用方面更加开放。由此，他们促进了相关知识的扩散，可以帮助那些“闭门造 IP”的电视制作公司实现创新。

- 这些本地联结需要利用广泛的联系来达到平衡

参与国家价值链和国际价值链，以及获得国际的创新资源是取胜的关键。数字化创造了跨越大洲的新的生产网络，也实现了所谓的“长尾”[1]（不同国家的受众聚合使专门或细分的内容和服务具有了盈利的可能性）市场的一体化。

在商业和创新趋势中保持与时俱进，需要时刻观测当地的环境。[2] 善于思考的集群在行业发展的过程中直面落后的风险，会受到在集群以外产生和扩散的技术和市场趋势的驱动。

本地的紧密联结有助于国际交往。本地公司间分享新机遇的信息（“了解是什么”）和国际合作者的信息（“了解是谁”），降低了远程合作的不确定性。同时，一个强大、高可见度的集群对国际公司更具吸引力，可为其成员创造新的商机，引进境外直接投资。如表 10.14 所示，苏荷和曼彻斯特等有效的集群频繁地发掘国际创新资源。

威科姆 - 斯劳的软件公司在创新活动中利用了网络信息，在与跨国合作伙伴的网上交流中使用了实时的协作工具。然而，由于他们彼此之间缺乏沟通，那些国际商机和科技潮流的宝贵信息无法广泛地共享，导致整个集群的竞争力受到影响。

表 10.14 还显示，卡迪夫看起来内向且“着眼本地”的电视节目制作行业和数字媒体公司群之间具有互补性，后者与地理位置更远的创新资源有着很好地连接。数字媒体公司向电视公司传输其运作所需的创意和知识，似乎为电视公司免去了一些亲身观测国际环境的必要。

5.3.3 集群作为地区创新系统的一部分

- 创意集群被置于地区的创新过程之内

创意集群与本地的其他行业建立联系，可以从中获得诸多利益。他们对本地需求的把握会比外地的竞争者更准确，所获得的受益可以再投资于创新和发展。

跨行业的联结，还可以产生新的信息和技术的溢出效应以激励创新，使集群和城市在竞争中领先。[3] 经济地理学的文献显示，在内部联系所

1 据维基百科显示，这一概念，最早是 2004 年 10 月“连线”杂志主编克里斯 · 安德森（Chris Anderson）在其“长尾”一文中提出的，用来描述诸如亚马逊和奈飞（Netflix）之类网站的商业和经济模式。实际上，“长尾”是统计学中幂律现象（Power Laws）和帕累托（Pareto）分布特征的一个口语化表达。——译注

2 Mahroum, S., Huggins, R., Clayton, N., Pain, K. and Taylor, P. (2008) 'Innovation by Adoption.' London: NESTA; also Huggins, R. (2008) The Evolution of Knowledge Clusters. 'Economic Development Quarterly.' Vol.22, No.4, pp.277-289.

3 Jacobs, J. (1972) 'The Economy of Cities.' London: Cape.

产生的信息有益于发展创新的集群，信息通过内部联系传播到其他行业，出现了意想不到的新颖组合。[1]

我们的案例研究证明，创意集群被置于本地和地区的系统之内。其间，他们在创新、生产和设计方面进行合作。正如表 10.15 所示，我们分析的所有集群都是这种情况。

这些结论需要由第二阶段的调查来检验，后者以第一阶段定义的“相关行业”的公司为研究对象（表 10.16）。[2] 第二阶段的研究表明，这些相关行业对案例集群的了解和参与程度不尽相同。

在苏荷，相关行业的公司（包括光学仪器和摄影器材生产企业、电视和演艺公司以及历史景点的经营者）都对集群非常了解——事实上，大约半数的受访公司是为了靠近集群才选择现在的地址；一些公司还把它作为主要的创新来源之一。

相比之下，西南地区的受访者（包括广告公司，制药公司和咨询公司）几乎都不知道“威科姆 - 斯劳软件集群”的存在，尽管很多公司都与集群内的公司有业务联系。

类似地，相关行业的公司（比如市场调研、软件服务和电讯公司）几乎都不知道曼彻斯特集群的广告公司，同他们也并无往来。

后面的结论与 2008 年《曼彻斯特独立经济评论》(*Manchester Independent Economic Review*）对创新、贸易和连通性的研究发现一致。[3] 这一评论指出，曼彻斯特城区的创新企业与本地经济的其他部分并没有充分地连接在一起，限制了创新成果在城区以及更大范围的有益扩散。此外，曼彻斯特的创新企业未能打入本地市场，对其经济的可持续性也造成了不良影响。

显然，这样的结果在一定程度上是因为曼彻斯特广告集群相对比较年轻。当地的利益相关者表示，集群基本上由一些小公司组成，这些公司尚处在发展产品链以向客户提供整体服务的阶段。这种零散的结构解释了为什么在有些案例中，曼彻斯特和西北地区的公司，宁愿选择曼彻斯特的对手、更成熟的伦敦广告公司。

表 10.17 列出了相关行业公司与集群合作的类型。可以看到，现有的合作基本上集中在创新、生产和设计方面。还可以看出，苏荷的电影公司与其他行业共享知识的程度颇高。

- 创新版图上缺失了当地的高校

创意集群是广泛的地区创新体系的组成部分，包括其他行业的公司以及地方机构、公共组织和高校。这些主体提供了技术和其他知识的资源，以及支持本地创新的基础设施。

尽管熟练技能的劳动力资源——主要来自大学——在我们研究的四个集群中都是公司选址的基本考虑因素（表 10.12），研究结果却显示，高校与创新企业的其他关联甚少（表 10.18）。

在我们调研的创新企业中，很少有人把大学作为创新来源或是发展创新的本地因素。在曼彻斯特的广告集群中，虽然有一大部分的公司认可大学对本地创新具有促进作用，却把它视作最次

1　最近对“集群周期”（cluster lifecycles）的文献述评指出，越是积极地挖掘周围其它行业的知识的集群，越是能够适应（有些案例则是引领）竞争形势下的趋势。参见Menzel, M. and Fornahl, D. (2010) Cluster life cycles: dimensions and rationales of cluster evolution. 'Industrialand Corporate Change.' 19(1), pp.205-238.

2　卡迪夫并未被列入表格，相关原因前文已述。

3　MIER (2008) 'Innovation, Trade and Connectivity.'

表 10.15 集群公司在当地和地区一级的合作伙伴

	威科姆 - 斯劳的软件集群	苏荷的影视集群	媒体生产	曼彻斯特的广告集群
创新合作				
当地的	4%	8%	18%	18%
同一地区的	13%	13%	5%	20%
生产合作				
当地的	17%	18%	9%	18%
同一地区的	13%	30%	23%	20%
设计合作				
当地的	17%	2%	7%	20%
同一地区的	13%	14%	17%	18%

表 10.16 集群与其他行业之间的关系

	威科姆 - 斯劳的软件集群	苏荷的影视集群	曼彻斯特的广告集群
第二个研究阶段调查的公司中把该集群作为选址原因的	10%	48%	14%
第二个研究阶段调查的公司中与该集群有关系的	46%	55%	35%
第二个研究阶段调查的公司中将该集群作为主要创新来源的	3%	10%	28%

表 10.17 相关行业和集群之间的合作性质

合作类型	威科姆 - 斯劳的软件集群	苏荷的影视集群	曼彻斯特的广告集群
创新合作	6%	20%	7%
生产合作	5%	18%	17%
设计合作	4%	20%	10%
信息共享合作	1%	20%	5%

表 10.18 高校与创意集群的创新

	威科姆 - 斯劳的软件集群	苏荷的影视集群	卡迪夫的媒体生产集群		曼彻斯特的广告集群
			电视	电子媒体	
高校是创新的来源	0%	0%	4%	6%	0%
邻近高校是利于创新的本地因素	2%	2%	0%	0%	12%

要的因素，并且所有调研的公司都不认为大学是创新的直接来源。

5.4 案例研究综述

5.4.1 不同的驱动力适于不同的集群

在行业结构、价值链和本地条件的影响下，各个集群呈现、运营或革新的驱动力包括以下不同的内容。

- 威科姆 - 斯劳强大的软件行业，源自其拥有熟练技能的劳动力资源和多样性的客户基础。尽管当地软件公司的数量很多，但是大多数公司对集群并没有归属感。这一点也表现为，公司之间信息共享、合作和非正式交流的程度低下。
- 苏荷是一个成熟的影视集群，在价值链的后期制作和视觉效果环节，它具有世界领先的技术能力，并得益于与其他行业和国外的强大的关系网络——既有在商场上的，也有非正式的。
- 卡迪夫的媒体生产集群与一些传媒行业的“靠山”关系密切（最醒目的是 BBC），后者委托电视节目制作公司进行创意内容的开发。这些公司的 IP 在节目播出后可以盈利，激发了他们寻求多元化行销途径的积极性，往往借助数字化创新的手段。数字媒体行业的繁荣为这些内容提供了支持，同时有助于知识在电视制作公司之间进行传播——这些公司因为担心珍贵的 IP 被曝光，所以彼此之间交流不多。
- 曼彻斯特的广告集群通过与本市强大的数字行业的结合，在过去的十年中发展壮大。它基本上由小型公司组成，这些企业进行信息共享和沟通的程度很高。在当地和所在地区的其他行业的公司中，这个年轻集群的知晓度不高。

5.4.2 三个层次的连接推进创新

尽管存在这些差异，总体而言，我们的案例研究强调了不同类型的连接如何促进了集群公司的创新活动和发展，正如现有文献所描述的那样，潜移默化地形成了创新发展的良性循环[1]。

- 集群内部的本地连接，帮助小型的创新企业建立起平稳流畅的价值链连接，这将提高他们的效率和灵活性，也帮助它们进行创新知识的传播。
- 外部连接使集群公司能够利用外地的创新资源，并将这些公司置于全球创新价值链之上。
- 在商场上，与其他本地行业之间的外部连接很重要，它是新理念的来源，这些理念在创新的目标下重新结合。随着创新理念在不同的平台上汇聚，不同的创意行业之间——以及创意行业与数字行业之间——的界限越来越模糊。因此，行业之间的合作可以帮助本地集群开发创新和交互的形式，全球受众对这些内容的需求越来越大。

上述三个连接的层次既有“正式”的内容，比如企业发展新的商业关系或者参与创新合作；也有非正式的，比如社交网络和信息共享。

5.4.3 三个层次相互加强

上述三个连接的层次之间产生了积极反馈。

- 建立密集的关系网络以支撑一个强大、醒目

1　它们也显示了脆弱的连接，比如威科姆-斯劳软件集群的案例，如何限制了利益的汇聚。

的集群，可以吸引英国境内和海外的潜在合作伙伴。通过与他人共享信息，公司可以减小异地合作的不确定性和风险。

- 与其他行业的合作——例如，技术供应商——有助于在整个集群内部传播重要信息，并且在行业竞争中形成独树一帜的跨行业创新。

5.4.4 地理邻近不是充分条件

此外，案例研究表明，对于这些利益关系的建立，仅仅是同行的公司在地理上的聚集效应是不够的。如果这些公司对彼此并不知晓——威科姆 - 斯劳就是这样——就无法确定他们能设法建立这样的关系。年轻的曼彻斯特广告集群与该地区其他经济之间的情况也有些类似。

卡迪夫的案例表明，集群公司之间的合作还存在其他阻碍——这些公司热衷于保护有价值的 IP，因此在信息共享方面小心翼翼，并以实际行动（比如与自由职业者签署保密协定）阻碍了有价值的知识在集群内传播。

5.4.5 创意集群在当地的创新活力中发挥作用

我们的证据显示，创意企业与广泛的地区创新系统之间存在联系。案例研究证明，经常性地，创意产业和附近的其他行业之间的相互作用形成了一种创新理论。

如果参考本报告的第 3 节对创意产业高水平创新的论述，上述结论也许在意料之中。创新企业面临数字化的挑战，通过研发复杂的工具和平台用于生产和分销，其中的部分内容可以被其他行业采纳。

5.4.6 缺失的环节：高校

依据 RIS 的结构框架，公立院校（public institutions）——包括大学、政府研发实验室和其他单位——在地区创新过程中扮演重要角色。然而，从我们的案例研究看不出创意集群公司与这些角色之间有多少联系。

虽然高校在提供技术劳动力方面发挥了重要作用，但是至少在我们的案例研究中，很少有证据表明，大学对创意产业的创新活动有其他方面的直接贡献。几乎没有受访者提到高校是创新的资源，甚或是支持当地创新的本土因素。

6 结论和政策建议

6.1 本地经济发展新框架内的创意集群

2010 年 10 月出版的《地方发展：发掘各地的潜力》（*Local Growth: Realising Every Place' s Potential*）白皮书为英国的地方和区域发展设立了新的政策架构。本地企业合作组织（LEPs）整合了私营行业和官员，取代了地区发展署（Regional Development Agencies, RDAs），成为负责建设有益于经济增长的地区环境的组织。

一些过去由 RDA 负责的内容——包括对内投资、行业领导、业务支持、创新以及融资渠道——如今将由国家组织负责，比如技术战略委员会、英国贸易投资总署（UKTI）和技术基金资助局（Skills Funding Agency）。对创意产业的地区性扶持具有重要影响的英国荧屏机构（UK Screen Agencies），将继续运营，虽然尚不清楚他们将如何与本地企业合作组织协同合作。

白皮书还进一步讲述了 2010 年 6 月宣布出台的 1,400 万英镑的地区发展基金（Regional Growth Fund）细节。该基金面向私营企业和公共系统的私营合伙人，他们可以申请在受到消减公共开支的地区扶持私营行业发展的项目获得资助。

6.1.1 为什么创意集群很重要?

尽管本地经济增长的框架尚在形成阶段，本报告已经明确指出，创意集群在其中发挥着作用——不仅是作为具有竞争力的、紧密连接的快速发展的企业聚集体，也是作为其他行业中产生溢出效应的潜在资源。

创意产业是国家和地区一级的创新力量。

本报告第 3 节中的 2006 年度 UKIS 数据，将创意产业作为英国知识经济的前沿。他们在服务创新和开拓新产品市场方面具有特殊优势。他们对 IP 手段的依赖性很强，用以保护创新性的审美形式和无形资产输出。

对创意产业创新性的地区性分析证明，它们几乎在全英国的所有地区都具有重要的影响力。

6.1.2 也是地区性知识经济的重要因素

创意产业的高度创新性成为其他行业中溢出效应的潜在资源。尽管不断有研究着手阐释这些溢出效应的发生机制，却难以确定它们的状况和量级。现有的创意产业的数据尚不外借用于复杂的经济分析，那些分析可能涉及重要的研发或专利授予权的行业。

尽管如此，本报告的第 4 节依然在证明这些溢出效应方面迈出了第一步——通过分析创新企业和其他创意行业（比如高新技术生产或知识密集型服务业，KIBS）在同一地区内部的协同模式。

上述分析从统计学的角度揭示了某一地区的创意行业（尤其是广告业和软件业）与其他创新性高的行业公司之间的重要联系。这说明，这些行业具有相同的发展资源，正是二者之间的知识溢出效应的潜能所在。这也强调了创意产业是复杂价值链的一部分，后者还包括“创意产业”传统定义之外的其他高技术和知识密集型公司——NESTA 计划在今后的研究中开发这个主题。

6.1.3 数字化增强了创意产业潜在的创新影响

创新产业经常被指无法对创新性进行垄断。此话不假，但是无论是制造业还是工程行业，也都无法垄断技术创新。正如第 5 节对集群创新过程和创新行为的概述指出：数字化正在加剧创新企业的技术密集程度。为了在线上的、集中的、数据丰富的市场上保持竞争力，他们研发技术、工具和技术相关的知识，这些也可为其他技术型行业所用。

创新企业的高水平的技术创新，还可以产生“需求拉动”作用于硬件和其他设备供应的创新活动。第 4 节证实了创新行业与高技术厂商处于相同的地理位置，也支持了这一论证。

6.1.4 数字化还能为所在地区带来令人瞩目的改变

有关产业集群周期的资料显示，竞争环境发生了翻天覆地的变化，现有的创意集群可能被淘汰，因为他们曾经依赖的优势已经瓦解。[1] 数字化促成了创意产业的这一转变。

如此一来，当前的不稳定环境对传统的“外围”地区——根据《创新地理》(Geography of Creativity) 的定义——来说，成为发展创意和数字产业的联合效应，登顶“全球创意联盟”的绝佳时期。卡迪夫高速发展的媒体制造行业和曼彻斯特的广告业就是例子。

英国的领军集群——特别是伦敦——不能在

1 dimensions and rationales of cluster evolution. 'Industrial and Corporate Change.' 19(1), pp.205-238

昔日的荣誉之中止步，要确保集群的公司能够获得在新兴的数字市场中保持创新领先所需的技术资源和关系网。

6.2 聚焦创意集群，扶持创新活动

这一部分已经充分说明了创意集群为什么是驱动英国经济增长的国家和地方战略的组成部分，接下来，将对扶持创意集群的最佳方法提出建议。

NESTA 将启动一个线上平台，支持集群的鉴别和开发的实证方法。这个平台将向决策者、企业和研究者提供我们所整理的创意产业区的数据，这些数据描述了《创新地理》的内容。通往地区和国家政府机关，“前往工作区域”（Travel to Work Areas）[1]和“中层超级输出区域”（Middle Layer Super Output Areas）[2]都可以获得这些数据。通过每年对这些数据进行更新，可以发现并追踪新兴的集群，以及评估地方项目以扶持创新产业。

6.2.1 在从无到有地打造集群之前，首先发掘“潜在的集群”

本报告的引子部分曾提到，竭力扶持地方和地区发展的决策者们都对集群“梦寐以求”。然而，对于政策在打造强大和稳定的集群方面具有多大的效果仍存在质疑。竞争行业聚集体的产生是一个漫长、有组织的进程，需要对当地资源和关系进行适配。

在从无到有地打造新集群之前，决策者应该首先利用数据分析其所在地区是否已经存在行业聚集体，只要对其给予适当的扶持，就可以形成内部及外部连接的密集网络以促进本地竞争、创新和成长。威科姆 - 斯劳地区的那些缺乏关联的软件公司聚集体就是“潜在”集群的一个好例子，可得益于政府资助的交流网络和意识进行提升。由此，创意集群的品牌树立与发展之路，与创意城市和文化中心的发展路径一致。

我们用以分析创意集群和整个创意行业之间关系的调查方法，可以用来发现多层关系之中的“薄弱环节”，应通过有针对性的网络交流给予进一步的扶持。我们将把这些调查方法放到网上，以供采用。

6.2.2 培养人才，留住人才

在所有的案例研究中，专业和知识密集型的人力资源是商业选址的一个关键因素。然而，要想激发本地大学的人才资源，重要的是，要向毕业生提供本地的就业机会，并且让毕业生了解这些信息。

由于那些年轻尚处于蓬勃发展中的集群，在邻近地区缺乏知晓度，应届毕业生可能会被动地选择英国其他地方（通常是伦敦），错失“家门口”的就业机会（与此同时，当地的创新企业也失去了获得人才的机会）。从这个意义上来说，通过共享本地机构的人才与合作以发展创新产业，有助于大学和创意行业确保“创新资本”投资被当地获得。“曼彻斯特大师”（Manchester Masters），一个由 NESTA 部分资助的项目，促成了曼彻斯特高校的高水平毕业生与本市公司的协作，为帮助全英国城市留住自己培养的人才提供了榜样。[3]

1　基于工人的居住地与工作地之间使用其通勤流量数据来定义其交通出行时间。——译注

2　地理层次体系为改进英格兰和威尔士的小区域统计报告而设计。——译注

3　参见http://www.manchestermasters.com。

6.2.3 激发行业之间的互补能力

本报告第 2 节总结了同一地区创意行业的状况，第 4 节论述了同一地区的创意行业和其他高创新程度经济的内容。通过对以上内容进行分析，可以看出，部分行业之间存在有益的互补性，但并非全部行业都是如此。[1]

决策者在制定本地经济发展战略时，应对这些互补性多加注意——因为支持某一行业可能对其他与之有商贸往来或信息交流的行业有所裨益。把创新经济视为一个整体，试图通过“一体适用”的政策促进其发展，其效率不如采用更有针对性的、更符合实际情况的战略，以着眼于“打造并连接”现有的行业——以及那些行业之间的互补性。

6.2.4 平衡合作与拨款之间的权衡

提高对某一地区出现公司聚集效应的意识，只是形成连接的必要条件而不是充分条件。正如卡迪夫的案例表明，本地的创新企业积极地保护他们有价值的创意和客户档案，因惧怕敏感信息曝光而忌惮合作。

地方机关在制定鼓励本地企业进行交流和知识共享的政策时，要考虑这一点。NESTA 为开放创新项目，在小型公司与大公司之间建立联系的亲身经验证明，一种“气闸”（airlock）模型（双方的协作由一个受信任的独立机构作为中介负责管理），有益于在企业之间建立合作所需的信任。

ProfitNet 项目，目前由布莱顿大学的创新管理中心（Centre for Innovation Management，CENTRIM）负责运营，为这种举措提供了另一个案例。ProfitNet 通过便利的工作坊，把西南部的公司整合在一起，旨在发展公司的创新能力，帮助他们协同合作并把他们与高校专家联合起来。[2] 这一内容说明了大学如何通过自身的知识和“威望”促进了本地关系的发展，巩固了强大的创意集群。

此外，还可以制定一些商业性的帮扶措施（比如计算机或市场培训），用以鼓励本地的某一行业内部以及不同行业之间的交流与合作。事实上，我们调查研究的成果显示，培训课程可以在非正式交流的资源领域发挥重要作用——迈向更亲密的合作方式的第一步。这些课程同时提供了创新亟需的培训内容和交流的场合，实现了“一石二鸟”。

6.2.5 加强本地大学在创意产业中的创新影响

在创意产业的背景下，大学主要被视作技术人才的资源。与此形成对比，在科技型和科学型行业中，大学是创新知识和高速增长的衍生产品的关键来源。这样的差异也许可以解释，为什么我们在案例研究中采访的创意企业，目前并不把大学作为创新的来源或是有助于其创新活动的本地因素。

但是，正如本报告指出，创意产业越来越依赖于精密的知识和工具（往往是技术相关的），由此，与本地研究基地的连接的潜在效益也得到了增加。

重要的是，需确保本地创意行业更主动地与大学联合，利用研究产出以提高生产能力和创新水平。同时，大学应该建立“连接模式”，立足创新，

1 经济地理学者将这些相互区别但是彼此相关的邻近行业所产生的联合优势称为“相关多样性”（related variety）。

2 Kitson, M., Howells, J., Braham, R. and Westlake, S. (2009) 'The Connected University.' London: NESTA.

更主动地与本地创意行业联合。阿伯泰大学对著名的邓迪电子游戏集群[1]的扶持方式——不仅通过与本地公司合作培养行业所需的毕业生，还为开发商提供定制服务，并且为有发展前途的电子游戏创意设立了一个原型设计基金——为其他大学寻求与邻近的创新企业建立更深层次的关系提供灵感。

6.2.6 在本土获取创新价值

很多创新企业主要致力于生产原创 IP，当他们保住了自己的 IP 时，就会更有创新开发 IP 的动力，产生的附加税收可以用于再投资或与其他本地公司建立商业和合作关系。在其他条件都相同的条件下，任何一个此类的公共基金，都应该选择那些允许本土公司保留自主生产的 IP 所有权的投资者和项目。

向媒体制造行业提供基金或者联合基金的机构（比如 Screen Agency），以及尝试吸引国外直接投资的机构，必须考虑到，由特定项目和组织生产的创新价值，在多大程度上能够被本地公司通过 IP 所有权和开发所获取。让本地的创新企业采用数字化分销直接与消费者接触，这样的举措——比如 NESTA 赞助了电子游戏自身发行的联营——同样行之有效。

6.2.7 了解大规模资本投资的机会成本

虽然投资地标性公共建筑作为创意城市的标志，无疑可以产生文化和经济效益，它们也占用了利用“行业和创新”方式扶持本地创新企业方案的资金——比如前文所述的那些方案。[2]

尽管后一种方式的产出没有那么立竿见影，但它更有益于发展健康稳定的本地创新生态系统——有创新能力的毕业生在完成学位之后可以获得就业，在本土获取创新价值，本地和地区的创新水平得到提高。因此，正确地衡量两种方式的投资至关重要。

后记：西伦敦科技城开创了创意集群发展的新途径？

首相卡梅伦最近公布了西伦敦科技城的一揽子方案，将在老街区和肖迪奇区打造活力四射的高技术和数字媒体集群（Shoreditch），朝着正确的方向迈出了一步。这并非是从无到有地打造全新的集群，西伦敦科技城是将现有的一个组织性的、初具竞争力的集群进行提升，通过提供适当的基础设施（包括物质的和数字的），并发展与全球公司和伦敦世界级大学之间的联系。

这仅仅是第一步。在正确的政策干预下，其他萌芽阶段的英国创意集群将成为全球高速增长的创新性创意行业的中心。

本报告已经指出了他们的存在，以及扶持他们的最佳方式。

1 CIHE (2010) 'The Fuse: Igniting High Growth for Creative, Digital and Information Technology Industries.'

2 Markusen, A. and Gadwa, A. (2010) Arts and Culture in Urban or Regional Planning: A Review and Research Agenda. 'Journal of Planning Education and Research.' Vol.29, No.3, pp.379-391.

11

创意英国：视听产业与经济腾飞

罗宾·福斯特（Robin Foster），汤姆·布劳顿（Tom Broughton）[1]

引言

在本报告中，钱伯斯媒体咨询公司（Communications Chambers）调查了英国视听业的经济规模，考虑未来的增长潜力。作者将“视听业”（audiovisual sector）定义为“制作如企业宣传片和教育片之类的电视和其他长篇视听内容的广播公司和制作公司。到目前为止，电视是该产业的最大部分”。电影和广告不包含其中。本报告对从委托伙伴和其他数据来源 [包括 DCMS、电信监管机构（Ofcom）、广播公司的年度报告、其他咨询公司的研究报告] 处得到的产业数据进行分析。报告不包含原始研究，但讨论了广播公司的直接开支和从活动中获得的收入。同时，也讨论了视听领域的一些间接影响，如在支持其他创意产业中的角色和在技术产品销售中的效应。

报告还检查了该领域的总体情况及其未来前景。通信会电信咨询公司观察了知识产权（IP）管理体制在保证领域增长中所扮演的角色。咨询公司总结的观点认为，该领域的前景依赖于使用知识产权来满足消费者需求的能力，而消费者需求的范围比以前更广，涉及媒体平台、消费设备和格式等。

1　该报告由天空电视台、第4频道、英国独立电视台和派克媒体贸易协会委托钱伯斯媒体咨询公司(Communications Chambers，www.commcham.com)执行撰写，发表于2011年4月。

摘要

综述

英国视听业为国家带来了经济和文化价值上独特的组合：

- 本身就有重要的经济价值，同时也有着重要的社会、文化影响。
- 支持了快速增长的创新性、创业型的英国企业社群。
- 在创意和技术创新中发挥着主导作用。
- 在世界范围都很成功，未来发展蓄势待发。

要完全挖掘其潜力，这个产业需要：

- 继续成功地在不同的新平台、设备、格式、应用上实现将内容和服务商品化。
- 在既有的收入来源之外，借用其他机会发展新的商业模式。

一个有效的知识产权管理机制将是该领域未来成功故事的核心，就像在过去几十年内一直刺激着成长一样。

重要的经济贡献

每年有约 130 亿英镑直接流入英国视听业：

- 该基金每年在备受本地和世界观众喜爱的内容产品中投入 40 亿英镑的资金。
- 这是充满活力和多样性的商业社群的命脉，而这一商业社群，有从领先世界的制作公司到小车库里的小型创业公司等 7,000 多个不同规模的企业。
- 支持了发行、市场、技术和服务等方面许多高技能的工作。据估算，该领域有 132,000 个直接就业岗位。

该领域的经济影响远超以下的直接效应：

- 为更广泛的创意产业提供重要支持，占英国总增加值的 6%。伦敦的高技能后期制作公司，如依靠电视、电影和其他媒体来建立商业成功所需的聚众效应，电视资助了许多艺术和文化项目。
- 它支持了一个成功的消费商品经济：受高质量内容的刺激，电视接收器和数字解码器的销售在去年达到 20 亿英镑。平板电脑和智能电话的销售有一部分也受到该领域生产的高质量内容的刺激。
- 鼓励了消费者使用宽带服务，因而也提升了英国通讯基础设施的商业投资。高质量的视听内容帮助促进互联网链接的需求，英国拥有全世界最高的宽带使用率绝不是巧合。

这是可持续范围内的经济活动，也是英国未来经济增长的一个重要构件。

特别的文化价值

英国视听领域还扮演着一个重要的教育、社会和文化角色，没有其他领域对我们所有人的生活有这么重要的影响：

- 通过高质量和独立的新闻时事支持民主政治，2010 年，22 万人观看大选辩论；66% 的英国公众将电视作为他们新闻的主要来源。

- 提供有信息的、有娱乐功能的节目：从纪录片系列[如尼尔·弗格森（Niall Ferguson）的《文明：是西方的历史吗？》（*Civilization: Is the West History?*）]到播放历史、科学、旅游和生活方式类节目的小众频道。
- 通过《X 元素》（*X Factor*）总决选或顶尖体育比赛等大型活动增强民族凝聚力。
- 支持英国文化和艺术——比如，天空卫视的艺术频道播放原创戏剧和支持一系列公共艺术方案。

世界领导

强化在本土的优势，英国是视听内容和形式的主要输出国：

- 2009 年英国电视节目和相关活动的国际销售额是 13.37 亿英镑，比 2006 年增长了 127%。
- 国际销售额仅次于美国，许多最大的全球电视品牌和人才都来自英国。
- 在一个有代表性的月份里，美国观众在观看有趣的戈登·拉姆齐（Gordon Ramsay）的《地狱厨房》（*Hells Kitchen*），而中国观众可能在为《中国达人秀》投票选冠军，澳大利亚的观众在观看当地版本的《与我共进晚餐》（*Come Dine With Me*），而西班牙的电视剧迷们则在看《唐顿庄园》（*Downton Abbey*）的最后一集。
- 时代华纳（Time Warner）和美国广播公司（NBC）这样的外国公司在英国投资，来利用我们的专业技术和机会。
- 同时，英国广播公司和制作公司在美国和其他地方建立了一个成功的海外制作基地，以充分利用不断增长的输出市场。

英国可以被恰当地形容为世界领先的电视创意研究与开发实验室：

- 英国的公共和商业基金为节目的实验和创新提供了支持。
- 英国拥有全世界最高的数字技术消费者吸纳率，这为英国公司提供了一个进行新产品和服务市场测试的理想环境。
- 有了这些发展的支持，英国制作领域便拥有了建立全球卓越中心（如 3D 制作等）的机会。
- 英国公司在先进动画、电脑制图和特效技术方面给电影电视合同的资助带来了令人惊叹的发展。

关键成功要素

这个领域获得的成果绝非意外，两个关键要素是健康的竞争和知识产权构架：

- 英国商业电视领域在观众和收入方面的竞争很激烈。500 多个频道在争夺观众的注意力，成功者都显示出了对观众品味和流行趋势惊人的了解度和理解力。
- 为了吸引观众，英国主要广播公司在高品质的英国原创节目和数字发行网络做了大量的投入，以覆盖全国观众。
- 从 3D 电视的出现到新全球节目形态的创意，该领域展现了创造新创意、承担风险并将这些创意成功市场化的能力。
- 关键是，知识产权的所有权在该领域发展中扮演了一个重要角色。知识产权的所有权激励着广播公司和制作公司创造新的内容、开发新创意、建立新的发行平台并将利润再次投资进未来增长中。

主要的新机会

视听产业现在面对着一个令人兴奋的新世界：

- 数字媒体和网络提供了内容发行和收费的新渠道。
- 去年，全英通过互联网下载的视频超过 50 亿。而像 YouView（一个混合型广播和在线平台）这样的公司的发展，为产业提供了向消费者传递内容的新方法。
- 除了播出节目外，内容也被重新编排，并按照 YouTube、苹果手机、安卓手机应用形式等平台的播出要求进行细分。
- 新的全球市场逐步开放。在中国和印度，对视听内容和形式的需求成长迅速。英国的内容制作者都目标明确，利用英国的竞争优势和强大的输出记录，来开发这些新市场。

这些发展是结构性变化的一部分：

- 该领域正在从一个第一次放映就能抵消内容成本的相对简单世界，逐步进入一个只有在多平台、多发布窗口生成收入的项目中投资，才会有所回报的世界。通常，播放窗口的收入只能覆盖高端电视剧的 60% 预算。
- 同时，观众需要更具影响力的内容，这意味着更大也更具风险的投资。高端电视剧的制作成本高达每集 100 万英镑，而天空电视台的单集纪录片《飞行巨兽》（*Flying Monsters*）的预算高达数百万英镑。
- 新的收入来源未经充分的测试，盗版是一个威胁，而更多的发行交易需要与像苹果这样成功的新内容整合平台合作。

未来，视听领域必须通过更多的媒体平台、设备和形式来实现其内容的价值。

知识产权对未来发展的重要性

如何通过一个有效的知识产权体制最好地鼓励投资和创新，而不过度限制用户获取知识产权，英国和整个欧洲都在展开有关这一问题的合法性的讨论。英国现在的知识产权机制帮助成就了视听领域的成功故事。我们认为，对缓和的知识产权保护对未来投资存在明显的风险，但对（消费者和其他用户）合理获取知识产权的担忧已经得到有效地解决。

如果没有一个有效的知识产权体制为英国视听领域提供保证，我们完全可以预见收入锐减的恶性循环，以及随之而来的内容上投资的减少和收入的进一步降低。

这不仅会影响已有的广播公司和制片公司，还会波及整个英国创意产业。另一方面，消费者在获取内容上则有了越来越丰富的选择：

- 整个英国在该领域内容播放平台已经为这个新“互联”世界开发了新方法。
- 他们意识到使内容在多渠道可以免费或便宜地被获取所带来的利益。从《X 元素》到《皮囊》（*Skins*），许多热门内容都具有强大的在线 / 移动用户定位。
- 他们乐于与其他伙伴合作，联合并包装他们的内容，从 YouTube 到 iTunes，英国的内容从未像现在这样容易被找到。

- 大型或小型的公司正通力合作创造新的商业机会，不仅他们自己可以获益，整体英国经济也会获益。当电视和新的数字媒体聚合在一起,一场“创意大爆发”正在发生。

这里传达的信息很明显：英国的视听领域已经取得成功，它正面对着令人兴奋的新机遇，以及建立新的资金流以补充旧的资金流。有了切实有效的知识产权保护，它会有能力对应这些挑战。这样做，不仅可以确保自己的增长，在与之合作的公司的支持下，可促成英国在数字媒体和互联网领域取得更大的成功。

1 简介

英国的视听产业是其经济与文化的成功典范。英国的广播公司与制作公司创作出观众喜欢的节目，并将这些节目商业化，在国内外都获得了可观的利润。富有创意的、勇于创新的创业公司在英国组成了强大的社区集群，并广泛在电视与网络行业开展跨界运营。

本报告中，受天空电视台（BSkyB）、第 4 频道（Channel 4)、英国独立电视台（ITV）和派克媒体贸易协会（Pact）委托，我们回顾了视听产业所取得的成功，阐释了其未来发展的潜力。我们尤其看重高效的知识产权管理体制所带来的巨大发展潜力，并得出结论：行业的持续增长将很大程度上，通过更加广泛的媒体平台、观众策略与模式，以知识产权满足观众的需求。

希望我们的发掘，能让读者对于英国视听产业未来发展拥有更加深刻的理解，并认识到视听产业持续成功的重要性。

2 英国的成功故事

英国的视听产业，以电视为中心，是全国与全世界最具竞争力的媒体市场之一。[1] 视听产业以提供工作、刺激出口经济与影响社会文化生活，为英国经济注入了可持续的贡献。除了直接的影响，视听产业还刺激了工业、制造业以及艺术实践的发展，驱动了英国的创意经济。

视听产业的成功绝非偶然，它的成功包含了几个要素：强大的传统文化、对创意人才的渴望、政府的支持与健康的商业环境。

主要的商业巨头通过提供大众节目以及更加专业的内容，以满足不同的受众群，成功地获得了广告和订阅费的收益，具有影响力的公共广播服务贡献了充足的内容，保证了英国节目在行业内的高水平地位。

知识产权框架鼓励和培育了投资与创业领域，创业领域受益于英国独特的创意人才培养基地，近几年的三位奥斯卡最佳导演的获奖者，其中有两位都是来自英国，丹尼·博勒（Danny Boyle）[2] 与汤姆·霍伯（Tom Hooper）[3]，都是从英国的电视行业起家的。

1 本报告中，我们所使用的视听产业一词，是指由广播公司和制作公司制作的电视或其他长片格式的视听内容，比如教育视频等。电视是视听产业中最重要的部分，类型电影和广告不在其列，但是它们共享很多数据源并有相似的技术基础。

2 英国著名导演，代表作有《猜火车》《贫民窟的百万富翁》《惊魂28天》等；2009年，凭借《贫民窟的百万富翁》获第81届奥斯卡最佳导演奖。——译注

3 英国著名主导，代表作有《唯一证人》《红尘》《伊丽莎白一世》《国王的演讲》等；2011年凭借《国王的演讲》获第83届奥斯卡最佳导演奖。——译注

从任何意义上来说，这个产业值得英国引以为傲。

2.1 意义重大的经济价值

毫无疑问，电视是重要的文化力量。每年130亿英镑的资金，其中超过40亿英镑投入到制作领域，提供直接工作岗位132,000个，视听产业创造了巨大的经济价值。[1] 像这样依赖于创意和开发“无形资产”的行业，被认为是英国未来经济成功的关键。[2] 图11.1显示了该行业的规模和范围。

英国广播公司、英国独立电视台、第4频道以及天空电视台是英国电视行业的先锋，这些主要的广播公司同样也投资节目、市场营销、技术服务、版权等。此外，主要的频道与众多网络运营商，也在2009年向英国委员会投资大约2.5亿英镑，独立的制作公司亦向本领域贡献了大约2亿英镑。

2.2 世界出口大国

国内强大的基础奠定了出口业的成功，英国是世界上电视节目模式最大的出口国，也是仅次于美国的第二大电视节目出口国，强大的电视产业也促使英国成为最大的电视节目内容出口国（图11.2）。

尽管电视季集每轮集数少且缺乏长期播映的连续剧，英国电视仍然是全球最具吸引力的。英国的电视行业公司正在通过全新的方式扩展海外市场（比如在当地建立分公司）以及加强与海外合作方在节目模式和制作方面的合作。[3] 图11.3显示英国电视节目以及相关活动的海外销售额，在2009年已经达到了13.37亿英镑，比2006年增长了127%。[4] 美国、澳大利亚、亚洲以及欧洲是英国电视目前主要的市场，甚至典型的英国节目《加冕街》（*Coronation Street*）在全球超过四十个国家和地区播放，包括澳大利亚、加拿大、爱尔兰、中国台湾、索马里、摩洛哥、新西兰、南非、爱沙尼亚、波兰等。

英国电视公司还非常成功地打入了竞争异常激烈的美国市场，其海外收入的三分之一来自此。英国电视公司在美国本土市场的强大竞争力显示了英国电视行业的潜力以及向客户传播高质量、相容性和有价值节目的实力。

尤其在节目模式销售上的成功，目前已经盈利1.2亿英镑，这意味着英国现在已经在英语节目出口中占据了半壁江山。成功的出口包括天空新闻以及其他的一些个体节目与节目模式（图11.4）。

1　整个创意产业对英国的经济做出了巨大的贡献，需求链供应系统预计创意产业的增产价值占整个英国增产总值的5.6%（2010年发行的《创意产业经济预测》使用2008年的数据），电视、电影、数字与电子出版领域占其中的半壁江山，同时还预估行业内的7,700家公司总共提供了132,000份工作岗位。就业基金会也做出了相似的预估，视听产业提供了100,000个工作机会。

2　比如，CBI的总裁海伦·亚历山大（Helen Alexander）说道：“英国经济的重振与强有力商业增长的建立需要创意产业扮演活跃的角色。”（2010年3月利弗里演讲）。

3　关于这个通行权（Rights of Passage）的解释，参见：TRP for Pact, 2008。

4　来源：UK Television Exports 2009, TRP for UKTI / PACT。

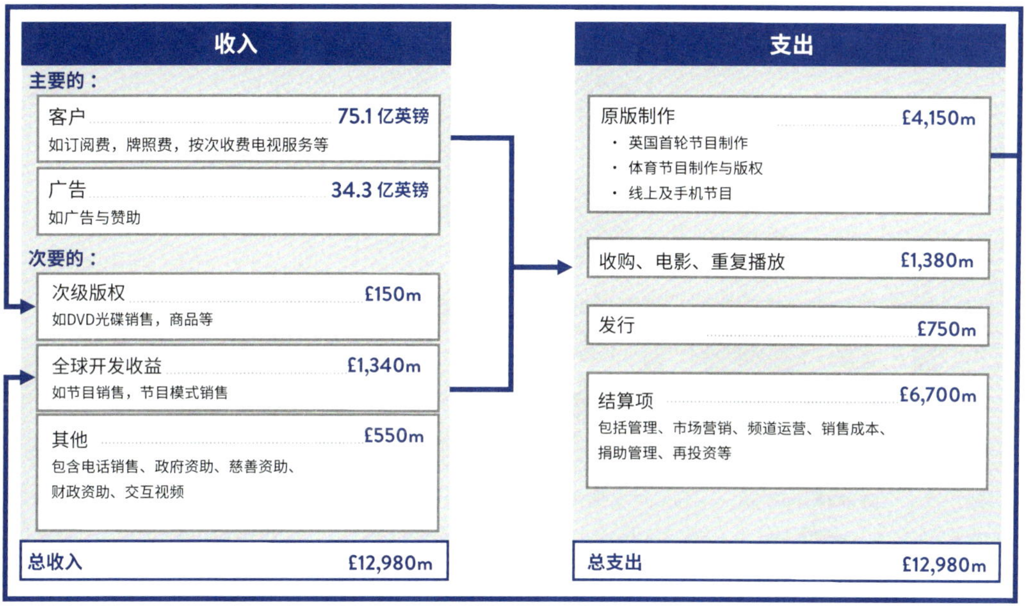

图 11.1 130 亿英镑的行业：英国视听产业里的资金流动[1]

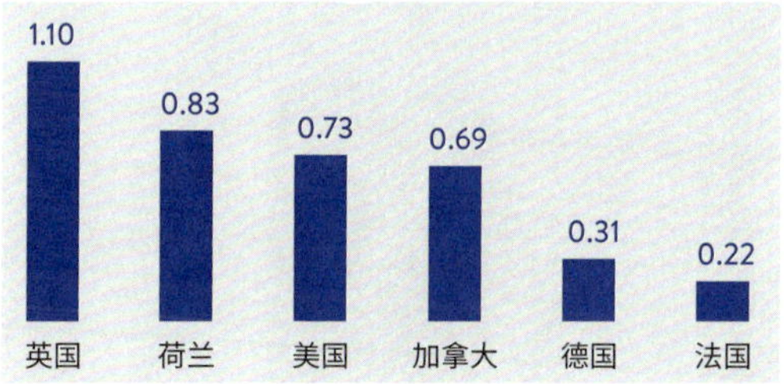

图 11.2 电视节目出口小时数与每百万英镑电视产业收入比值[2]

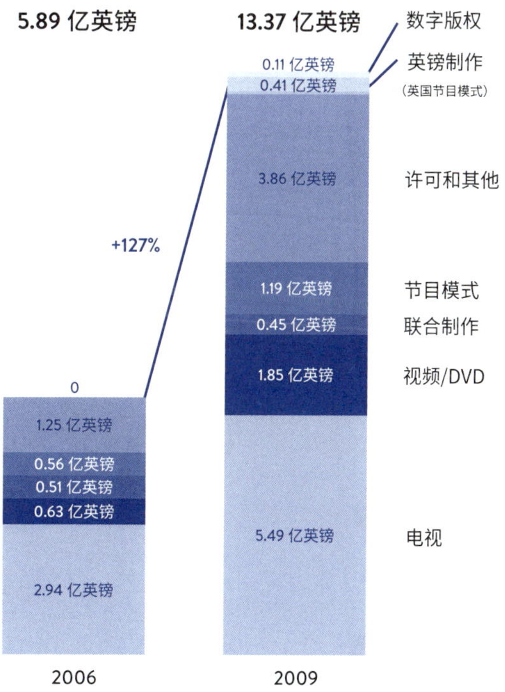

图 11.3 2006 年与 2009 年英国电视节目出口比较[3]

1 数据来源：Communications Chambers estimates based on Ofcom Communications Market Report 2010; Independent Production Sector Financial Census and Survey 2010, Oliver & Ohlbaum for PACT; Company Annual Reports including BSkyB, Virgin Media, BBC, ITVplc and Macquarie UK Broadcast Holdings Limited. Deloitte report for the Satellite and Cable Broadcasters' Association, 2011.

2 来源：Ofcom International Communications Market Report 2010, TRP Rights of Passage 2007.

3 我们注意到在派克媒体贸易协会独立制作调查报告中最主要的一项出口收入是海外市场佣金。在 2009 年整个海外市场收入的 4.39 亿英镑中，超过 67% 的 2.96 亿英镑是海外市场的佣金。

图 11.4 英国电视的全球化成功

《唐顿庄园》

2010年秋季，英国独立电视台第1频道播出的古装剧《唐顿庄园》获得了广泛的关注与非常高的收视率。该剧由奥斯卡获奖编剧朱利安·费罗斯（Julian Fellowes）创作剧本，嘉年华电影公司与NBC环球制作，是英国2003年以来最为成功的电视剧。英国独立电视台已经计划在2011年推出续集。[1]

在英国电视行业成功的背景下，NBC环球已经成功地将《唐顿庄园》发行到了全世界100多个国家与地区，包括阿尔巴尼亚、澳大利亚、比利时、克罗地亚、丹麦、芬兰、德国、冰岛、以色列、日本、荷兰、新西兰、挪威、波兰、瑞典与美国等。

《唐顿庄园》在2011年3月登陆西班牙，在阿特钠3频道（Antena 3）创下了320万的观众与17%的观众收视份额。该剧播出后，在西班牙的推特上成为最热门的讨论话题。

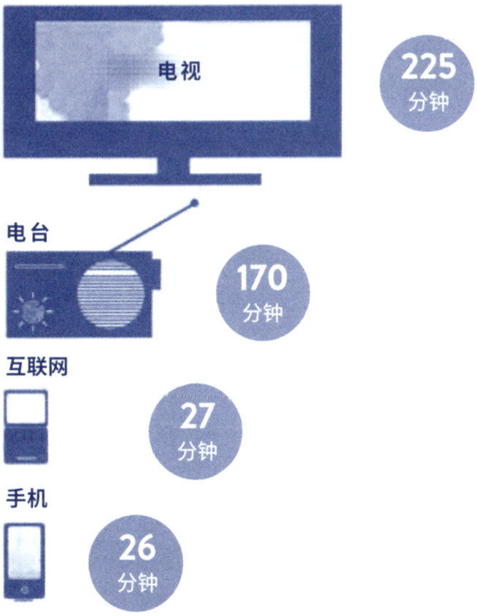

图11.5 英国电视的力量：每天花在媒体上的时间[2]

2.3 满意的消费者

英国的观众对于电视的消费有着很高的需求，尽管更多人在其他媒体或相关活动上投入了更多的时间。电信监管机构（OFcom）的数据显示了近年来平均每人每天观看电视，2009年每人每天3.75小时，而在2004年仅每人每天3.7小时（图11.5）。在过去的五年里，我们花在电视前的时间比以往任何时候都要多。

如图11.6所示，流行电视仍然具备将大量观众聚集起来的能力，反过来，这些节目也吸引

1 《唐顿庄园》，共播出6季，于2015年收官。以《唐顿庄园》在美国的收视数据为例：《唐顿庄园》第三季大结局在美国PBS电视台播出获得了非常高的收视。这部从英国引进的英剧本季平均收视有7.7，每集平均收视人数高达1,150万。第三季大结局这一集更是获得了8.1的全美收视率好成绩，该集吸引了1,230万观众收看。无论在公共电视台还是有线电视台，都囊括了同时间档的收视冠军宝座。据统计，一共有2,400万观众关注了第三季，比第二季多出了700万观众。这也让《唐顿庄园》成为PBS有史以来收视最高的一部电视剧。

2 来源：Ofcom Communications Market 2010

		平均观众（单位：百万）	市场份额
	《X元素》	16.6	50.9%
	《加冕街》	14.1	46.1%
	2010年世界杯	13.2	51.8%
	《英国达人秀》	12.8	52.6%
	《我是名人》	12.4	43.1%
	《爱莫代尔》	10.0	37.4%
	《福利斯特探案集》	10.0	33.2%
	选举—领导辩论	9.7	35.6%
	《冰上之舞》	9.6	31.9%
	《唐顿庄园》	9.6	32.4%

图 11.6 全国聚焦的英国独立电视台 1 频道节目[1]

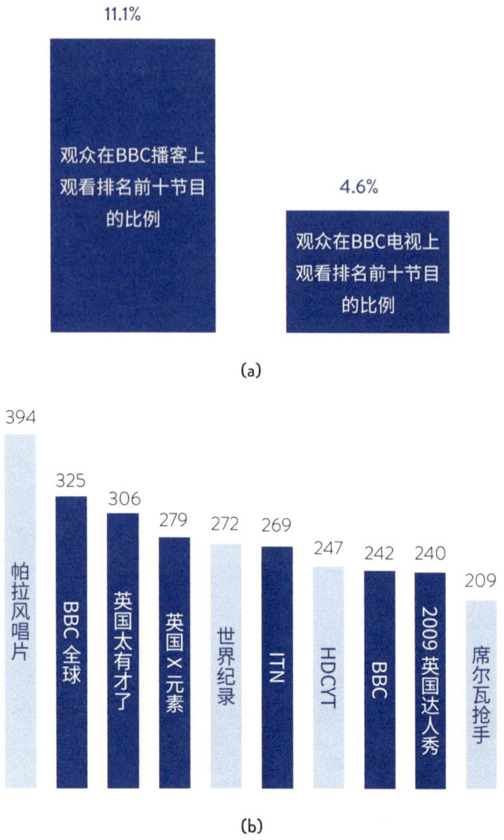

图 11.7 (a) 排名前十的节目在播客上与普通电视上播放的比例；(b) 2010 年 6 月英国最受欢迎的 YouTube 频道的观众人数（单位：百万人）[2]

了广告商，他们需要将广告有效地投放到大量的受众面前。高质量的电视内容带来了良好的收视率，让电视成为了广告商建立品牌与大众交流的有效工具，例如 2010 年在 ITV 上的 X 因子系列节目，是有史以来被观看最多的影片。除此之外，付费电视为消费者带来了额外的选择，吸引了大量的观众，他们喜欢被提供的宽广内容与选择，并乐于为此付费，无论是精彩的体育节目还是高质量的艺术内容。

娱乐与精心制作的内容是成功的关键。有时候会有争论地认为，在线上的世界，在众多的内容选择和渠道选择中，即使传统的供应商提供的是高质量内容，也将变得无关紧要。但对 BBC iplay 的使用情况分析得出：即使观众的选择范围很广，热门的节目仍然是重中之重。列入，如图 11.7 所示，2011 年 1 月，BBC iplay 上排名前十的节目有着 11% 左右的收视率。

1　来源：BARB, Communications Chambers analysis.

2　来源：BBC iPlayer stats; YouTube statistics June 2010, Ofcom Communication Market Report 2010.

2.4 更加广泛的影响力

虽然很难量化，但电视对于经济的影响比以前任何时候都要广泛，我们身边有很多的例子。高质量的电视内容在促进电视节目的销售、纪录、其他客户终端等扮演着重要角色，为零售经济做出了贡献。仅电视机和数字解码器一年的销售额就高达 22 亿英镑。[1]

对小型独立制作公司发展的支持

广播公司对独立制作公司的支持由来已久，比如 Maverick 是一家 1994 年成立于伯明翰的小型电视制作公司，公司的部分员工起家于伯明翰电影与视频工作室，是一家由 4 频道资助的媒体机构。

当 Maverick 公司建立的时候，第 4 频道委托这些新生的公司制作社区电影，包括 Maverick 初期制作的《螺母与飞行员》（*Wingnut and the Sprog*）。Maverick 公司透过与 4 频道合作制作一次性电影与教育节目，由此成长并多元化发展。第 4 频道亦帮助 Maverick 公司策略性、多样性发展，制作专题节目与季集节目。

Maverick 公司现在属于 All3Media，并成为第 4 频道最大的供应商之一，制作了《怎样欣赏赤裸之美》（*How To Look Good Naked*）、《十年：年轻》（*10 Years Younger*）与《尴尬的身体》（*Embarrassing Bodies*）等系列节目。他们的节目模式已经销往全球，是该地区主要的媒体雇主。他们成立了获奖的数字部门，负责向第 4 频道输送最具创新力的数字节目。

Maverick 公司专注于在数字媒体平台上提供健康的信息，比如通过制作《尴尬的身体》，让 Maverick 公司超越了广播媒体的范畴，去年与 NHS 签下价值 1,500 万英镑的合同，建立了网络诊疗服务。

毫无疑问，电视支持了许多在影视制作层面的企业，比如制作、后期制作、发行等领域，其中受益的多是中小型企业。许多与第 4 频道一样的广播公司和独立制作公司之前有着非常紧密的合作关系，而这些独立制作公司正是最有力的节目创新者。[2] 电视合约支持了整个英国创意产业中的小型企业，将后期制作技术应用在电视、电影和其他领域，伦敦走在了世界的前列。但如果没有电视委托制作，这些都将不复存在。视听产业支持了许多致力于节目内容制作的中小型企业，无论在台式电视还是移动终端上。

据电信监管机构（Ofcom）与宽带股东集团（Broadband Stakeholder Group）记载，高质量的内容是高速互联网需求发展的重要驱动力，将对英国的网络经济贡献更多。[3] 国际传媒巨头思科（Cisco）公司预测：截至 2010 年底，互联网业务中的视频业务将占总量的 40%。他们认为“视频已迅速变成网际协议（IP networks）的必胜应用程式”。[4] 我们的数据分析显示，大约有 5% 的固定宽带和移动宽带收益，来自视频下载和分享——去年收益将近 10 亿英镑。

电视同样带来全国性的讨论话题，提高了报纸和杂志的销量，试想《太阳报》(*Sun Newspaper*）和《热度期刊》(*Heat Magazine*）没有了电视新闻和八卦会怎样？

为电视收益提供技术的公司也受益，而这个模式已经在数字媒体领域重复发生。因为，老牌电视公司正在寻求新的专业领域、创新人才、合作关系等，以跻身全新的市场。

1 来源：ONS Family Spending Survey, 2010.

2 2010年，第4频道与全英国超过300家电视与数字媒体制作公司合作，其中许多是中小型企业。

3 来源：Ofcom, Future Broadband – Policy approach to next generation access, 2007, p62; BSG, Pipe Dreams? Prospects for Next Generation Broadband Deployment in the UK, 2007.

4 Cisco: Visual Networking Index Forecast, June 2010.

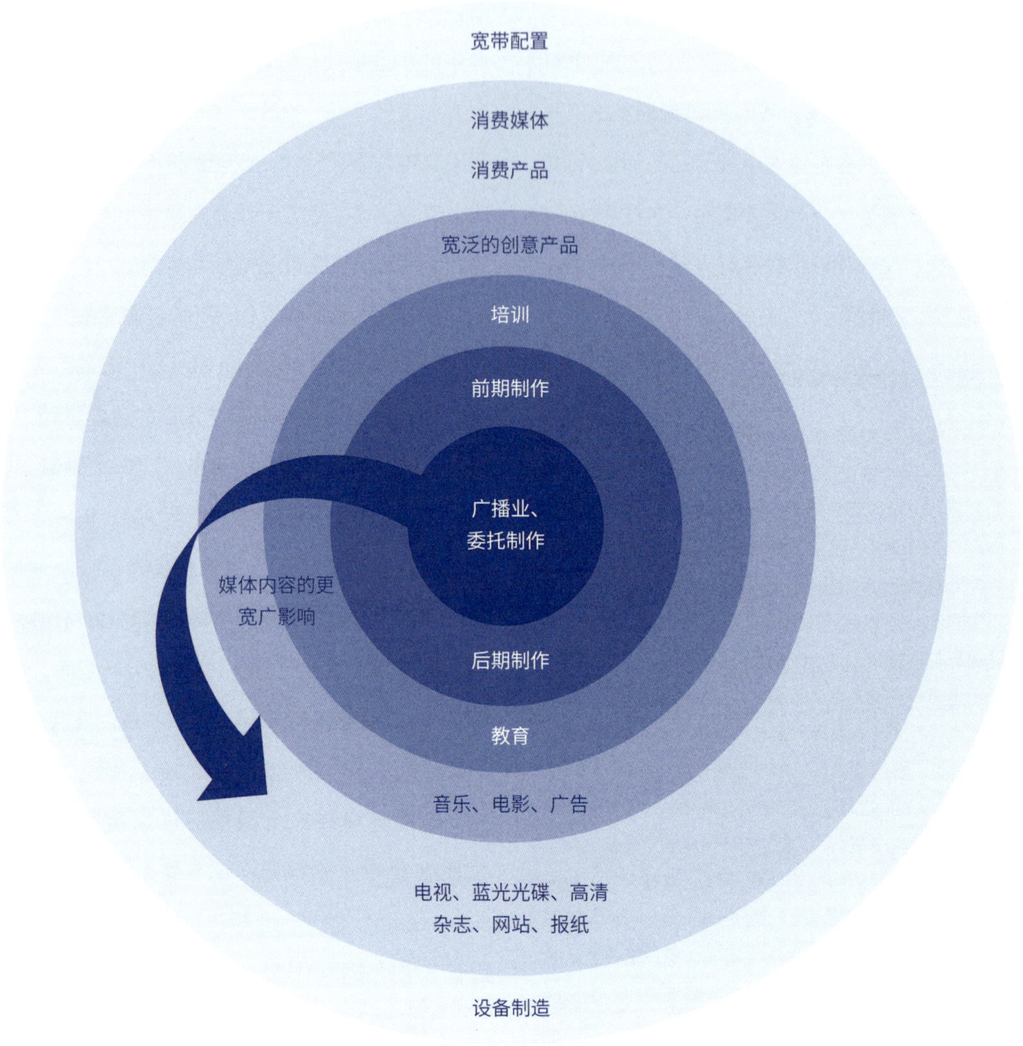

图 11.8 视听产业的影响力范围

天空电视台对科技资源公司的支持

天空电视台对科技资源公司进行投资，比如Telegenic公司，与天空电视台共同开发三维广播电视，包括设计筹建世界上第一个多机位三维单位。

Telegenic公司起步时只有一台扫描仪。之后，他们配备了一台带磁带录像机的卡车、两个数码制作团队与一台高清扫描仪，由此发展后期制作技术。在最初的六个月里，他们为英式橄榄球比赛、英式橄榄球联盟与英超足球赛提供标准画质设备。2005年，Telegenic公司使用最新的扫描仪提供了杜比环绕声的高清转播。之后，他们又组建了两个高清制作单位。

2009年11月，Telegenic公司与天空电视台共同开发三维高清电视。经过六个月的测试，天空电视台采用Telegenic公司提供的设备，实现了世界上首个实时三维技术转播。世界上首个多机位三维制作单位在测试期间达到了设计的顶峰。2010年4月由天空电视台授权，Telegenic公司负责管理的商业三维频道正式上线，另一个频道在9月份莱德杯高尔夫球赛期间在威尔士建立。用高清与三维技术传播信号促使天空电视台开发了国内的三维服务，并成为英国最大的提供户外服务的广播公司，而Telegenic公司一直参与了整个过程。Telegenic公司通过100多名员工与三台卫星直播车为天空电视台的三维和高清信号传播提供了设备与技术。

另一些通过天空电视台投资而获益的公司有：

Aerial Camera[20]：为橄榄球和足球赛提供远程摄像服务。

Alston Elliott：屏幕图像技术的领导者。

第4频道对数字媒体的支持

为了体现广播公司对支持新媒体公司所能够扮演的角色，第4频道在2010年8月宣布向邓迪数字传媒领域投资100万英镑，受益的公司包括：

DYNAMO GAME[21]——委托开发了一款全新的脸书游戏《美丽城镇》（*Beauty Town*），第4频道的很多节目中都在推广。

TAG GAME[22]——与第4频道合作开发互动游戏与手机应用，最为成功的品牌为《请与我共进晚餐》与《偷看真人秀》（*Peep Show*）。

DYNAMO GAME和TAG GAME都从第4频道获得了数字媒体资金的资助，该基金由创意苏格兰代为管理，该基金除了资助第4频道的项目外，也开发自身的知识产权产品。同时，第4频道也委托独立制作公司Headlight Scotland制作与DYNAMO GAME的游戏相关的系列电视节目，并专注“勇敢的数字游戏设计比赛”。

此外，第4频道的“聚焦节目模式基金”（*Convergent Formats Fund*）在2011年拿出200万英镑，投资电视连接服务的创意想法、手机应用和创意理念，比如YouView。

英国独立电视台与Candyspace媒体公司的合作

Candyspace是一家以移动与多频道数字为平台的媒体机构，4年前在车库里成立时仅两名员工，目前已经发展到约20人规模，在媒体、游戏、市场领域拥有广泛客户群。Candyspace主要向移动、电视、网站平台提供创意、制作、技术支持等专业化服务，客户包括维珍传媒与动量影像（犯罪现场调查剧集的制作公司）。

Candyspace同样为英国独立电视台设计与开发了多个关键的手机应用程式，并负责所有开发步骤与流程，从界面设计与用户体验，至技术、安装与测试。

Candyspace的执行董事汤姆·索恩（Tom Thorne）认为：“对他们（英国独立电视台）来说，依靠仅有20名员工的公司为他们开发全新的收入来源，是一个巨大的信心挑战”，他强调小型企业赢得大型蓝筹公司如英国独立电视台的项目的重要性：“很高兴看到大型蓝筹公司对于小型创新企业的支持。”在他看来，这种合作关系对于小型企业的发展起着关键性作用。他同时也将此归功于英国独立电视台将Candyspace视为伙伴，帮助其在新兴的互联网中赢得一席之地。

1　一家提供航空摄像服务的公司。——译注

2　一家游戏公司。——译注

3　一家游戏公司。——译注

2.5 至关重要的社会文化角色

除了重要的经济贡献，英国电视行业同样在教育、社会、文化领域扮演着重要角色。毫无争议，没有任何一个经济领域能在我们的日常生活中扮演如此重要的角色。

电视让英国成为一个更加开放和信息化的社会，让环境变得更适合工作与生活，并在全世界扮演着英国的文化与价值大使的角色。英国的观众从高质量的新闻与政治竞选辩论中获益，包括天空电视台的新闻频道、独立电视台和 4 频道的主流新闻，如 2010 年的竞选辩论电视直播。

第 4 频道内容广泛的的纪实节目《杰尼斯学校晚餐》(*Jamie' s School Dinners*) 与《斗鱼》(*Hugh' s Fish Fight*) 等，吸引了大量的观众并挑战他们以不同的视角看世界。从现代的肥皂剧到经典的戏剧，独立电视台的高质量电视剧吸引着全国的观众，反映着其厚重的文化。而天空电视台的艺术频道在传播原创戏剧、音乐与支持更大范围的公共文化活动时，扮演着举足轻重的角色。

电视领域的资金充足来自更重要的资助模式与商业机会的开发，促成了节目内容的多样性与宽泛性。

面对日益碎片化与充满竞争的世界，广播电视是为数不多的具有规模和广泛影响力的媒体，有能力开发创新服务。

电视在开发创新服务中扮演的角色

Landshare，一家由 Keo 电影公司成立的创新数字服务，它将有闲置土地的拥有者与需要土地种植粮食的人们聚集在一起。

在 2009 年第 4 频道的《山寨河》(*River Cottage*) 节目中亮相后，Landshare 已经成长为一个拥有近 6,000 人组成的活跃社区，包括土地拥有者、种植者和志愿者，该服务提高了社区对与健康、福利与环境相关的意识，把人们联系在一起，并为年长者提供了一种能让花园保持活力的全新途径。

Landshare 赢得了不少大奖，在主流媒体上获得了广泛的赞扬，被杂志评为“2011 年重大创意”。在新开发苹果手机应用里，使用者可以在全英国范围内找到空闲的土地，而土地分享则通过日益增长的合作者、公共机构与医院进一步招募更多的参与者。

电视与网络的共生关系是 Landshare 成功的根基，近 20,000 名用户在《山寨河》节目播出后涌入注册，没有电视的影响力和传播力，Landshare 不可能得到所需要的观众数目，以带动宣传与更广泛的支持。

在英国取得成功后，Keo 开始将其国际化。2010 年 12 月已经在澳大利亚建立了类似的节目，并计划在其他五个国家推广。他们已经开始和美国的分享地球公司合作，以提高全球的家居种植活动，为降低全球碳排放做出贡献。

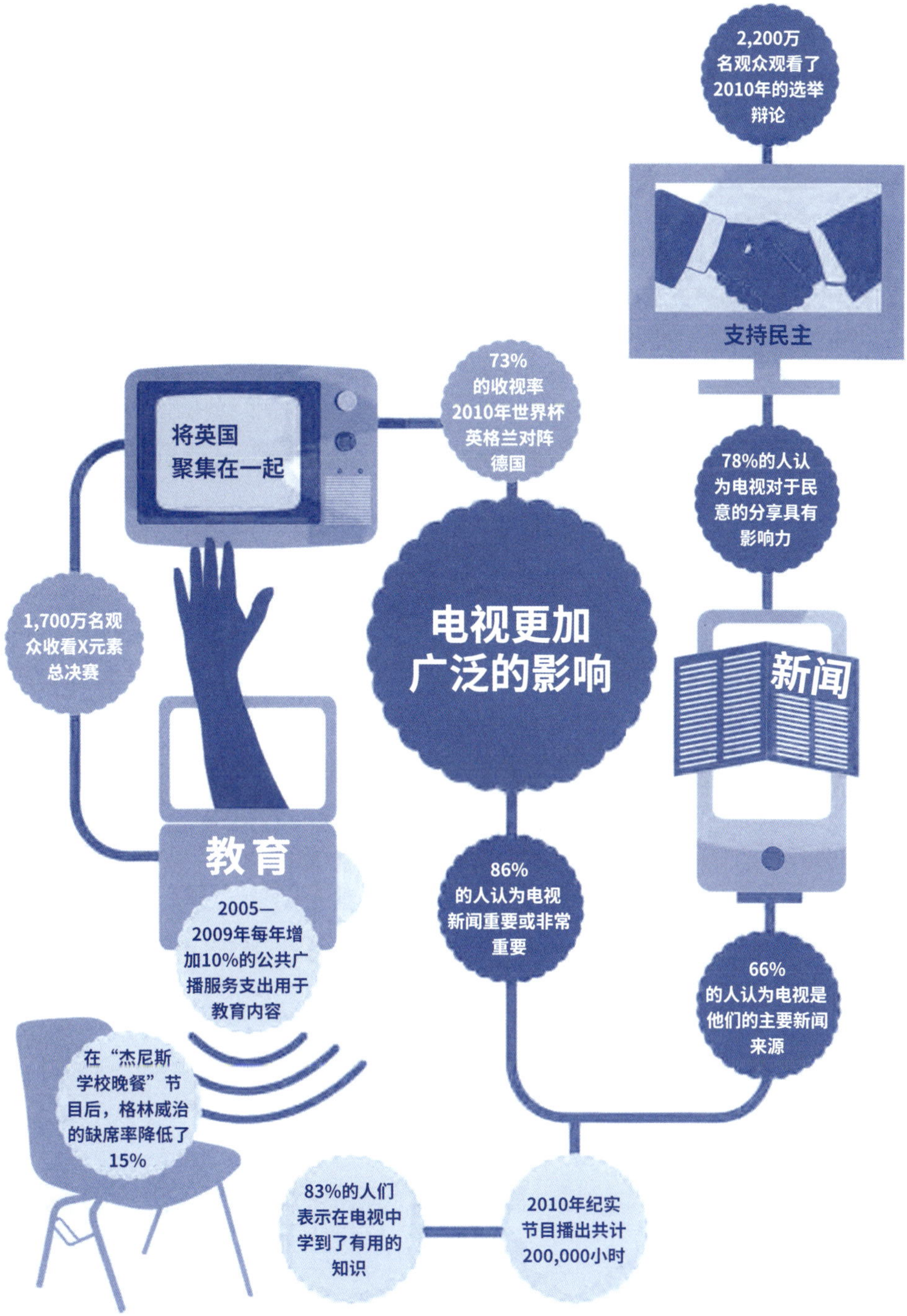

图 11.9 英国电视的社会与文化价值[1]

1　来源：BARB; The audience's view on the future of Public Service Broadcasting, Ipsos Mori; News News Future News, Ofcom; Guardian; Communications Chambers analysis.

英国独立制作领域的成功

对独立制作领域的支持，源自第 4 频道成立的出版与广播公司，该领域因受 2003 年的传媒法案的推动得到大力发展。在该法案的监管体系中，制作公司可以在节目内容中制作和反复利用知识产权内容，广播公司可以获得制作公司的授权，但制作公司持有次要版权以及海外版权。

这无疑给知识产权市场注入了活力，制作公司可以为英国国内的数字服务并向全世界出售版权。

在这样的开发背景下，制作公司可以在全球范围内开展业务，充分利用知识产权在海内外寻找合作计划；同时知识产权同样可以赋予他们更多的融资机会，让他们真正意义上独立于广播公司客户。

结果是令人震惊的。2008 年独立制作公司价值高达 2,200 万英镑，十年间上涨 169%，全球收益达到 4.39 亿英镑，较前一年上涨 28%。2010 年，约一半的原创内容开销于独立节目（2005 年的数据是 40%）。派克媒体贸易协会的报告显示，以英国为基地的独立制作公司，更多的收益来源美国的市场，而非本土。

独立制作公司也将大量海外收入再投资在英国制作，每年约 2 亿英镑的英国内容创作投资当中，以版权开发与合作获取的资金占很重要的比重。

2.6 成功因素

英国视听产业的成功有着多方面的因素，其中最关键的是竞争力与知识产权体系。

竞争，包括频道之间争夺收视份额、平台之争，以及（在商业领域）争夺利润等，都十分激烈。超过 90% 的英国观众能够收看超过 5 个地面频道，41% 的观众选择了用卫星收看 500 个频道，截至 2010 年，英国主要的五大网络电视收视率从五年前的 74% 跌到了现在的 58%，这样的竞争环境促进了新创意与全新的节目模式，与众不同的是频道的生存要素。

面对这样的竞争环境，电视产业开始思考观众的喜好与口味，以及如何在观众能够接受的价格范围内提供他们需要的服务，这是一个实实在在的面对消费者的行业。

知识产权同样也是一个关键性因素，影响力也逐渐在扩大。在电视的早期时代，广播公司很难有机会在他们的基本广播以外利用他们的内容版权；随着全新的发行方式出现，内容版权变成视听经济中的重要组成部分，开发出新的收益来源。在过去的二十年间，英国独立电视制作公司的发展，有力地证明了知识产权对于良性循环投资、发展以及再投资的帮助，而这部分投资都流向了高质量电视节目内容与节目模式的开发中。知识产权鼓励拥有者在国内外以全新的方式利用他们的制作内容，并帮助他们筹募资金在国内外拓展业务。更广泛地讲，知识产权是整个行业增长的引擎。

在这样的背景下，现在的英国形成了具有创意与科技内涵的大小型企业、制播合一公司与独立制作公司共存的局面，而这样的混合局面将创造出更多的创意并成功地走向市场。

3 创新与增长

英国的成功故事仅仅是历史吗？毕竟电视已经问世了很长一段时间，经常被定义为老古董，而数字与网络科技服务被定义为全新的科技，但事实上，英国的视听产业调整结构重新投资，将科技和内容融合进新老两代媒体中。

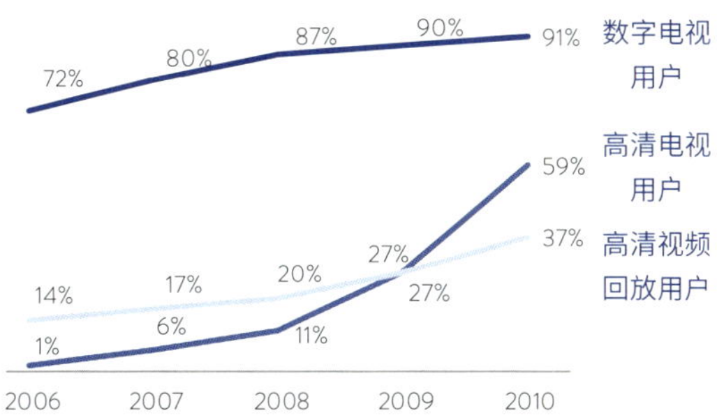

图 11.10 英国科技的采用率[1]

3.1 科技创新

英国是数字科技创新的领导者，像天空电视台与维珍电视台已经着重向创新科技投资，并逐步将其调整为主流业务——建立更加专业的、观众喜欢的市场。如图 11.10 的数据显示，91%（表中取值 11%）的用户使用数字电视，37% 的用户至少拥有一台数字影像机。天空电视台的第一个高清频道成立于 2006 年，而现在已经扩展到大约 60 个高清频道了。目前天空电视台拥有 350 万高清收视用户，占总消费户的三分之一，在英国大约 60% 的用户拥有高清电视机。

如图 11.11 显示，英国在好些新兴科技方面的渗透率是全世界最高的，这为新构思走向市场提供了很好的试验室；反之创作者也有机会设计出与高科技匹配的内容。比如，早从 2006 年开始，天空电视台和第 4 频道就将内容制作与 4oD、播客等结合起来。

可以预见，未来的新发展模式包括广播与网络电视的结合，比如 YouView，未来移动手机应用与全商业化的三维数字研发将更加多样化发展。YouView、英国广播公司、第 4 频道与独立电视台将会把数字电视、重看、点播以及互动应用程式完美地结合起来。原来仅通过电脑传播的很多内容，被置于更加开放的平台中，所有的内容制作公司都能通过电视机传播他们的作品。

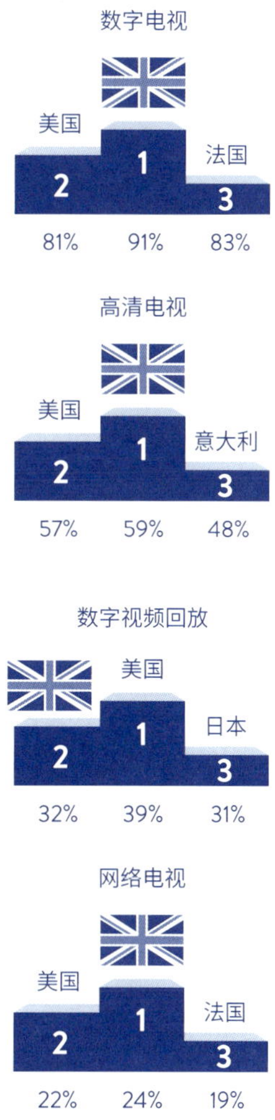

图 11.11 英国与其新兴科技——与法国、德国、意大利、美国、日本等国采用率比较[2]

1 来源：Ofcom International Communications Report 2010. 高清用户的定义是拥有高清接收设备的用户。

2 来源：Ofcom International Communications Report 2010.

3.2 内容创新

英国的视听产业同样在内容革新与模式上领先，比如在 2009 年，近半（47%）的英国网络播出时间来自首轮英国原始制作[1]，仅 6% 首轮播出时间来自购买海外节目的版权，低于其他欧洲国家。在特定的年份里，大约一半的节目是由独立制作公司全新创作，而非续集。[2] 观众在这些年的创新中获益很多，比如天空电视台，将创新带到了新闻和体育节目，第 4 频道把播放时间给予来自独立制作公司的前卫且具有突破性的理念。美国优质的戏剧和情景喜剧深深地刺激了英国的制作者，意图与他们的高价值制作一决高下。

英国可以被视为世界视听节目的研发实验室，他向广播公司与制作公司提供了广泛而多样性创新空间，而非雷同的市场。美国的市场越来越倾向参考英国的制作模式，无论是真人电视还是故事片，以减少他们在投资上的风险。

所以，目前很多的美国电视工作室对英国的视听节目制作进行大量的投资。比如时代华纳对赫特福德郡的里维斯登工作室的收购，以及美国市场对于英国顶级制作公司的收购；比如时代华纳收购了 Leavesden 工作室，NBC 环球收

既有模式的新途径

- 《天降百万》（*Million Pound Drop*）
  英国在游戏节目模式上处于世界前列，这个由“恩德莫”为第 4 频道制作的全新娱乐节目模式，是一个连续数夜的游戏节目，在第 2 季的时候吸引了大约 340 万观众。其现场的元素在于根据每天的节目中所发生的事进行提问，以产生时事感，而这些标题在推特网成为全球最受热议的话题。同时配合该节目而制作的公众游戏，已经变成第 4 频道线上最为成功的项目，第 2 季时，每天有超过 10 万的玩家涌入，7% 的观众还在线上追随。第 4 频道开创式地融合了电视与线上体验，而电视与线上的双屏体验，在未来的发展中至关重要。
- 《中间人》（*The Inbetweeners*）英国在开发喜剧方面具有非常多的成功经验，许多剧目销往全球。这个由 Bwark 小型独立制作公司创作的喜剧第 3 季，在第 4 频道获得了破纪录的收视率：410 万观众。该剧同时在线上也吸引了大批观众，脸书网站上近 1,000 个与该剧相关的页面，一年里在第 4 频道的网站被收看近 800 万遍。之前，第 2 季证明了点播与重播服务变得越来越重要。在第 4 频道与网站上重播时，每集依然有近 200 万的观众收看；而近 150 万人最近在 4oD 上透过点播服务收看该剧。该剧赢得了一系列的奖项，并正在筹备制作成电影。
- 《达人秀》（*Talent Shows*）——电视版达人秀为了 21 世纪再改造《英国达人秀》（*Britain ' s Got Talent*），一场达人的竞赛，于 2007 年登陆独立电视台 1 频道，吸引了大批观众，每季的赢家将获得 10 万英镑的奖金，并获得在“皇家大汇演”上演出的机会。苏珊·博伊尔在 2009 年表演的《我曾有梦》，一举创下 192 万观众涌入独立电视 1 频道的总决赛。

  2004 年登陆独立电视 1 频道的《X 元素》，是一档以专业歌手和大众评审的歌曲比赛。比赛的冠军可以和索尼娱乐公司签订专辑合同。2010 赛季的观众达到顶峰，总决赛拥有 195 万观众，市场份额达到 61%。视频播放达到 315 万观众，并持续上升到 78% 的市场份额。

  《英国达人秀》与《X 元素》由 Talkback Thames 与 Syco 公司制作，如今这两个节目模式在英国电视成功的背景下，已经风靡全球。

1　来源：Ofcom Communications Market Report 2010.

2　Pact: Financial Census and Survey, 2010.

三维的故事：工作中的创新

天空电视台很有前瞻性地在科技与服务方面进行投资，以提高观看体验。Sky+ 代表了个人视频记录科技的前沿，它拥有极其便利的使用界面和电子节目指南。高清技术在英国已经是高质量节目内容的标配，天空电视台拥有超过 350 万的高清用户，而现在他正在三维电视中引领潮流。

2010 年年底，英国共有大约 125,000 台三维电视机与七 70,000 名用户，高于行业预期。目前天空电视台每周都会在三维终端上推送两到三个现场节目，包括英超联赛和歌剧、芭蕾舞剧与摇滚音乐。原创的三维节目制作在增加，2011 圣诞节的《飞行怪物》被认为是迄今为止投入最大的三维节目。

天空电视台的成就在于在短短的三年时间里，将三维广播从概念变成了现实。这包括与制造商合作研发能配合天空电视台广播技术的电视接收器（之前他们将重心放在蓝光技术上），并与广播设备制造商合作，简化与调整原本为大制作电影所研发的技术。而这一切都必须在天空电视台现有的机顶盒设计中完成。天空电视台还举办了三维技术的大师班，建立了自己的行业技术标准。

因此，英国在三维技术开发中处于世界领先地位，英国有机会在三维制作领域成为全球中心，许多的制作与后期制作公司都和天空电视台保持着紧密合作，使用复杂的电影模拟与视觉特效制作三维节目。随着全球对三维节目需求的增加，这些弥足珍贵的经验将通过一个个项目，传遍世界。

购了 Carnival 制作公司。同时，英国的公司像独立电视台工作室美国运营部（ITV Studios' US operation），已经成功地制作了英国节目的其他版本，《魔鬼厨房》（*Hell' s Kitchen*）与《四个婚礼》（*Four Weddings*）等节目，在美国的网络电视及有线电视上播出。

3.3 增长的前景

增长的前景是鼓舞人心的，尤其体现在两个方面，第一，数字媒体与互联网的开发；第二，持续的出口成功。

1）数字媒体与互联网

现在，观众通过媒体和其他全新的终端满足对内容的需求，这些都将创造出全新的市场与收入。作为对消费者需求的回应，英国电视行业迅速而有力地开发出了全新的内容传播方式：

- 移动播放时间与主题频道；
- 正在试验不同的付费或广告赞助模式的点播服务；
- 广播与互联网融合服务；
- 手机与智能手机应用与服务；
- 通过互联网传播内容，比如能被搜索引擎和聚合网站找到的内容，比如 YouTube。

没人能完整的预测以上哪一种播放方式会吸引最多的观众或者拥有最多的利润，但关于市场在妨碍内容的制作这样的争论，已经没有说服力，也不合理了。

收看渠道的井喷

在过去的几年中，观众已经可以在各种迅速增长的媒体渠道，以及新的节目网站（content packager）上找到自己喜欢的电视节目。

- 点播

所有的主要广播公司都有自己的视频点播服务：播客、独立电视台播客、第4频道点播与天空电视台的任意点播服务，向用户免费提供内容下载。英国独立电视台已经有超过40,000小时的节目（占存档节目的25%），能在英国视频点播平台上收看或者准备开发。

新的节目网站，比如LOVEFiLM与Blinkbox，以非常低廉的月费提供国内外的电视节目。

作为电视服务的一部分，BT视野与维珍电视台除了播放其他广播公司的节目外，还专门建立了自身的节目点播平台，作为他们更广泛的电视服务的一部分。2010年3月BT下载最多的是《中间人》。

广播公司与节目制作公司将完整的或经过剪辑的节目放在YouTube或其他网站上，康姆斯科公司的数据显示，有55亿的视频在线上传播（2010年2月9日），其中过半透过谷歌网站收看。

要感谢4oD授权，YouTube用户可以随时观看到第4频道3,000小时时长的完整节目，数以千计经过剪辑的节目也可以在YouTube平台上观看。

苹果iTunes以平易近人的价格，提供大量英国电视节目的下载资源。

- 移动与其他媒体

英国主要的节目制作公司已经实现或者正在实现节目在智能手机、台式电脑以及游戏机终端上的播放，比如在Xbox与PS3游戏终端等。

天空电视台的新闻和体育节目，都可以在苹果手机应用以及其他移动网络运营商平台上观看。3月17日开始，天空新闻以平板模式提供视频和触摸屏的新闻播报服务。

独立电视台的播客可以在PS3游戏终端上运行，第4频道的4oD也实现了在PS3游戏终端上播放，不久后4oD将通过在IPAD上建立应用程序实现播放。

最成功的移动应用程式，往往建立在成功的电视节目上，从《异次元杀阵》（*The Cube*）到为《达人秀》投票都是如此。

跨媒体（或艾塞克斯）是唯一的出路

由ALL3媒体出品的、在独立电视台2频道热播系列《艾塞克斯是唯一的出路》（*The Only Way is Essex*），是独立电视台最快速增长的在线品牌之一。其中2010年秋季开播的第1季系列节目，在线上取得了巨大的成功。2011年春开播的第2季节目，独立电视台也以全新的创新方式，挖掘着社交媒体对该节目的兴趣。

音乐视频短片在第1集开播前预先播放，一个允许观众通过点击以获知更多人物性格和特征的互动视频版本，也可在ITV.com上下载。

该季的另一创新之处在于影片播出后，每星期三都会有“在线特供”版本。用户可登陆ITV.com获取在线版本，也可每周四在iTunes上购买。

脸书粉丝也可用“艾塞克斯是唯一脸谱”（The Only Face is Essex）的应用程式，使其置身于表演中。该应用程式会使用脸书数据将粉丝置于该剧的简短版本视频中。

ITV.com/essex网站也会带来很多额外的内容，包括通过推特和脸书持续不断地传达社会媒体反馈。

影片全程互动的技术由英国WAX传媒提供，并由数字创新公司Ralph和独立电视台联合推出艾塞克斯脸书系列应用。

3.4 成功的出口

展望未来，电视的消费在全世界持续增长。2011年观众的观看时间增长了1,400亿小时（达到4.5万亿小时），观看人数也增加了4,000万（全球增加到37亿观众）。[1] 本地的广播公司越来越偏好制作精良的叙事类和纪实类题材的节目。尤其在金砖国家和其他新兴市场，观众的需求大量增长。

1　来源：TMT Predictions 2011, Deloitte.

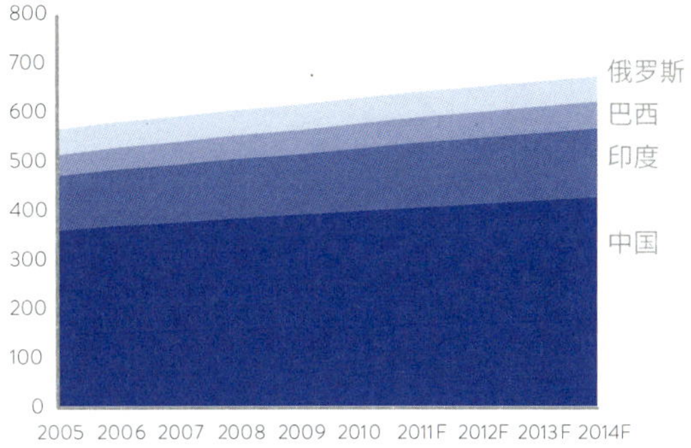

图 11.12 金砖国家电视增长情况（家庭数量，百万）[2]

中国的电视产业正稳步增长，在广告收入方面也斩获颇丰。日趋激烈的竞争也驱动着全新节目的不断开发，尤其是选秀节目和真人秀节目。即使许多节目形式是“借来的”，中国一些较大的广播媒体公司依然以授权许可的形式引进节目，包括《英国达人秀》和日本的《穿墙真人秀》（*Hole in the Wall*）。电视产业也是零售产品的一个主要营销推动力，例如儿童玩具。托马斯小火车在中国和日本是首屈一指的西方学前儿童玩具品牌。与此同时，数字媒体也使得英国内容的广播公司和包装者能直接接触全球观众。英国广播公司的全球节目通过欧美、北美、亚洲和澳洲的播放渠道独领风骚。互联网也通过商业赞助的点播业务极大地支撑该项战略规划。

4 未来的挑战

尽管我们拥有这些成功案例，但未来仍有一些巨大的挑战。一个巨大的结构转型也正在发生。

迄今为止的案例故事中，一个有效的知识产权管理体制，在电视产业领域的成功拓展当中，扮演着一个日渐重要的角色。在下一阶段的发展当中，知识产权将在挑战中扮演更重要的角色。

4.1 观众细分化

大型的表演节目仍然吸引着数量众多的观众。虽然电视的观影处于良好状态，但观看模式越来愈分散于多个频道和全新的发行方式。这就要求在视听效果和内容制作成本如何回收方面，做出一个彻底的转变。

在不远的将来，我们很可能看到一个显著的消费模式和创收模式的转变。在现场直播频道仍扮演主要角色的同时，一个更大的消费份额将来自许多不同的观看渠道：重播、点播库、通过脸书分享，从 iTunes 下载等。

4.2 寻找全新的创收模式

因此，未来的增长点将依靠寻找新的创收方式来补充现有的方式。如图 11.13 所示，随着全新创收方式的增长，基本广播的收入肯定会下降。这种收入来源的重组，赋予了知识产权对节目供应者重要的角色。

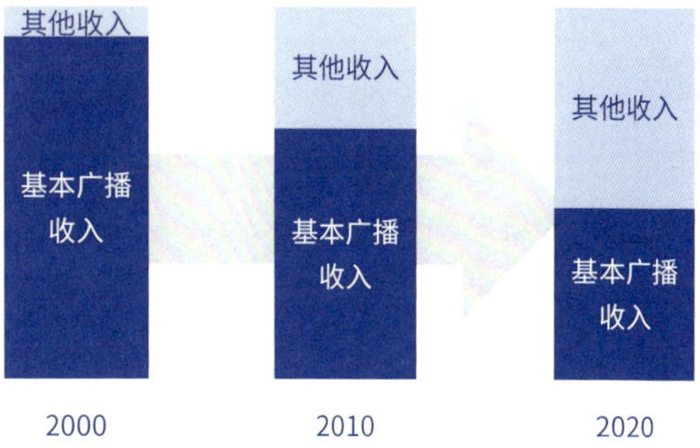

图 11.13 次级媒体与新媒体收入增长变化[2]

1 来源：PwC Global Entertainment Report: 2010 - 2014.

2 Chambers传媒公司预测, 可能的发展趋势分析。

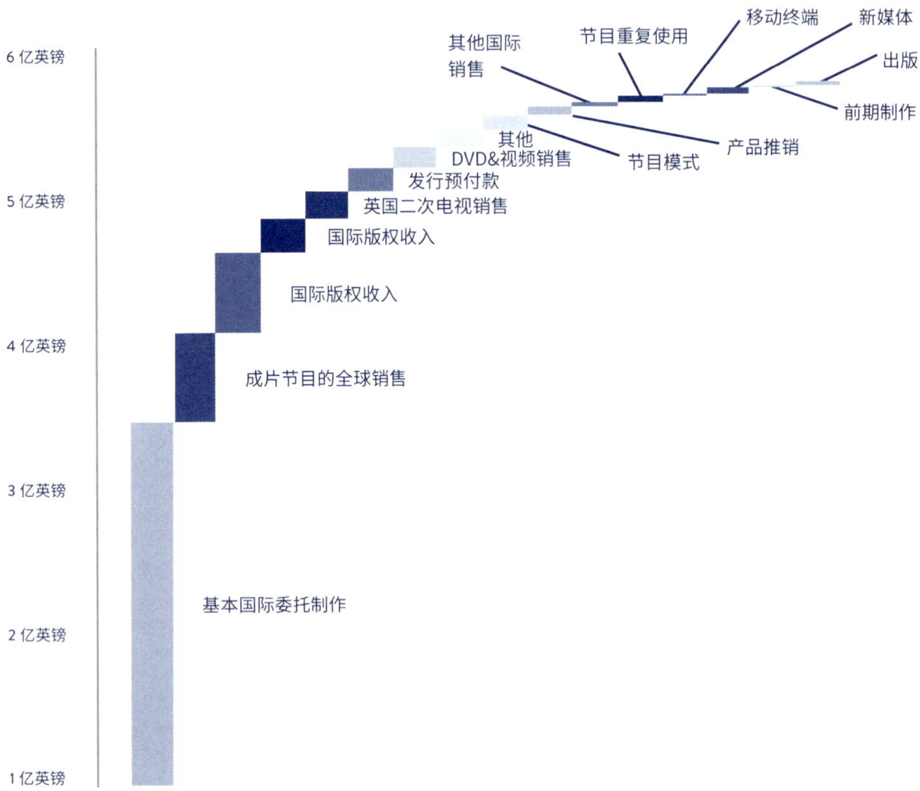

图 11.14 独立制作公司的众多收入来源[1]

未来，有关节目内容的投资将更多考虑多渠道的收入——而不仅仅是最初的广播。图 11.14 显示了电视行业不同的收入来源，这不可避免地会带来更多的风险。许多潜在收入新来源仍存在很大的不确定性。有效的知识产权保护可以提供保障，对推广全新的创收来源非常重要，也可保护更多的传统来源的收入。

一个很好的例子是真人秀节目《超级保姆》(Supernanny)，在该档节目中主要讲述了父母排除万难去驾驭淘气的孩子们。最初由第 4 频道委托 Shed 传媒集团旗下的 Ricochet 公司制作。该公司已成功地在许多不同的市场进行了创收。以《超级保姆》为例，节目可在 DVD、数字下载平台和在线节目源中获取。同时也在巴西、印尼、罗马尼亚、中国和波兰等国家播出。

图 11.15 进一步显示了面临的挑战，表现了英国独立电视台在投资一个优质的英国电视剧潜在回报的典型案例。对于此类制作，广播类的收入占到了整个制作预算的 60%。若无有效的知识产权保护，这样大的投资制作风险更大，同时吸引力也较小。在此背景下，一个在线浏览的“长尾巴”节目可以在收支平衡和利润方面，扮演一个重大的角色。

1 Pact: Financial Census and Survey, 2010.

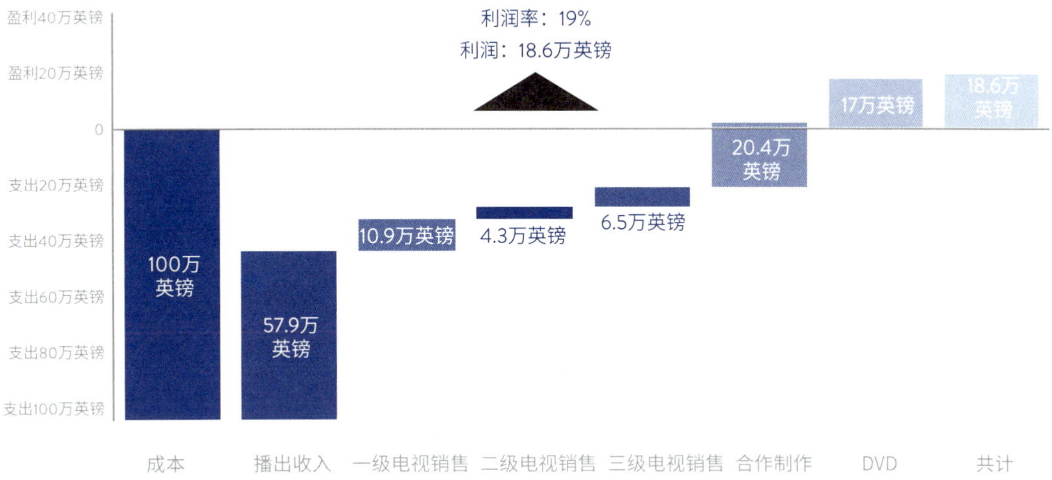

图 11.15 英国独立电视台电视剧经济模式（单位：1000 英镑）

4.3 全新的中介

广播公司通过自身的频道和平台长期控制大部分价值链，从委托内容制作到受众传播。然而，在全新的市场里，广播公司与制作公司越来越需要跟一种全新的中介打交道——内容聚合器，比如苹果或谷歌。这样的中介平台将向消费者提供找到喜欢节目的路径。但是，这也必将带来价值的分成——不管是消费者支付的形式（比如 iTunes）还是广告收入的分成（比如 YouTube）。

这样的形式也给视听产业带来了全新的商业挑战。新的交易是可以达成的，但当只有遇到强有力的守门人时，能够达到公平交易的可能性就大打折扣。如果高价值的节目内容不能获取平等回报，那么此类节目的长期供应也会受到威胁。

知识产权在新兴市场的竞争力方面扮演着重要的角色，在确保节目内容供应商与守门人交易时，有着充分的杠杆来保证节目内容获得公平回报。

4.4 高端的投资

国内外日渐激烈的竞争，意味着节目内容供应商必须不断地制作出一些有趣的、新颖的、与众不同的东西来吸引观众。高价值的节目内容，是从庞大的用户生产内容中脱颖而出的重要渠道。

通常，这意味着内容上的投资更多，而不是更少。电视剧制作预算更多，自然影片外景拍摄的成本更高，娱乐节目人才成本也更高。这也意味着要去开发更多的节目，用更大的成本去找寻难以预测的成功。比如《唐顿庄园》，有些远比它投资更大的节目，但最终未能成功地吸引观众。

随着预算的增加，制作的资金更需要数个不同的投资人而非一个委托人。电视产业融资，在高端层面，现在也更像电影产业的融资了，不再是一个热情的委托人简单地准备在艺术上冒险，然后依靠内部的资金；而是制作人必须说服一个或者更多的联合制作人一起融资。他

赤字财政的角色

- 电影 4 频道

2010 年，电影 4 频道投资 360 万英镑制作了 6 档剧情电影，并在英国电影院上映，其中包括广受欢迎的《四个狮子》（*Four Lions*）和迈克·李（Mike Leigh）的《另一年》（*Another Year*）。影片共获得额外 5,400 万英镑的联合出品资金，为最初预算的 16 倍。共同投资伙伴包括美国的工作室，英国的发行商和公共部门。

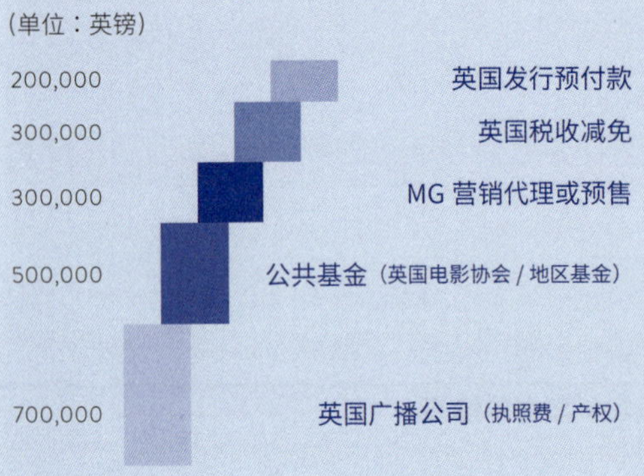

除了投资制作方面，电影 4 频道每年花费 150 万～200 万英镑用于创新投资，当中只有很小一部分项目能投入实际制作。但与此同时，成功的电影也带来金融和创造性的回报——由电影 4 频道支持的制作在过去 5 年内已赢得了 12 次奥斯卡奖。

- 针对美国的制作

一个典型的、为美国市场打造的编剧可能会花费 450 万～500 万英镑，如果受委托的话，一个小时大约 200 万英镑。这种情况下，美国电影制作公司支付大约一半的成本，制作人需要找到另外一半的投资，成本回收和利润，将主要依靠如何成功地在美国寻找到合作伙伴和在全世界的版权销售。

左图 英国独立类型电影融资分析（总预算：200 万英镑）

们将根据简单的风险 / 回报比来做决定。知识产权为进一步的评估提供了依据和基础。

4.5 盗版的威胁

众多挑战中最大的威胁是盗版，它将会随着宽频渗透和速度增长的同时迅速上升。基于明显的原因，关于盗版广度和范围的可靠数据很难获得。根据路透社伊普索斯 2007 年的一项调查发现：32% 的英国成年人卷入了与电影或电视盗版相关的事件，预计造成了 5,000 万英镑的损失。即使这可能是在当时最高端的情况下发生的，但仍对未来威胁重大。韩国拥有全世界最快速的宽带网络之一，但盗版也是一个问题，而且也没有什么好的解决方法。

盗版对英国音乐产业造成的影响众所周知。对视听内容的即时影响可能不那么明显——影视视听内容通常免费由观众获取（由广告资助），最初因盗版而造成的损失较少。当收入模式越来越倾向于多样化的支付方式时，盗版也就减少了广告人所资助的可消费人群，这样痛苦也变得越来越严重。

盗版不仅仅是国内消费市场的问题，也是一个日渐增长的国际问题。正如之前提到的，节目模式只是简单地由主要广播公司借用或转换，而不是授权执照。

韩国的视频盗版的经历

在许多市场里，音乐产业都经历了在线盗版的痛苦。韩国的经历表明，一旦拥有高速宽带，影视听产业也面临着同样的问题。

韩国一直都在追求着高速带宽，当前大约半数的家庭网络速度接近 100Mbps，甚至更快。

这样的网速可以快速地下载更大的视频文件。同时，由于对知识产权保护的漠视，在线盗版的视频数量激增，85% 的用户涉及非法通过高速宽带下载电影。

DVD 销售量在 2002 年至 2008 年下降了 62%（对比美国 86% 的增长）。2008 年，派拉蒙影业、环球影业、博伟影业和 20 世纪福克斯影业，都相继停止了在韩国的 DVD 销售业务。

新电影的盗版通常可免费获取或只花费 400 韩元（0.22 英镑，用户移动手机的费用），而通常购买一个正版的 DVD 要 2 万韩元（约 11.17 英镑）。

近年来，韩国政府持续地投入了大量精力来解决盗版问题，比如通过禁止重复下载、起诉盗版网站、甚至资助正规合法网站的内容购入开支，但盗版在韩国仍然是一个严重的问题。

4.6 一个清晰的信息

一个清晰的信息在以上的发展中传递。内容制作领域处于收益重组的早期阶段，在传统和全新的方面影响着资金。尽管广播电视的发行仍然是未来成功的关键，其仅靠其自身已无法维持高价值制作所需的资金，还需要一系列新的创收机制。成功地开发新的收入来源，将决定英国投资节目内容的未来。

5 保障未来

对于所有这些挑战对应的核心反馈，是需要建立一个有效的知识产权框架结构。目前知识产权管理结构的运营情况良好，帮助了视听产业改变和建立新的收益。在本报告的成功故事中，我们可以看到，该管理体制是如何成就英国视听产业的成功。然而，英国乃至整个欧洲正在进行一个合法的争论，那就是，一方面怎样以最佳的方式来保护知识产权的持续投资；另一方面如何允许消费者和其他的用户合理地使用知识产权。

5.1 知识产权的折中

知识产权政策，最终必须由长期效益和短期成本的折中所决定。在这情况下，中长期效益是指提供给观众创新和高质量的节目内容；短期成本则是减少获取节目内容或付款以获取内容。我们对利益与成本平衡的观点很清晰，就是保留目前框架结构的重要特点。

知识产权可以允许制作公司决定是否需要在节目内容的投资上承担风险，也可以让广播公司和发行商决定能否通过不同的媒体来收回成本。综上所述，知识产权激励了对于高质量节目内容的持续投资，高质量的节目内容可以通过不同的媒介以不同的方式传播，无论在产业或消费领域都将作为经济总体的获利。另外，知识产权的功效在未来会更加重要，如果知识产权的管理体制被弱化，成本就会随着收入的降低而增加，从而导致投资的减少以及未来观众和收入的相继减少。

另一方面，消费者获益于通过不同的媒介和平台，消费高质量的节目内容。正如本报告所述，如今的英国视听内容在新旧媒体上都非常容易获得。为了避免之前音乐产业犯下的错误，英国电视公司为数百万消费者的利益，已经开发了全新的发行渠道与模式。

知识产权和英国视听产业：利益大于成本

知识产权的经济原理相对直接。经济学家克里斯蒂安・汉德克（Christian Handke）在他的论文中解释了英国战略委员会对知识产权的管理。[1]一方面，如果没有知识产权，许多被社会期望的创新作品将越来越少；另一方面，版权需要成本，需要限制消费以及利用再跟进创造。因此，我们需要制定一个折中协议。

通常，我们需要在短期的成本和长期的利益之间做一个协议。其中短期的成本指的是消费者的使用和供应商可能的垄断利润；长期利益指的是对创新作品提供者的奖励，以及鼓励供应商更多的创新。持续创新的风险往往在于对量的把握。

如何制定折中协议？在英国视听产业中，答案非常清晰：长期的效益比重应该大于短期的成本。

良性运营的视听产业对英国的长期效益贡献非常高。持续对高质量节目内容的投资带来了长期的消费收益，这点证明了消费者愿意购买各种高质量的电视节目与满足自身健康的消费需求。社会、文化、经济的重要效益与视听节目内容，在英国的视听政策中得到了很好的体现。

另一方面，短期的视听产业保护成本似乎颇低。英国市场大环境的竞争意味着垄断是不可能持续的。并且在节目第一次播出后，即可在互联网上获得。视听产业从音乐产业中学到的经验是——建立一种模式，在消费者能承受的价格内，更大范围的获得视听内容，从而大大降低消费者使用盗版节目内容的私欲。更多的内容可以免费提供直播（以广告以及执照费用资助），也可以以低廉的价格通过互联网模式传播。[2]

对待盗版的措施

未来视听产业所面临的一个非常明显的威胁就是盗版。在政府和产业需要联合来确保实现以下的两个关键。

- 有效的国内措施

英国的视听产业正在大步地改善，如同这篇报告提到的，通过多媒体平台设置“免费 和“付费”的节目内容，促使观众更加容易地通过多渠道获得节目内容。这将鼓励英国国内的观众合法享受节目内容。然而，更多的措施需要制止某些仍然非法下载高质量节目内容的消费者。数字经济法案的出台，将保护版权拥有者应对非法使用版权内容的行为，尤其是以获利为目的的非法大量拷贝与发行。

- 鼓励国际对知识产权的尊重

之前我们解释过，英国的视听产业是全球重要的电视节目成片与模式出口产业，可持续的成功，依赖于在新兴市场能够得到良好的运作与高效的知识产权管理制度。英国政府部门能够通过与国际相关机构的合作，例如世界知识产权组织，采取更多的手段应对在全球化市场下的版权保护。

然而，对当前的知识产权管理制度的提高，目前依然是一个契机，对此应该展开一场清晰的辩论。举个例子来说，是否应该授权适当的私人或者教育机构对于知识产权的使用。最终，知识产权管理体制的公共合法性与可靠性，不仅是由内容本身决定的，也应该由客户是否能通过公平的渠道获得这些决定。这样的话题需要充分理解以上所提到的所有折中，并且建立尽可能清晰的交易免责条款。盗版是未来的关注焦点，如案例分析：对待盗版的措施。

5.2 更加广泛的知识产权应用

剩余的担忧，围绕“跟进创新”以及由新生代互联网企业家获得试听跟进版权。他们应否更容易地获得视听内容以开拓更大的市场呢？为了

1 The Economics of Copyright and Digitisation, Handke, SABIP, 2010.

2 在不同的平台发布内容，观众可以通过不同的媒介以多样性的价格受益。认为内容具有高价值的客户会对及时发布的内容付最高的价钱，然而另外一些认为内容价值较低的客户，可以通过等待一段时间并以低廉的价格获取。这样的差异性价格，可以通过更多用户购买视听内容来收回成本，而非单一化的价格。

保证英国视听产业的持续成功，这部分企业家是否应该融入？

我们认为，这些问题的部分答案已经在历史的经验中可以获得了：独立制作产业的成功故事可以解答我们的疑惑。

早期的英国独立电视制作的发展主要依靠资金、商业企划和主要的消费群体——广播网络提供的支持，这些独立机构利用知识产权在国内外开展业务。

从前景来看，激励和欲望是广播公司与制片公司愿意和中小企业以及英国新兴互联网企业家展开合作的主要原因，很多成功的案例已经在本报告中一一列出。

我们最后来看一个绝佳的实践案例——飞行的怪兽：创新的网络平台。

5.3 宝石的珍藏

英国的视听产业是其经济皇冠上的一颗宝石。尽管其规模不如石油或者金融，但它贯穿经济的影响力比单独所给出的经济指标数据还重要。视听产业正在不断增值，而不是对未来的遐想。英国的视听产业超过了国际标准，还有巨大的潜力，为英国贡献了重要的社会和文化效益，同时也帮助了新一代小型企业繁荣成长。

成功的英国视听产业公司带来的资金、关注度以及商业专长，结合以网络为基础的新兴公司提供的技术和创新思维，促使英国获得机会。为此，我们需要一个知识产权的框架，从而使得所有付出努力的广播公司、制作公司和网络运营商都能得到回报。

如果我们能够将权利适度平衡，那么该产业与整个英国都会获益。

飞行的怪兽：创新的网络平台

天空电视台在 2010 年播放《飞行怪兽》，作为一档拥有一流水平的纪实 3D 节目，该节目讲述了翼龙的生活，原著由大卫·爱登堡（David Attenborough）撰写，由在伦敦的纪实制作公司出品。电影运用了 3D 特效技术、电脑动画、特效等，生动形象地描绘了远古生物的生存环境。这部电影成功地印证了本篇报告中的很多观点。花费数百万英镑的高额制作成本，这是高价值与高效益的重要例子。天空电视台联合环球地理频道共同投资制作，共享知识产权。电影成片在巨幕电影院与电视上播放，开创了新的收益方式。

制作该节目的大西洋影视在英国有大约 50 人的团队，其作品在超过 40 个国家播放。节目将历史、科学以及其他与真实生活有关系的内容，通过创新的视觉效果呈现给观众。和制作电视节目一样，大西洋影视已经成功发展了多媒体平台和以网络为基础的节目，例如它的 Ueverest.com 网页向全球的观众通过视频、照片、以及生物数据记录，在线的博客、日记记录探险队攀登珠穆朗玛峰的过程，同样的内容也可以通过 YouTube 观看。

在《飞行怪兽》的制作过程中，大西洋公司和许多英国的新兴后期制作公司合作，这些公司同时也活跃在国际舞台。其中包括电脑动画绘制和特效公司——Zoo、CVFX，最新高清和 3D 技术、后期制作公司——On Sight，3D 专业公司——Vision，以及英国最老牌的后期制作专家——Molinare。这些都是英国视听产业节目内容领域的成功案例，无论在增长还是创新方面。

12

2012 年电影产业的经济影响

牛津经济研究院[1]

引言

本报告考察英国电影产业的经济影响。这是牛津经济研究所委托执行的一系列定期研究中的一部分——之前的版本已于 2007 年和 2010 年出版。报告分析了电影的直接和间接经济影响，并探索了行业的特有问题，比如电影减税政策的影响、电影在推动旅游业中所扮演的角色，以及电影的文化影响等。

报告中的数据主要来源于英国电影学会和创意英格兰等项目主办者提供的数据，政府官方统计的商业和就业数据。这些数据由牛津经济研究所进行了深入分析，计算影响力。

1　本报告由英国电影学会（BFI）、松林谢伯顿公共有限公司、英国电影委员会和创意英格兰联合委托牛津经济研究院(www.oef.com)执行，发表于2012年9月。

报告摘录

核心英国电影产业已成为一个可持续的产业

2011 年，核心英国电影产业直接就业人数为 43,900 名全职员工（包括个体经营）。该领域的增长和全球声誉，从表演、编剧等电影制作中的传统优势，到特效、音乐等专业后期制作领域，都展示了一个真正的英国成功故事。

英国是全球电影产业中的主要成员。英国演员经常获得重要的国际大奖。最受好评的原创内容中的一些就出自英国导演，比如《国王的演讲》（*The King's Speech*）和《铁娘子》（*The Iron Lady*）；英国的摄影棚基础设施和场地创作人员享誉全球；英国公司参与制作了许多如《阿凡达》（*Avatar*）等好莱坞大制作的尖端视觉特效；《007》和《哈利波特》等系列电影是利润最高的出口文化产品。

对国民生产总值的直接贡献达到每年 16 亿英镑

2011 年，核心英国电影产业的营业额达 35 亿英镑，对英国国民生产总值的直接贡献约 16 亿英镑。这意味着核心英国电影产业比消费电器制造、表演艺术和软件发布产业贡献的国民生产总值略多一些。

自 2000 年以来，核心英国电影产业在基础设施和新技术中的固定资本投资达到 12 亿英镑。

据估计，2011 年，核心英国电影产业对财政部的直接贡献有 4.98 亿英镑的所得税、国民保险、增值税、企业增值税（总税款减免和其他财政支持）等。这些相当于核心英国电影产业营业额的 14%。

核心英国电影产业与其他创意产业互相支持

核心英国电影产业的每名员工都会通过间接的、诱发性乘数影响，得到进一步的就业支持。因此，如果将那些在支持电影产业的相关公司以及那些依靠电影产业开支的岗位包括在内的话，核心英国电影产业帮助提供了 87,800 个全职工作岗位。

此外，在电视频道中播放英国电影，帮助英国电视广播公司生成大约 308 百万英镑的收益。这表明了电视公司的回报规模，就像由克里斯·史密斯勋爵（Lord Chris Smith）主持的小组所做的电影政策独立评论报告《英国电影的未来——从观众开始》（*A Future for British Film – it begins with the audience*）[1] 所指出的，英国电视需要对英国电影给予更多投资承诺。

核心英国电影产业与许多其他创意产业协同合作。作家、演员、导演和其他人在许多不同媒体的项目中合作。英国电影产业三分之二的公司参与了至少一个其他银屏产业的工作。

但是，还有一些从电影产业的技术发展溢出到其他媒体的效应，最明显的是电影的电脑图像技术大大影响了电视节目和广告。

这个“乘数效应”活动，每年为英国国民生产总值贡献了 16 亿英镑，并为英国税收收入贡献了 470 万英镑。

1　该报告2011年由文化部长艾德·维泽委托执行，2012年1月由克里斯·史密斯勋爵主持的独立评论小组出版。报告讨论了如何确保电影作为一个产业在驱动增长中充分发挥作用。

核心英国电影产业的影响更为广泛

核心英国电影产业对经济和财政部的许多其他贡献，没有被标准乘数包含在内——比如，提升英国文化生活，吸引游客来英国旅游，支持英国的出口，促进 DVD、CD 和其他的销售。丹尼·博伊尔的奥运会开幕式使用了电影化的特技和国际知名度高的英国电影人物，比如《007》和《憨豆先生》，以及《猜火车》（*Trainspotting*）、《平步青云》（*A Matter of Life and Death*）等电影的场景。电影产业不仅吸引了大量的对内投资，还制作了许多有文化贡献、探讨重要社会挑战的英国独立电影。

核心英国电影产业对出口收益有着自己的重要贡献。2010 年，电影产业的总出口在 21 亿英镑左右，对英国的国际收支平衡的纯贡献达 16 亿英镑。

当前，英国电影的绝大部分贸易是与美国和欧盟进行的，占总出口的 79%。与之形成对比的是，在不包含英国的全球电影娱乐市场的地理分布被细分为欧盟（20%），欧洲其他国家（4%），美国（38%），亚洲（22%）和世界其他国家和地区（16%）。未来的经济增长将越来越多地受亚洲、金砖四国和其他新兴经济体的影响。

其他商品和服务的出口也从部分电影中获益，这些电影在建立和强化英国的形象和“品牌”中扮演了重要角色。许多在英国首映或联合首映的国际影片，对促进可持续的全球媒体曝光率也提供了帮助。

英国电影的品牌推广市场不断增长，这也为出口商提供了向更广泛的消费者群体推销产品的途径。据估算，这些宣传效应在每年的国民生产总值中占到 0.56 亿英镑左右的价值。

为高素质员工具备重要职业技能提供机会

电影产业为英国一些高素质工人提供了工作，比如，70% 的产品创作人员受过大学教育。

该产业还依赖于职业技能和手工艺技能，最近的《电影政策评论》（*Film Policy Review*）强调了它们是一个重点领域，并向电影产业各领域推荐手工艺和技术技能学徒和实习的持续创造。《利文斯敦—希望评论（下一代）》[*The Livingstone-Hope Review* (*NextGen*)] 强调了结合艺术和电脑科学技能的视觉特效（VFX）的重要性，以及英国学校加强科学、技术、工程和数学（STEM）学科教学的必要性。

核心英国电影产业员工的平均收入折射了他们的技能水平。比如，英国生产业工人的平均总收入是每年 3.25 万英镑，远高于 2.61 万英镑的英国平均收入。

核心英国电影产业在提升劳动力的多样性上有所建树。现在，黑人、亚洲人和少数民族（BAME）劳动力在该领域内的就业增加到 8%，高于更广泛的创意媒体产业中的 5%，但比英国总体就业平均水平 10% 的比例略低一些。

吸引游客到英国旅游

电影中展现的英国生活不仅对保留我们的文化有重要意义，还对英国的旅游和贸易有着重要作用。

许多个案调查都详细记录了电影对旅游业的影响，旅游委员会在全球的营销活动也认可了电影对旅游业的影响。比如，手机应用程序、播客和电影地图等都为游客提供了《哈利波特》和《神探夏洛克》（*Sherlock Holmes*）等影视拍摄地的导游信息。“华纳兄弟哈利波特制作之旅”

的开设，是利维斯登电影制片厂（Leavesden Studios）在赫特福德郡的重大投资，并足以证明与电影相关的旅游景点的经济价值。

虽然证明这个影响的价值的统计数据有限，目前可以获取的证据证明有 1/10 的外国游客的价值由英国电影带来。

在此基础上，我们估算每年有 21 亿英镑的游客消费额归因于英国电影。

2011 年，这项额外的消费额，估值达 10 亿英镑的英国国民生产总值和 2.3 亿英镑的财政部贡献。

推广英国文化生活

核心英国电影产业对英国文化生活有着持续贡献。英国电影是传递英国身份的重要途径。英国电影还指出了英国社会在 21 世纪所面临的社会挑战，包括失业、偏见和种族关系，以及诸如家庭价值、友情和战胜逆境等积极主题。

2011 年，英国独立电影取得了惊人的成绩，占英国票房的 13.3%。其中最成功的《国王的演讲》和《中间人》，成为英国独立电影有史以来的票房前两名。

此外，计量经济学证据表明电影观众支持本土电影。我们的估算显示，同等条件下，英国电影在国内市场多获得 30% 的票房收入。在此基础上，我们计算发现，2000 年以来，英国电影每年会激发平均约 69 万英镑的电影票房收入。因此，核心英国电影产业展览部分的就业，比仅放映外国片的情况下多 470 个岗位，对财政部的贡献每年也多了 22 万英镑的增值税、公司所得税和收入所得税等。

产生 DVD、CD 和其他商品的销售

核心英国电影产业支持行业相关销售的经济活动。比如，2011 年，英国电影 DVD 和蓝光碟的销售增加了 115 万英镑；出租的收入增加了 41 万英镑；电影的视频点播价值 16 万英镑；电影原声音乐 CD 销售 10 万英镑；相关的电脑游戏销售约 70 万英镑。此外，英国电影还支持了图书、玩具、模型、服装的销售，以及特殊电影主题推广的其他产品和服务。

我们估算，受到英国电影支持的零售业在 2011 年提供了 6,600 个工作机会，向英国国民生产总值贡献了 239 万英镑，向财政部贡献 108 万英镑。

总的来说，2011 年，核心英国电影产业生成了超过 46 亿英镑的国民生产总值和过 13 亿英镑的财政部收入。

考虑到核心英国电影产业对英国经济所做出的贡献，我们计算其 2011 年对国民生产总值的贡献超过 46 亿英镑，向财政部支付了超过 13 亿的税收（是税收减免和其他财政补贴的总和），提供了大约 117,400 个工作岗位（表 12.1）。

其中，2011 年，对内投资的电影生成了大约 37 亿英镑的国民生产总值，并向财政部收入贡献了 10 亿英镑。

电影税收减免政策对英国电影竞争力的影响

考虑到 2007 年电影税收减免政策的影响，我们的估算表明，在英国制作一部电影的成本，相对竞争对手的成本来说下降了。因此，将两国激励机制列入预算之后，2012 年英国电影的制作成本比美国的低 38%，比在南非制作低 10%。电影税收减免政策是 2008 年以来英镑贬值之外，

表 12.1 核心英国电影产业的经济贡献汇总

影响通道	2011 年对英国国民生产总值的总贡献（单位：百万英镑）	2011 年对财政部收入的总贡献（单位：百万英镑）	2011 年的就业岗位（单位：个）
直接	1,600	500	43,900
乘数效应（间接的、诱发的，以及电视）	1,600	470	43,900
总值 – 直接以及乘数效应	3,200	970	87,800
英国电影票房效应	100	20	500
旅游业	1,000	230	21,000
营销 / 贸易	100	20	1,500
经营	200	110	6,600
总计	4,600	1,300	117,400

维持英国电影竞争力的一个重要因素。

有了电影税收减免政策，我们期望在 2015 年，核心英国电影产业会继续吸引全球约 8% 的电影项目，同时，在对内投资项目上的开支会超出 2011 年的 10 亿英镑。这应该可以支持核心英国电影产业的长期拓展趋势。

若没有税收减免政策，每年将损失 14 亿英镑的国民生产总值增加值。

当我们思考如果没有电影税收减免政策，英国电影的竞争力将会受到什么影响的时候，不难发现电影税收减免政策的重要性，在于其支持了核心英国电影产业的持续成功。如果没有税收减免政策，英国相对于美国的成本优势就会明显下降，同时英国的竞争力还会落在其他非欧洲地区之后。

我们估算，到 2015 年之前，竞争力的损失会将英国在全球电影制作中的分量从 6% 减少至 2%。这相当于，到 2015 年，每年会损失了价值 560 万英镑的外来投资。此外，外来投资帮助支持本土电影创作（国产电影或合拍片），而这很大程度上取决于税收减免的优惠和外来投资电影带给英国的间接好处。总体而言，英国电影制作如果没有税收减免政策，则很可能会减少 71%。

电影税收减免政策之所以重要，还因为稳定了财政制度，并促进了长期商业投资决策。地方电影制作减少 71% 将会带来显著的经济影响：

- 将会减少核心英国电影产业对国民生产总值大约 12 亿英镑的直接贡献，对供应链和失业工人开销造成大约 24 亿英镑的影响。相似的是，核心英国电影产业的就业预计会直接减少 27,600 个岗位，受乘数效应影响的岗位将达 55,200 个。

· 尽管目前在核心英国电影产业工作的人，今后可能在其他地方找到工作并继续缴税，我们的研究显示，大约四分之一的高技术人才将会转移到海外的电影制作中心附近。

根据如温哥华等新兴的电影制作地所提供的生活标准来看，这甚至可能还是一个保守的估算。基于此，英国国民生产总值每年将会被直接减少近 170 万英镑。

随着时间的推移，旅游业和出口将会被破坏，因为它们缺少了英国电影的推广支持。此外，英国的文化生活也会受到英国电影减少带来的负面影响。

总体来看，这些影响会导致英国国民生产总值在短期内缩减到一年约 14 亿英镑。

考虑到乘数效应对销售的影响，这些损失会导致财政部税收收入一年减少约 430 万英镑。与之相比，英国财政部的电影税收每年减免的估算成本约 114 万英镑 [1]。

在上一个预算报告中，英国政府宣布，以电影税收减免政策的成功为范例，将实行新的税收机制，以鼓励动画、视频游戏和高端剧情类电视节目的发展。

1　以2006年7月到2010年11月间财政部统计的年均支付为基础，总计570万英镑。

图书在版编目（CIP）数据

创意英国：文化活动的经济和社会影响 /（英）克里斯·吉本 (Chris Gibbon)，（英）保罗·欧文 (Paul Owens) 主编；黄昌勇，鞠薇，张静译. -- 上海：同济大学出版社，2021.7
ISBN 978-7-5608-9635-9

Ⅰ. ①创… Ⅱ. ①克… ②保… ③黄… ④鞠… ⑤张… Ⅲ. ①文化产业－研究－英国 Ⅳ. ① G156.14

中国版本图书馆 CIP 数据核字 (2021) 第 093164 号

创意英国：文化活动的经济和社会影响

[英] 里斯·吉本 (Chris Gibbon)　[英] 保罗·欧文 (Paul Owens) 主编
黄昌勇　鞠薇　张静　译

出版人：华春荣
策划编辑：袁佳麟
责任编辑：冯　慧
责任校对：徐春莲
装帧设计：胡佳颖
版　次：2021 年 7 月第 1 版
印　次：2021 年 7 月第 1 次印刷
印　刷：上海安枫印务有限公司
开　本：710mm × 1000mm　1/16
印　张：14.25
字　数：285 000
书　号：ISBN 978-7-5608-9635-9
定　价：98.00 元
出版发行：同济大学出版社
地 址：上海市杨浦区四平路 1239 号
邮政编码：200092
网 址：http://www.tongjipress.com.cn
经 销：全国各地新华书店